孙子兵法 孙膑兵法 品读

郭海燕 著

山东大学出版社

图书在版编目(CIP)数据

孙子兵法品读;孙膑兵法品读/郭海燕著.—济南:山东大学出版社,2016.3

(齐鲁文化经典品读/马新主编)

ISBN 978-7-5607-5518-2

Ⅰ.①孙… Ⅱ.①郭… Ⅲ.①兵法—中国—春秋战国时代—通俗读物 Ⅳ.①E892.25-49

中国版本图书馆 CIP 数据核字(2016)第 056922 号

责任编辑:刘森文

封面设计:张 荔

出版发行:山东大学出版社

社 址 山东省济南市山大南路 20 号

邮 编 250100

电 话 市场部(0531)88364466

经 销:山东省新华书店

印 刷:山东新华印务有限责任公司

规 格:720 毫米×1000 毫米 1/16

15 印张 261 千字

版 次:2016 年 3 月第 1 版

印 次:2016 年 3 月第 1 次印刷

定 价:30.00 元

本书系山东省古籍整理项目“齐鲁文化经典研究”（N.02540903）、山东省文化建设委托项目“齐鲁文化资源研究”（N.56480905）、齐鲁文化名家立项课题“走进齐鲁经典文化”结项成果

《齐鲁文化经典品读》课题组

课题组负责人　马　新

课 题 组 成 员　（以姓氏笔画为序）

马　新　马德青　王玉喜　王其俊

王爱清　巩宝平　刘厚琴　李吉东

李学娟　校　潇　郭　浩　郭海燕

总序

齐与鲁是西周时代分封的两个著名的诸侯国，因都在今山东省的范围内，所以，山东又被称作“齐鲁之邦”。我们习惯上所称的“齐鲁文化”也因此有狭义与广义之分：狭义的齐鲁文化是指齐、鲁两国所创造的文化形态，广义的齐鲁文化则是指春秋战国时代兴盛于齐鲁之邦的所有文化的集合。无论哪一种意义上的齐鲁文化，都是传承与融合的结果，都是多元文化碰撞与交流的产物。

西周分封之前，山东地区西部是殷商重地，东部则是古老的东夷，被统称为“大东”①。周公协助周成王分封天下时，将自己的长子伯禽分封到今山东曲阜一带，建鲁国；将姜太公分封到营丘一带，建齐国；将周文王的四个儿子分封到大东地区，分别建立了曹、郜、滕、郯诸国。另外，大东地区被周王朝分封或认可的诸侯国还有东夷建立的莒、莱等国，以及相传为黄帝后裔所建的薛、邳等国；夏王朝的余绪杞、鄫、费。殷商遗国宋国的一部分也在大东地区。以上大大小小合计有六十多国。至春秋战国时代，随着列国的争战

① 西周建国初年，为监视东方各诸侯国，实行分区经营。距镐京较近的各诸侯国统称“小东”，较远的各诸侯国统称“大东”。

兼并，山东地区的主要国家演化为齐、鲁、莒、郯、邹等国。南方大国楚、越两国也先后进入山东。越王句践灭吴后，曾迁都琅邪（古邑名，为春秋齐地，在今山东青岛黄岛区琅琊台西北），长期据有山东东南沿海一带；战国后期，赵国还据有今山东的西北地区，楚国则占有了山东中南部，一度出现了齐、鲁、楚、赵并立的局面。

列国的并立与重组实际上也是多种文化的并存与交融。齐、鲁等国的统治者受封而来时，带来了周王朝的礼乐文化，随后便开始了周文化与殷商文化的交融、与东夷文化的交融。比如，鲁国有众多的商奄之民以及殷民六族，殷文化底蕴十分丰厚，鲁国之社祭便是周社与亳社并存，亳社为殷人社稷之所。孔子即是殷人后代，他临终前曾说："殷人殡于两楹之间……丘也，殷人也。予畴昔之夜，梦坐奠于两楹之间。"[①]又如，东夷之俗"好让不争"，"夷俗仁"，这一传统也被融入鲁文化中，成为儒家仁道思想的重要来源。正如王献唐先生所言："孔子本是接受东方传统的仁道思想的，又进一步发展为儒家的中心理论。"[②]齐国之开国者太公到齐地后，其为政方针是"因其俗，简其礼"[③]。齐为东夷故地，"因其俗"就是吸收、接纳东夷之俗，正因如此，才有了"通商工之业，便鱼盐之利"[④]的经济政策，也才有了"仓廪实则知礼节，衣食足则知荣辱"[⑤]的思想特色。总之，周文化、殷商文化与东夷文化构成了齐鲁文化的三大基本来源。

春秋战国时代，周王朝分崩离析，诸侯割据，群雄逐鹿，兼并与融合成为社会政治的主流，文化的交融与迸发造就了中国历史上的百家争鸣。齐鲁之邦是当时最为重要的文化中心，它在西周以来的历史蕴积之上，兼收并蓄，吸纳了宋文化，莒、郯、薛文化，楚文化，越文化以及燕赵文化，等等，成为当时最为繁盛、最具影响力的文化形态。可以说，齐鲁文化是百家争鸣最为丰硕的成果。

春秋时期是百家争鸣的先声期，鲁有孔丘，齐有管仲、晏婴与孙武，而周王室与其他诸国，除老聃外，无可述焉。孔丘创立了儒家学派，有弟子三千，是中国历史上第一位教育家，其倡行"有教无类"，打破了"学在官府"的垄断；其编修《诗》《书》《礼》《易》《春秋》，是中国文化传统的集大成者；其政治思想与社会伦理思想更是奠定了中国历史上正统思想的基础。管仲是一位

---

① 《礼记·檀弓上》。

② 王献唐：《山东古国考》，齐鲁书社 1983 年版，第 219 页。

③ 《史记·齐太公世家》。

④ 《史记·齐太公世家》。

⑤ 《管子·牧民》。

成功的政治家，也是一位卓越的思想家。他的礼法并重、注重赏罚的政治思想是后世法家学派的重要源头，他的“通工商，官山海”的经济思想则是后世经济家与改革家的重要依据，他关于仓廪与、食与荣辱与礼节关系的宏论直接影响了中国古代社会思想史的发展。其后同出于齐国的晏婴则是颇具影响力的政治家与外交家，他“和而不同”的社会政治思想，致力于俭约的治国理念以及智慧万千的外交作为，对后世都产生了重要影响。晏婴之后的齐人孙武，继承了齐国开国之君太公以来的兵学传统与兵家文化，并在战争实践中升华、光大，成为中国历史上兵家文化第一人。

战国时期是百家争鸣的鼎盛期，诸子学说纵横交织，层出不穷。此时的鲁国虽已没落，但文脉仍在，以其为中心，在邹、鲁、滕、宋、卫一带，形成了众星璀璨的思想文化圈。其中，孔子的后继者子思、孟轲等人形成的思孟学派推进着儒学的发展；出身于儒家的鲁人墨翟创立了墨家学派，提倡兼爱，倡导非攻，在认识论、逻辑学和自然科学上都有重要发现，对中国古代哲学和科学的发展做出了巨大贡献。卫国左氏（今山东定陶西）人吴起早年便到鲁国学习儒学并出仕为武将，后成为战国前期法家的重要代表人物，参与了魏文侯的变法，主持了楚国的变法，对法家思想和兵学文化都有显著影响。宋国蒙（今山东东明一带）人庄周是战国道家的代表人物，认为道为天地万物之本原，“天地与我并生，而万物与我为一”，对中国古代思想与社会影响深远。在这一时期的齐鲁文化圈中，还曾活跃着编撰《春秋左氏传》的鲁人左丘明，远道而至滕国的农家创始人许行及其追随者，工匠之祖师鲁国的公输般（即鲁班，“般”和“班”同音，古时通用，故人们常称他为鲁班），等等。

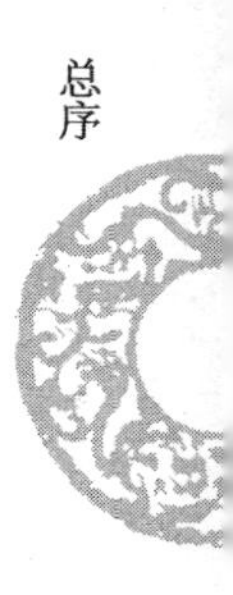

此时的齐国为战国七雄之一，其官办的稷下学宫是当时无有匹敌的思想文化中心，存续长达一百四五十年。盛时的稷下学宫有学士数百，被赐为上大夫者一度达七十六人，同时代的战国诸子几乎被其网罗殆尽。其中较为著名者，有战国法家三大学派之一的田齐法家的代表人物慎到；有道家黄老学派的代表人物田骈、彭蒙、宋钘；还有儒家孙氏之儒的代表人物荀卿，他主张礼法并用，“隆礼重法”，倡导“法后王”与社会变革，对后世的儒家和法家都产生了较大影响，他的两位高足李斯与韩非子成为战国后期法家的代表人物；名家的代表人物尹文，阴阳家的代表人物邹衍，杂家的代表人物淳于髡等也是学宫之中的佼佼者；而兵学家孙武之后孙膑，是战国时代齐国的军事谋略家，指挥了围魏救赵、马陵之战等著名战役，为兵家文化之重要代表人物；齐人扁鹊提出了望、闻、问、切四诊法，是中国古代医学文化的代表人物；齐人甘德精于天文历算，与石申合著之《甘石星经》是中国古代科学的代表性著作，等等。

总之，春秋战国时代形成并繁荣的齐鲁文化，名家荟萃，洋洋大观，留下了丰厚的文化遗产。一部齐鲁文化史就是一部精编版的中国传统文化形成史，齐鲁文化中的传世经典就是中国传统文化的元典。千百年来对这些经典的诠释汗牛充栋，直到今天，这些经典仍然有着不可替代的品读价值，值得我们站在时代的高度再加品读，以更好地感受齐鲁文化之韵，领悟中国传统文化之魂。

需要说明的是，由于时代久远，齐鲁诸子的著述或散佚，或残缺，我们只能从传世至今的完璧中，选择能够代表诸子本人思想学说者，纳入这套"齐鲁文化经典品读"，计有《论语品读》《管子品读》《晏子春秋品读》《孙子兵法品读 孙膑兵法品读》《墨子品读》《孟子品读》《荀子品读》《庄子品读》，共八种。

既是品读，就要在充分吸收以往齐鲁文化研究成果的基础上，在以往整理工作的基础上，改变传统的古籍整理模式，以当代文化的视角重新梳理齐鲁文化经典，以当代社会的文化符号系统重新解读齐鲁文化经典，突出当代文化的实际需求，拉近社会大众与经典文化的距离，使广大读者能够轻松自由地走进齐鲁文化经典。

从结构上讲，丛书中的每一种书都包括了"人物与文化研究""原著注释与品读"两大部分内容。在"人物与文化研究"中，旨在实现两个沟通：一是读者与古人的沟通。将人物置于其存在的文化背景中，发掘其文化内涵，寻找其核心精神，找到一个真实而鲜活的历史人物，而不是拘泥于常规的历史人物小传，以便于读者对其了解与认知。二是古文化与当代文化的沟通。着力寻找历史人物与相关文化在当代文化中的价值，以发扬光大中华优秀传统文化。在原著"品读"中，我们力图改变以往古籍类著作注释加翻译的习惯，把主动权交给读者，让读者直接与古人对话，直接亲近经典，自觉接受优秀传统文化的熏陶。因而，重点在疏与解上下功夫，通过恰当的疏与解，引导与帮助读者阅读，而不是越俎代庖。总之，通过对人物与文化的研究，可以更好地了解原著；通过对原著的解读，可以更好地认识与吸纳优秀文化。

这套"齐鲁文化经典品读"丛书，是我们的新尝试，更是我们向齐鲁文化经典的致敬。错谬不足之处，尚请大方之家不吝赐正。

是为序。

马　新

2015 年 12 月于山东大学高阁书斋

【孙子兵法】品读

品读孙子

孙武是我国古代有名的军事思想家，他不仅有卓越的军事才能，而且还有兵书《孙子兵法》传世，为后世所推重。《孙子兵法》虽然仅有六千字，但自问世以后，就风靡流传，至今已跨越了时空和国界，被广泛应用在军事对抗、政治斗争、外交谈判、市场竞争、领导决策等各个领域，在世界舞台上越来越显示出强大而深远的影响力，甚至在欧洲，许多学者将其与意大利马基雅维利的《君主论》、西班牙格拉西安的《智慧书》并称为“人类思想史上的三大奇书”，这不能不说是一个奇迹。那么，孙武究竟是什么人？他为什么能写出这样一部具有永恒价值和魅力的兵书？两位孙子是何关系？下面就让我为大家一一道来。

一

一切须从孙武所处的时代说起。让我们把目光拉回到两千多年前的春秋时期。当希腊城邦中的平民为了争取政治经济大权而同贵族进行激烈斗争的时候，中国也正在经历一场前所未有的动荡与变革。

西周自建国之始，就确立了“天子建国，诸侯立家，卿置侧室，大夫有贰宗，士有隶子弟”[①]的“受民受疆土”的层层分封的制度。经过分封，诸侯以周天子为天下的共主，形成“封建亲戚以藩屏周”[②]的统治格局。在西周鼎盛时期，周天子具有至高无上的威望，诸侯对周天子的命令莫敢不从。但中国历史发展到春秋时期，情况开始发生变化。自周平王东迁之后，王室逐渐衰微，周天子往日的权威逐渐丧失。王室直接控制的土地、人口和军事力量日益减少。春秋初期，王室疆土还有约一百五十平方公里，后来有许多地区相继赐给了立功的诸侯，有的被郑、晋、齐、秦等诸侯国侵夺，有的被周边少数民族占据。王室的地盘一天天在缩小，最后只剩下成周附近方圆一二百里的地方，形同一个弱小的诸侯国。大小诸侯与周王室的关系逐渐冷淡，甚至出现交恶的现象。纳贡、朝觐、述职等各种制度形同虚设。王室失去了贡赋收入之后，经济困窘，甚至出现了向诸侯国“求赙”“求金”“求车”的现象。周天子“天下共主”的地位已经徒具虚名。

在王室衰微的同时，诸侯国开始强大起来。据文献记载，春秋初期诸侯国有一百四十多个，比较重要的有齐、鲁、晋、楚、秦、宋、卫、陈、蔡、曹、郑、燕、吴、越等。经过频繁的交战，许多小诸侯国相继被灭掉，大国则愈加强大。这些强大的诸侯国为了抢夺土地和人口，展开了长期而频繁的争霸战争，从而形成了五霸迭兴的局面。

春秋时代首先称霸的是齐国。齐是西周初年姜太公的封国，位于山东半岛，负山面海，铜铁矿藏丰富，盛产鱼盐。至春秋初年，齐国已发展成为一个经济富庶、人口众多的东方大国。齐桓公时，任管仲为相进行改革，积聚了雄厚的经济、军事力量。在管仲辅佐下，齐桓公打着“尊王攘夷”的旗号，北御戎狄，南拒强楚，存邢救卫，平定王子带之乱，安定周室，成为春秋时代的首霸。

继齐国之后称霸中原的是晋国。晋国原是汾水下游的一个小国，晋献公时期开始强大。晋文公重耳夺取君位后，重用狐偃、赵衰等人，修明内政，发展经济，加强军备，使晋国富民强。在公元前632年的城濮之战中，晋大败北上争霸的楚国，中原各国纷纷叛楚从晋。之后，晋文公在践土与诸侯会盟，取得中原霸权。

城濮之战的失败并没有阻止楚国北进的步伐。楚庄王即位之后，任贤使能，国势日强，先后攻灭了庸、舒、廖等小国。公元前606年，借征伐陆浑之戎的名义，观兵于周疆，问鼎于洛邑。之后，楚连年北上，先后伐陈、破郑、降宋，在

---

① 《左传·桓公二年》。

② 《左传·僖公二十四年》。

公元前597年的晋楚邲之战中又大败晋军。楚庄王一时成为中原的霸主。

不仅中原各大诸侯国为扩张地盘而兼小攻弱，偏处西隅的秦国也加入到争霸的行列中。平王东迁之时，秦穆公因护送平王有功被封为诸侯。此后，秦以岐地为中心，势力逐渐向外扩展，至秦穆公时期，国势开始强大起来。秦一度积极向东扩展疆土，但为晋所阻，遂转向西戎地区发展，史称“益国十二，开地千里，遂霸西戎”①。

长期的兵连祸结，给各国人民带来深重的灾难，尤其是夹在大国中间的一些弱小国家，都希望停战，于是产生了先后由宋国执政华元、卿大夫向戌发起的，以罢兵言和为目的的弭兵运动。第二次会盟之后，中原地区多年未发生大的战争，人们暂时有了一个和平的环境。

当中原诸侯国在进行弭兵大会的时候，长江下游的吴、越两国相继兴起。先是吴、楚两国，接着是吴、越两国，为了争夺地盘不断发生战争。

在大国争霸的同时，各国政权内部也发生着急剧变化，以下犯上、弑君篡位的事件层出不穷。一些大的诸侯国内部，私门与公室明争暗斗，卿大夫之间的势力也相互消长，甚至出现了几个卿大夫家族轮流把持朝政甚至取代公室掌握政权的局面。如鲁国公室自宣公始日渐衰弱，统治权为季孙、孟孙、叔孙三家卿大夫所掌控。晋国的情况更为严重，在春秋后期的晋平公时期，晋国政权就落入韩、赵、魏、智伯、中行、范氏六卿之手，出现“六卿强，公室卑”“晋益弱，六卿皆大”的局面。齐国自齐景公始就出现了庆氏、田、鲍、高、栾四族之间的斗争。这就是孔子所哀叹的“礼乐征伐自诸侯出”“陪臣执国命”礼崩乐坏的局面。

春秋中后期，战争方面也呈现出新的面貌。各诸侯国军队的数量日益增多，战争规模不断扩大。当时人们习惯以一个国家所拥有的战车的数量作为衡量该国武装力量强弱的标准。城濮之战中，“晋车七百乘”。鲁国僖公时已有“公车千乘，公徒三万”。《左传·昭公十二年》记楚灵王夸耀自己的兵力：“今我大城陈、蔡、不羹，赋皆千乘。”陈、蔡、不羹是楚国在新兼并的土地上所立之县，不羹分东不羹、西不羹，楚国仅陈、蔡及东、西不羹四个大县，已经“赋皆千乘”，即有四千乘兵力。

在军队数量激增的同时，作战方式也日益多样化。自西周至春秋中期，车战一直是交战的主要形式。随着争霸战争的需要，“国人当兵，野人不当兵”的传统遭到冲击，大量“野人”被编入军队。由于他们没有受过射、御等专业训练，只能充当徒卒，从而导致步兵数量激增，呈现出取车兵主导地位

---

① 《史记·秦本纪》。

而代之的趋势。春秋中后期，楚、吴、越等国还相继建立了舟师，开展水战。

春秋后期战争最大的特色在于战争指导观念的重大变化。西周时期所创制的礼乐制度，不仅影响着人们的日常生活，也制约着军事活动。具体表现在在战争中有一整套军礼在规范、指导着战争活动，比如贵偏战贱诈战，“结日定地，各居一面，鸣鼓而战，不相诈”[①]，军事行动中“不加丧，不因凶”[②]“君子不重伤，不禽二毛”[③]等。到了春秋后期，在战争指导观念上比较彻底地抛弃了旧“军礼”的束缚，“诡诈”的战法在战争领域中较为广泛地运用。班固有言：“自春秋至于战国，出奇设伏，变诈之兵并作。”[④]齐鲁长勺之战中的后发制人，晋楚鄢陵之战中楚军晦日用兵，无不带有诡诈的色彩。

正是在这样的战乱频仍、烽烟迭起、新旧交替的时代，在齐鲁大地上诞生了一代伟人孙武。

二

由于史料的阙载，我们对孙武生平了解并不多，对于他具体的生卒年代，我们已经不得而知，对其故里的认识更是聚讼纷纭，至今不休。因此，对于孙武生平的认识，难免会带有推测的成分。不过，正如钱穆先生在考订孔子生年时所说：“今谓孔子生前一年或后一年，此仅属孔子私人之年寿，与世运之升降，史迹之转换，人物之进退，学术之流变，无足重轻如毫发。而后人于此，月之日之，考论不厌其详”，实在是“劳而且拙”。[⑤] 对于孙子，我们也可以采取同样的态度。对于诸如此类的纷争，在没有更多更充分的证据解决之前，我们不再去也没有必要去进行一一考辨，只需采取一种学界较为普遍的看法就可以了。下面我们根据相关的文献记载，大致勾勒一下孙武的家世渊源及其生平事迹。

孙武，字长卿，春秋末年齐国人，孙子是后世对他的尊称。因其是在吴国建功立业的，《孙子兵法》一书的编著也是在吴国，所以人们又称他为吴孙子，而称战国时期的孙膑为齐孙子。关于孙武的生卒年月正史未有确切记载，但根据史书相关记载推测，其生活年代大约与孔子同时或比孔子略晚。根据《史记·孔子世家》所记，孔子生卒年代为公元前551年至前479年。而

---

① （汉）何休注，（唐）徐彦疏：《春秋公羊传注疏·桓公十年》，上海古籍出版社1990年版，第57页。

② （春秋）司马穰苴撰，（清）钱熙祚辑：《司马法·仁本》，中华书局1991年版，第1页。

③ 《左传·僖公二十二年》。

④ 《汉书·艺文志·兵书略序》。

⑤ 钱穆：《先秦诸子系年·孔子生年考》，商务印务馆2005年版，第2页。

《史记·孙子吴起列传》载，孙子以兵法见于吴王阖闾，并且辅助吴王阖闾“西破强楚，入郢，北威齐晋，显名诸侯”。阖闾的执政时期是在公元前514年至前496年，由此可以得知孙武的活动时期与孔子在同一历史时期。不过，孔子和孙子两个文武圣人虽然同一时期同诞生于齐鲁大地，但两人并没有那种如同孔、老般充满神奇色彩的会晤，甚至在详载春秋史事的《左传》中都没有出现过孙武的身影，以至于有的学者质疑孙武其人的存在，或揣测孙武和战国时期的孙膑为一人，史籍中记载但已失传的《孙膑兵法》就是《孙子兵法》，《孙子兵法》为孙膑所著。不过，这些争论已经随着1972年临沂银雀山汉墓竹简本《孙子兵法》和《孙膑兵法》的同时出土而水落石出。孙武和孙膑各有其人，各有兵书传世已经成为不争的事实。

孙武的家世最早可以追溯到陈国的公子完。公元前672年，因陈国发生内乱，公子陈完惧祸逃奔齐国避难，被齐桓公任以管理手工业生产的“工正”之职。不久，陈完又改姓为田氏。田完后来娶齐大夫懿仲之女为妻。从此，家族的势力很快兴旺起来。

对于齐国，前面我们已经作过简要论述。齐本是姜太公的封国。太公封齐治国之前，齐地的土著居民是东夷人。东夷人以尚武善战著称，蚩尤、后羿就是东夷族尚武英雄的代表。太公治齐，推行“因其俗，简其礼”[①]的开明政策，东夷的尚武之风得以延续。另外，太公本人也是一位卓越的军事家，《史记·齐太公世家》记载：“周西伯昌之脱羑里归，与吕尚阴谋修德以倾商政，其事多兵权与奇计，故后世之言兵及周之阴权皆宗太公为本谋。”受上述因素的影响，齐国也形成了尚武的传统，兵学文化尤其发达。当时，齐国君臣上下都十分崇尚武力，历代国君都喜爱善斗之士，齐桓公、管仲选拔人才以“有拳勇股肱之力”[②]为标准；齐庄公“陈武夫，尚勇力”[③]；齐湣王好勇，选臣用士要看他在大庭广众之中是否敢与人搏斗，对于“见辱而不斗”[④]者，不为所用。受齐国尚武风气的熏陶，田氏家族也形成了重谋尚勇之风。

据《史记·田敬仲完世家》记载，田完的四世孙田无宇（孙武的曾祖父），以勇武著称，“事齐庄公，甚有宠”。公元前567年，齐国灭掉了莱国，“陈无宇献莱宗器于襄宫”[⑤]。可以想见，田无宇在这次战争中起到了不可忽视的作用。公元前532年田氏联合鲍氏打败了栾、高氏，田无宇听从晏婴的建议，把

---

① 《史记·齐太公世家》。

② 《国语·齐语》。

③ 《国语·齐语》。

④ 《公孙龙子·迹府》。

⑤ 《左传·襄公六年》。

所得的全部都交给了国君，又拉拢被栾氏、高氏赶出国的齐国诸公子，“凡公子、公孙之无禄者，私分之邑”，对国人“之贫均孤寡者，私与之粟”，从而取得了公族与国人的支持，为田氏在齐国更大的发展留下了空间。后来，田无宇又通过齐景公的母亲穆孟姬获得封地高唐，田氏的势力日益壮大。

田无宇有三子：田开、田乞、田书，田书即孙武的祖父。田书是齐国的大夫，很有军事才干，素以智谋勇武著称。在公元前523年齐国的伐莒之战中，田书表现出了突出的军事指挥才能。莒国是齐国南邻的一个小国，本臣服于齐，后疏齐亲楚，连续三年没有向齐进贡。公元前523年初，齐国通告莒共公，要他修筑道路迎候齐景公过境去泰山封禅。莒共公迟迟不肯动工。于是齐景公命将军高发率师伐莒，莒共公弃城逃至纪鄣固守。纪鄣城虽小，但地形险峻，易守难攻，高发无法攻取纪鄣，被景公罢黜。齐景公重新命田书伐莒。纪鄣城内有个妇人因丈夫被莒共公杀害而痛恨国君，她听说齐军到来，晚上偷偷登上城头将自己平时搓的大绳从墙头垂放下来，自己也悄悄出城，并将这件事情告诉田书。田书立即派齐军夜间缘绳登城，当齐军登上纪鄣城六七十人时，绳子断了，守城的莒军发觉。田书当机立断，命令齐军齐声叫喊：“齐军进城了！”已登上城墙的士兵也一起大喊。莒军上下顿时乱作一团，莒共公吓得慌忙弃城逃命。田书率齐军顺利地占领了纪鄣城。为表彰田书的功绩，齐景公将乐安赐给他作为采邑，并赐姓孙氏。自此，陈氏后裔的孙姓始立，孙书就是这支孙姓的始祖。

关于孙书的采邑乐安在现今何处，至今未有定论。现在主要有三种说法：惠民说、广饶说、临淄说。上述诸说中，惠民说兴起最早，说服力最强。[①]在没有更多材料来解决这个争论之前，我们认为乐安就是现在的惠民县，孙子故里以惠民为宜。

孙书的儿子孙凭，也就是孙武的父亲，在齐景公时任齐国的卿。田无宇、田(孙)书、孙凭，祖孙三代同在景公朝中为官，地位显赫无比。孙武就是出生在这样一个祖辈都精通军事的权贵之家。

囿于史料，对于孙武早年的生活状况我们已经无从而知。但鉴于其显赫的家世背景，孙武的青少年时代，应该受到过正规的良好的教育，而且也有可能随着祖父等田氏家族成员进行过具体的战争实践。

在孙武生活的时代，齐国虽说仍然是东方一强大的势力，却已失去了昔日春秋霸主的权威。国家内部也是矛盾重重，危机四伏。齐景公初年，先是

---

① 参见霍印章、吴如嵩：《孙子故里“惠民说”不可动摇》，《中国史研究》1991年第3期；吴学文、刘沛然：《论孙武故里在惠民》，《孙子学刊》1992年第1期；吴如嵩：《孙子兵法新说》第2章，解放军出版社2008年版；吴名岗：《孙武生平考证》第19章，军事科学出版社2009年版。

左相庆封杀了右相崔杼。接下来，田、鲍、栾、高等四家大族又联合赶走庆封。后来，齐国公室同各大族之间的矛盾，各大族之间争权夺利的斗争，愈演愈烈。在公元前520年前后，齐国“田、鲍四族谋为乱”。在这种复杂险恶的环境中，孙武萌生了远奔他乡另谋出路的念头。

另外一件事情的发生也坚定了孙武要离开齐国的想法，那就是司马穰苴之死。司马穰苴，即田穰苴，也是陈完的后裔。他虽为田氏的支庶，却文能服众，武能威敌。在公元前531年齐国面临晋国、燕国大举进攻的危急关头，被任命为将，率军击退晋、燕之师，收复了被占领的国土。齐景公任命他为大司马，后因称司马穰苴，田氏家族的势力因而再次得到加强。这引起了国内一些贵族的不满。大夫鲍氏和高昭子、国惠子，趁机诬陷司马穰苴，齐景公于是将其废退不用。司马穰苴积愤成疾，发病而死。田氏家族与高昭子、国惠子等的矛盾进一步加深，斗争日益频繁。

孙武不愿意参与这些大族之间的倾轧争斗，同时也是担心祸及自身，于是离开齐国，投奔吴国。来到吴国后，他避隐深居，一方面著述兵法，《孙子》十三篇大约就是在此时写成的；另一方面也在关注着吴国的时局，等待机会施展抱负和才华。据苏州市孙武子研究会的专家考证，今天位于苏州吴中区的穹窿山就是当年孙武隐居著述之处。

三

大约在孙武隐居的同一时期，楚国的伍子胥为了躲避楚平王对其家族的陷害，也从楚国逃往吴国避难，投身于吴王宗室公子光的门下做了宾客，并且一度“退而耕于野”[①]。孙武与伍子胥在这段时间相识，并且因为共同的不幸遭遇而互引为知己。就在孙武隐居的这段时间，吴国的宫廷发生了一场政变。

吴国公子光在伍子胥的精心策划下，利用伍子胥所荐的勇士专诸刺杀了吴王僚而自立，是为吴王阖闾。伍子胥也因此受到重用，得进用为“行人”（掌朝觐聘问之官），与谋国政。继位后的阖闾一心励精图治，图霸称雄。当时，吴国的主要对手是楚国。

吴、楚两国可谓是世仇。吴国位于长江下游，是周太王的两个儿子太伯和仲雍建立的国家。至吴王寿梦时，势力日渐强大，已据有今江苏、浙江杭嘉湖平原及安徽江南地区，拥有步兵及水军三万余人。晋楚争霸战争前期，

① 《史记·吴太伯世家》。

吴原是楚之盟国。后来晋国采取了联吴制楚的作战方略，派使臣申公巫臣前来通好，吴王寿梦认为联晋对吴更为有利，于是与晋结为同盟。后来，吴国乘楚国北上争霸，无暇全力东顾之际，从淮南、江北沿陆路进攻楚国，使得楚国不得安宁。楚最初集中精力对付晋国，对吴采取守势作战。后来晋与齐作战，无力南顾，楚国于是全力与吴争夺江淮地区。双方进行了多次交战，互有胜负。吴王诸樊也在周灵王二十四年(前548年)的巢城之战中被楚守军射死。阖闾继位后，立志要彻底击败楚国，以兴霸成王。

吴国欲向西进兵，征伐楚国，却缺乏善于指挥作战的将领。伍子胥虽然足智多谋，颇有才干，但吴王担心伍子胥积极主张伐楚，只是为了报私仇而已，故而疑虑不定。伍子胥明白吴王的疑忌，也深知孙武的才能，于是向吴王举荐孙武。因为当时孙武"辟隐深居，世人莫知其能"[①]，所以吴王对他并不在意。后来在伍子胥的多次推荐之下，吴王有所动心，不禁询问："但不知此人，可有专诸之勇、要离之智？"伍子胥在吴王面前极力为孙武美言："孙武精通韬略，有鬼人不测之机，天地包藏之妙，自著《孙子》十三篇，诚得此人，虽天下莫敌，何论楚哉！"伍子胥的一番话终于使得吴王决定同意接见孙武。

关于孙武与吴王的这次见面，太史公仅仅用了"以兵法见于吴王阖庐"以作记录。在银雀山汉墓出土的兵法简牍中，不仅有相当完整的《孙子》十三篇，还有《吴问》《见吴王》等内容。根据竹简和《吴越春秋》的记载，我们可以推想一下这次会见的主要过程。

接到吴王准备接见的命令后，孙武携带所著《孙子》十三篇来到吴王为之准备的"孙子之馆"下榻休息，吴王亲自到"孙子之馆"拜见了孙武。孙武将所带《孙子》十三篇献给吴王，吴王看后赞叹不已。他向孙武表示自己很喜好兵法，希望孙武为之演戏一番。孙武当即回答："兵，利也，非好也。兵，□〔也〕，非戏也。君王以好与戏问之，外臣不敢对。"吴王向孙武致歉，一面表示自己不懂这么高深的道理，一面再次请求孙武给他演练一下。孙武应允，表示："唯君王所欲，以贵者可也，贱者可也，妇人可也。"吴王愿意以妇人来练兵。

于是，吴王择日派人从后宫挑选宫女一百八十名，领到练兵场上，交给孙武演练。孙武把她们分为两队，并派吴王的两个宠姬担任两队的队长，让她们全部身穿戎装，手持戈戟，按照军令进行演练。结果孙武三令五申，宫女们却嬉笑不止，不听号令，队伍一片混乱。孙武大怒，说道："规定不明，申说不够，是将领的过错；已经讲清而仍不按规定动作来，就是士兵的过错了。

---

① 《吴越春秋·阖闾内传》。

队长带队不力，应先受罚。”吴王见孙武要将自己的两位宠姬斩首，急忙求情，孙武斩钉截铁地说：“臣下既已受命为将，将在军中，国君的命令有的可以不接受。”于是将队长二人斩首示众，然后继续练兵。宫女们大惊，于是令行禁止，行动全都合乎规矩，队列十分整齐。然后孙子派使者回报吴王说：“士兵已经阵容整齐，大王可下台观看，任凭大王想让她们干什么，哪怕是赴汤蹈火也可以。”吴王失去两位宠妃，心痛不已，但在伍子胥等人的劝说下，也认识到孙武是真正善于治军作战的人，于是任命孙武为将，委之以军国大事。这就是许多人所熟知的历史上有名的“吴宫教战”的故事。

在辅佐吴王阖闾的这段时间里，孙武和吴王经常就一些治国方策、军事问题进行探讨。在银雀山汉简《孙子兵法》佚文中有《吴问》一篇，记载了吴王向孙子询问当时共同操纵晋国朝政的范氏、中行氏、智氏、韩氏、魏氏、赵氏六卿谁先灭亡谁将兴盛，孙子通过分析六卿的田亩制度、赋税制度等情况，预言范氏、中行氏先亡，智氏其次，韩、魏又次，赵氏家族由于爱民、富民，必然会兴旺发达。后来，晋国六卿的发展基本上如孙武所预言，先是赵鞅赶走中行氏、范氏，接下来韩、赵、魏三家打败并杀掉了智伯。这样晋国六卿只剩下韩、赵、魏三家，而赵氏最强。不过，韩、魏没有灭亡，而是到了公元前403年和赵氏分裂了晋国故土，各自建立了国家。不过后来秦始皇统一六国，三国中赵国最后灭亡也是事实。由此可见，孙武对当时各诸侯国的政局有着充分的了解。

后世典籍中还保存了不少吴王和孙武关于军事问题的对话，如《通典》卷一五二记载：“春秋末吴子问孙武曰：‘敌勇不惧，骄而无虑，兵众而强，图之奈何?’武曰：‘诎而待之，以顺其意，无令省觉，以益其懈怠。因敌迁移，潜伏候待，前行不瞻，后往不顾，中而击之，虽众可取。攻骄之道，不可争锋。’”《太平御览》卷三三一引《战国策》：“吴子问孙武曰：‘敌人保山据险，擅利而处，粮食不足，挑之则不出，乘间则侵掠，为之奈何?’武曰：‘分兵守要，谨备勿懈。潜探其意，以利诱之，禁其牧采，久无所得，自然变改。待离其故，夺其所爱。’”有关吴王与孙武一问一答探讨军事问题的这种类似的记载还有很多，限于篇幅，不再一一列举。

四

在孙武、伍子胥等人的辅佐下，吴国迅速崛起，日益强盛。公元前512年，孙武、伍子胥、伯嚭率吴军伐楚，攻克了楚的属国钟吾国、舒国。当时吴王阖闾计划乘胜进军，直攻楚国的都城郢。孙武以“民劳，未可，待之”的理由劝谏吴王，认为目前吴军接连打了几仗，将士和百姓都十分疲劳，而楚国地广兵强，一时难以攻克，因此攻楚还需要等待时机。孙武与伍子胥一起制定了一套疲楚误楚的计策，建议吴王组成三支劲旅，轮流侵袭楚边境要地，当吴国的第一支部队袭击楚境的时候，楚国见来势不小，必定全军出动，进行迎击。待楚军出动，吴军便退回。而楚军返回驻地时，吴国的第二支部队又攻入了楚境，这样轮番袭击，几年后，楚军必定疲惫不堪。等楚军疲惫而战斗力削弱后，就可以伺机集中全力攻楚。

吴王听从了孙武和伍子胥的劝告，下令班师。“疲楚”之计实行了六年有余，吴军先后袭击楚国的夷、潜、六等地，并拿下了楚国的居巢，使得楚军首尾难顾，疲惫不堪。到了公元前506年，吴国终于找到了一个给楚国致命一击的机会。

在公元前507年时，蔡叛楚而与晋、吴结盟。次年秋，楚国攻打蔡国，蔡国向吴国求救。唐国不满楚国的横暴勒索，自愿助吴攻楚。蔡、唐虽是小国，但是地处楚国北侧，地理位置比较重要。于是吴国决定联合唐、蔡，全力攻楚。

公元前506年冬天，吴王任命孙武为大将，伍子胥、伯嚭为副将，胞弟夫概为先锋，倾全国三万水陆之师，亲率大军，由淮河溯水而上，直趋蔡境。楚军主帅囊瓦见吴军来势凶猛，不得不弃蔡之围以回防。吴军与蔡军会合，这时唐国也主动加入吴、蔡两军行列。吴、蔡、唐三国组成联军，溯淮水继续西进。进抵淮汭后，孙武突然决定舍舟登陆，由向西改为向南，迅速穿过楚国北部大隧、直辕、冥阨三道险关，直趋汉水，深入楚国腹地。当时伍子胥不明白孙武的意图，问他为什么选择这条路。孙武答道：“用兵作战，最贵神速。应当走敌人料想不到的路，以便打它个措手不及。逆水行舟，速度迟缓，吴军优势难以发挥，而楚军必然乘机加强防备，那就很难破敌了。”

不出数日，吴军主力挺进到汉水东岸。楚昭王急派令尹囊瓦和左司马沈尹戌，率兵赶至汉水西岸，与吴军对峙。沈尹戌建议囊瓦在汉水西岸与吴军周旋，正面牵制吴军，而自己则率方城以北楚军，迂回至吴军侧后，断其归路，然后与囊瓦军对吴军实施前后夹击。囊瓦虽然接受了这一建议，但他担心沈尹戌会独占功劳，所以不等沈尹戌军完成迂回行动，便贪功冒进，擅自率主力渡汉水向吴军进攻。鉴于楚军气势正盛，孙武顺势采取诱敌、误敌的策略，率吴军由汉水东岸后退。囊瓦以为吴军怯战，率军急速追击。在小别（山名，今湖北汉川东南）至大别（今湖北境大别山脉）间，吴楚进行了三次交锋，楚军“三战皆不利”，锐气受挫。最后，吴军在柏举地区布列阵势，迎击楚军。吴军先锋夫概探知楚国内部不和、军心动摇，不顾阖闾的反对，率所部五千人突袭楚军，楚军一触即溃，阵势大乱。孙武得知消息，急忙派主力前去助战。楚军大败，死伤逃散者不计其数。囊瓦中箭负伤，逃奔郑国。

吴军对楚军紧追不舍，追至柏举西南的清发水时，楚军急于求生，争相渡河。夫概采用孙武"半渡而击"的战法，不急于追击，而是待其半渡之时发动攻击，俘虏了楚军一半。侥幸过河的楚军逃窜至雍澨时准备埋锅造饭。吴军再次追来，楚军仓皇逃走。沈尹戌得知囊瓦主力溃败，急率本部兵马赶来救援。双方在雍澨一带遭遇。沈尹戌伤重而死，楚军全面溃败。孙武率吴军继续追击，直逼郢都城下，楚昭王不顾大臣们的反对，弃城而逃，郢都陷落。

这就是中国历史上有名的柏举之战。在这次战争中，孙武指挥吴军以三万兵力对抗楚军二十万大军，五战五捷，大败楚国，使吴国声威大震。战国时期军事家尉缭子赞扬他说："有提三万之众而天下莫当者，谁？曰：武子也。"[①]西汉刘向《新序》中也说："孙武以三万破楚二十万。"[②]孙子的"因敌制胜""避实击虚""兵闻拙速""半渡而击""示形动敌""上兵伐谋，其次伐交"等战略战术思想，在这次战役中得到了充分的展示，孙武也因此一战成名。

五

柏举之战后，孙武继续辅佐阖闾。由于楚国在柏举之战中遭受重创，短时间构不成对吴国的威胁，于是吴国转而与越、齐、晋等国争夺霸主地位。对于孙武在这些争霸战争中的作用，史籍没有具体记载，只有一些概括性的论述，司马迁在《史记·孙子吴起列传》中写道，吴国"西破强楚，入郢，北威齐晋。显名诸侯，孙子与有力焉"。《吴越春秋·阖闾内传》曰："当此之时，吴以子胥、白喜、孙武之谋，西破强楚，北威齐晋，南伐于越。"

由于史料记载的缺略，孙武晚年的情况也成为千古之谜。后世流传有两种说法：其一，孙武是被杀戮而死的。主要依据《汉书·刑法志》的记载："孙、吴、商、白之徒，皆身诛戮于前，而功灭亡于后。"颜师古注"诛戮"的人名曰："孙武、孙膑、吴起、商鞅、白起也。"其二是隐居说。在隐居的时间问题上，又存争议。有些学者认为在伐楚之后，孙武清醒地意识到，吴王其人好大喜功，心存猜忌，轻于杀伐，于是辞官引退，归隐山中，不再出仕。[③] 有的则

---

① 《尉缭子·制谈》。

② （宋）李昉撰：《太平御览·兵部二》，《四部丛刊三编》影宋本。

③ 参见李浴日：《孙子兵法之综合研究》，商务印书馆 1938 年版，第 331 页；韩静：《孙武人生结局考辨》，《滨州学院学报》2009 年第 1 期。

认为孙武是在吴王夫差时期隐居，而且还私下里劝说伍子胥功成身退，只可惜伍子胥没有听从孙武的劝告，最终落得个被迫自杀的下场。[①] 还有人认为孙武是在伍子胥死后隐退的，孙武看到伍员的惨死，对吴国感到心寒和失望，不可能再为吴国的对外战争谋划出力，而必然会隐居乡间，修订其兵法著作。[②]

上述说法中，我们更倾向于隐居说。因为最早为孙武立传的司马迁对孙武应该十分熟悉和了解，在他写的《史记·孙子吴起列传》中并没有记载孙武被诛戮。而且被诛戮之说仅见于《汉书》，班固也没有说明被诛之原委，因此被诛戮之说殊难成立，隐居之说较为可信。孙武隐居应该在吴王夫差时期，伍子胥被杀之前。据《吴越春秋·夫差内传》记载，子贡对越王描述当时吴国宫室内的政治环境说，吴国“为数战伐，士卒不息，大臣内引，谗人益众”，大臣们纷纷引退。而孙武与伍子胥的性情大不相同，其本人智慧过人，做事情十分理智，善于自保，他从齐国来到吴国就说明了这一点。因此，面对夫差时期腐败的政局，孙武主动退隐是合乎常理的。

孙武归隐之后，经过多年攻楚伐越的战争实践，孙武对战争规律和兵学原理的理解更加深刻全面。于是，他开始了对《孙子》十三篇的修缮补正工作。孙武死后，就葬在吴都郊外。据《越绝书·记吴地传》载：“巫门外大冢，吴王客、齐孙武冢也。去县十里，善为兵法。”经学者专家认定，今苏州市相城区元和镇虎啸村孙墩浜即《越绝书》记载的孙武冢。

六

孙武虽然离开了人世，但他的兵学思想和军事智慧却通过其兵书《孙子兵法》流传下来。

《孙子兵法》自战国时期就广为传播。《韩非子·五蠹》称：“境内皆言兵，藏孙、吴之书者家有之。”到了汉代，《孙子兵法》更是成为一部家喻户晓的兵书，社会上研习该书的风气十分盛行，司马迁称：“世俗所称师旅，皆道《孙子》十三篇。”[③]东汉末年政治家、军事家曹操对《孙子兵法》极为推崇，他说：“吾观兵书战策多矣，孙子所著深矣。”[④]并亲自为之作注，成为注释《孙子

---

① 参见（明）冯梦龙著，（清）蔡元放修订：《东周列国志》（下），人民文学出版社 1975 年版，第 721 页。

② 参见杨善群：《孙子评传》，南京大学出版社 1992 年版，第 108～109 页。

③ 《史记·孙子吴起列传》。

④ （春秋）孙武撰，（三国）曹操等注，杨丙安校理：《十一家注孙子校理》，《新编诸子集成》本，中华书局 1999 年版，第 310 页。

兵法》的第一人。到了唐代，孙武的地位进一步抬高，处于仅次于姜尚的兵家“亚圣”地位。唐太宗李世民、大将李靖等人均对《孙子兵法》推崇备至，李世民说：“朕观诸兵书无出孙武。”[①]宋朝自仁宗起，官方十分重视对兵学的研究和整理，至神宗，诏令司业朱服、武学教授何去非校定《孙子兵法》等七书，作为武学必读经典，号《武经七书》，以官方名义颁行，《孙子兵法》被列为“武经之首”，孙武更是被尊为“武圣人”。与此同时，自东汉末年曹操最早为《孙子兵法》作注以来，历代为《孙子兵法》作注作解者也不绝如缕。宋人辑录曹操、梁孟氏、李筌、贾林、杜佑、杜牧、陈皞、梅尧臣、王皙、何氏与张预十一家为《孙子兵法》作的注解，编成《十一家注孙子》。“十一家注”本与上述宋代刊行的“武经七书”本成为后世流传最广的两大版本系统。

《孙子兵法》对后世的战争实践也产生了重大影响。历代统治者和军事将领运用《孙子兵法》的战略战术思想指挥作战者，不计其数，见诸史书较为著名的有：先秦的孙膑、赵奢；楚汉时的项羽、韩信；两汉时的霍去病、赵充国、冯异、皇甫嵩；三国时代的诸葛亮、曹操、孙权、满宠、司马懿、邓艾；唐代的李世民、李靖；宋代的岳飞；元代的耶律楚材；明代的刘伯温、戚继光；清代的曾国藩、胡林翼、左宗棠；当代的毛泽东、刘伯承等。上述历代名将均从当时所处的军情出发，灵活运用孙子思想于战争实践，取得作战的胜利。例如韩信在井陉之战中，成功运用孙子“投之亡地然后存，陷之死地然后生”的原则，断己后路，迫使士卒拼死作战，最终取得对敌作战的胜利。西汉赵充国在平羌战役中，灵活运用《孙子兵法》指导自己的军事行动，先计后战，以全争胜，以逸待劳，力争先胜，不贪小利，不逐穷寇，进不求名，退不避罪，终于顺利平息了西羌的叛乱。

时至今日，《孙子兵法》已跨越了国界，跨越了行业，在全世界范围内被广泛应用在战争对抗、政治斗争、外交谈判、市场竞争、领导决策等各个领域，在世界舞台上越来越显示出强大而深远的影响力。

---

① 曾振注译：《唐太宗李卫公问对今注今译》卷中，(台北)商务印书馆 1975 年版，第 138 页。

目录

计篇第一

1.1 孙子曰：兵[1]者，国之大事[2]，死生之地，存亡之道[3]，不可不察[4]也。

【注释】

[1]兵：本义为兵器，引申为兵士、军队、战争等。此指战争。

[2]国之大事：国家的重大事务。《左传·成公十三年》："国之大事，在祀与戎。"

[3]死生之地，存亡之道：战争直接关系着军民的生死、国家的存亡。地，处所。道，本义为道路，此指方式、途径。

[4]察：考察、研究。

【品读】

《孙子兵法》是一本教人如何作战的书，但是它在首篇的第一句话却不是谈论战胜攻取之道，而是开宗明义地提出必须谨慎地对待战争。

面对春秋时期纷繁复杂、充满残酷杀戮的战争，各学派都提出过对战争的看法："夫兵者，不祥之器。物或恶之，故有道者不处。"①老子如是说。墨子指出："当若繁为攻伐，此实天下之巨害也。"②孔子虽然将"足兵"作为治理国家不可缺少的一项，却将其放在"民信""足食"之后。③ 与各家对战争的厌恶与排斥相比，孙子对战争的态度显得较为客观、理性。因为诸侯之间的争霸与兼并战争是客观存在的，不论是否承认，它就发生于身边，所以不能回避战争，而应该积极去应对，认真考察、研究作战的规律。但是，战争又会给国家带来沉重的负担，关系着民众的生死、国家的存亡，而"亡国不可以复存，死者不可以复生"④。基于这样的清醒认识，孙子反对轻言战事，草率用兵，力主慎重地谋划和指导战争。既重战，又慎战，正是孙子对待战争的基本态度，而这也代表了中国传统兵学对战争的态度。正如有学者所指出的，

① 《老子》三十一章。

② 《墨子·非攻》。

③ 《论语·颜渊》。

④ 《孙子兵法·火攻篇》。

“中国的兵书虽浩如烟海，却很难找到其中一本是赤裸裸地主张以武力兼并天下的，更不必说鼓吹穷兵黩武和灭绝种族的法西斯主义”①。“自古知兵非好战”正是中国传统兵学的一大特色。

1.2 故经之以五事[1]，校之以计而索其情[2]：一曰道[3]，二曰天，三曰地，四曰将，五曰法。道者，令民与上同意[4]也，故可以与之死，可以与之生，而不畏危[5]。天者，阴阳[6]、寒暑[7]、时制[8]也。地者，远近[9]、险易[10]、广狭[11]、死生[12]也。将者，智[13]、信[14]、仁[15]、勇[16]、严[17]也。法者，曲制[18]、官道[19]、主用[20]也。凡此五者，将莫不闻[21]，知之者胜，不知者不胜。

【注释】

[1]经之以五事：从五个方面衡量敌我双方的情况。经，度量、衡量。五事，决定战争胜负的五种因素，即下文的道、天、地、将、法五个方面。

[2]校(jiào)之以计而索其情：通过比较敌我双方的各种条件，来探求战争胜负的情况与规律。校，通“较”，衡量、比较。计，指下文“主孰有道”等七个方面。情，情势、实情，也可理解为规律。

[3]道：本义是道路，引申为事理、规律、方法等。先秦诸子各言其“道”，含义不尽相同。此指政治条件，尤指民心向背。

[4]令民与上同意：使民众与统治者意愿一致。上，君主、统治者。同意，同心同德、意愿一致。

[5]不畏危：不畏惧危险。

[6]阴阳：昼夜、晴雨等天时气象的变化。

[7]寒暑：寒冷、炎热等气温的不同。

[8]时制：四季的变换。

[9]远近：距离作战区域的远近。

[10]险易：地势的险要与平坦。

[11]广狭：战场的广阔与狭窄。

[12]死生：地形是否有利于攻守进退。死，死地，进退两难的地形。生，生地，攻守自如的地形。

[13]智：足智多谋。

[14]信：赏罚有信。

[15]仁：关爱士卒。

[16]勇：勇敢果断。

[17]严：执法严明。

[18]曲制：军队的组织和编制。

---

① 张文儒：《中华兵学的魅力——中国兵学文化引论》，北京大学出版社2008年版，第379页。

[19]官道：中国古代官吏的职责区分、统辖管理。

[20]主用：各类军需物资、军事费用的供应管理。

[21]闻：知道，了解。

【品读】

既然战争关系着国家的存亡、人民的生死，就必须要对战争进行认真研究和考察。如何去“察”？孙子认为，战争不是孤立的军事行动，应当从“道、天、地、将、法”等“五事”“七计”入手，比较分析敌我双方的情况，在此基础上对战争作出判断，预测胜负。

“五事”之中，占首位的是“道”。“道”是先秦思想家使用较为普遍的一个概念，不同学派的“道”含义也不一致。孙子在这里所说的“道”是一个政治范畴，可以理解为清明的政治。王晳注释得非常明白：“道，谓主有道，能得民心也。夫得民之心者，所以得死力也；得死力者，所以济患难也。”有道之君，将实施合乎民众利益的清明的统治政策，这样一旦有战争发生，民众就会与国君团结一致，同心同力，军队就会无往而不胜。古今中外的兵学家无不把是否得民心作为作战用兵的基础。《荀子·议兵》说“兵要在乎善附民而已”。《淮南子·兵略训》曰：“兵之胜败，本在于政。”美国战略专家柯林斯也指出：“重要的不是战场上的兵力多寡，而是人心的向背。”[①]在此，孙子也把清明的政治看作克敌制胜的最基本的保证。

战争不仅与政治有关，天候因素对军事行动也有着直接的影响。战争都是在一定的时空范围内展开的，不能不受时间、季节、气候、地形、地貌、道路等的影响和制约。所以，孙子认为，天候因素是作战时必须要考虑的问题。纵观古今中外的战争史，因天候影响导致战争失败的例子并不少见。法国的拿破仑入侵俄国和德国的希特勒入侵苏联的失败，其中一个很重要的原因都在于对交战国的寒冷天气缺乏正确的估计。相反，历史上也不乏巧妙利用天时辅助作战取得胜利的战例，诸葛亮乘雾天草船借箭、借东风火烧曹营就是妇孺皆知的经典战例。

地理因素与作战的胜负也有着密切关系，正如《孙子兵法·地形篇》指出的，“夫地形者，兵之助也。料敌制胜，计险厄远近，上将之道也”。地形是用兵打仗的重要辅助条件，将帅必须重视对它的研究和利用。在《九地篇》《行军篇》《地形篇》中，孙子对在战争中如何利用地理条件进行了较为集中的论述。孙子可以称得上“中国古代第一位系统探讨地形地理条件与军事

---

① [美]约翰·柯林斯著，中国人民解放军军事科学院译：《大战略》，战士出版社1978年版，第26页。

斗争成败相互关系的军事大师”①。

古人有言:“千军易得,一将难求。”将帅素质的高低在很大程度上会影响战争的胜负。高明的将领在面临危机和险情的情况下,通过精心谋划,往往可以转危为安,转败为胜;而昏庸的将领即便处于有利的条件下,也可能会因指挥的失误,丧失战机,由胜转败。因此,孙子将将帅的素质作为预测战争胜负的一项重要内容。《孙子兵法》多次强调将帅的地位和作用,并对将帅提出了诸多要求。在此,孙子对将领提出了“五德”的标准,即“智”“信”“仁”“勇”“严”。将领只有具备五德,才能算一名合格的将才。

军队的法制建设也是孙子判断战争胜负的一项重要标准。部队只有具备合理的组织编制、健全的军需物资供应制度、完善的将吏管理制度,才能在纷纷纭纭、浑浑沌沌的战争场景中,保持强大的战斗力,最终克敌制胜。

1.3 故校之以计,而索其情,曰:主孰有道[1]?将孰有能[2]?天地孰得[3]?法令孰行[4]?兵众孰强[5]?士卒孰练[6]?赏罚孰明[7]?吾以此知胜负矣。

【注释】

[1]主孰有道:哪一方国君为政清明。孰,疑问代词,谁、哪一方。

[2]将孰有能:哪一方将帅更有才能。

[3]天地孰得:哪一方占据着天时、地利。

[4]法令孰行:哪一方法令能贯彻执行。

[5]兵众孰强:哪一方武器装备精良,士卒众多。兵,武器装备,一说指军队。

[6]士卒孰练:哪一方士卒训练有素。

[7]赏罚孰明:哪一方赏罚严明。

【品读】

本段主要是论述“七计”。“七计”是对“五事”的进一步展开。“主孰有道”说的是“道”,“将孰有能”说的是“将”,“天地孰得”说的是“天”和“地”,“法令孰行”“兵众孰强”“士卒孰练”“赏罚孰明”说的是“法”。通过对敌我双方是否政治清明、将帅高明、占据天时地利、法纪严明、武器优良、士卒训练有素、赏罚公正等七个方面情况的分析,战争双方谁胜谁负就显而易见了。

总之,孙子虽然谈论的是战争,但他并没有把战争看成是单纯的军事问题,而是将其与政治、法制、天、地、人等因素相结合,从国家综合实力的角度考虑战争的胜负问题。英国战略理论家李德·哈特在其著作《战略论》一书

① 黄朴民:《先秦两汉兵学文化研究》,中国人民大学出版社 2010 年版,第 102 页。

中提出了“大战略”的概念，认为大战略的任务，就是“协调和指导一个国家（或是一群国家）的一切力量，使其达到战争的政治目的”①。据此来反观孙子的战争预测思想，无疑已经上升到了“大战略”的范畴。

1.4 将听[1]吾计，用之必胜，留之；将不听吾计，用之必败，去之。

【注释】

[1]听：听从，采纳。

【品读】

对这句话的理解历来存在分歧。一说：将，名词，裨将，偏将。意思是裨将能听从我的计策，作战一定会胜利，我就让他留下，否则，就撤换他。孟氏注、吴如嵩《孙子兵法新说》等持此说。一说：将，读 jiāng，助动词，表示假设，意为假如、如果，其主语是吴王。大意是吴王如果能采用我的计策，我就留下，否则我就离开。这是孙武以言辞激吴王而求用。梅尧臣注、王皙注、张预注等持此说。两说相较，前说为佳。后一种说法显然是孙武对吴王的要挟之辞。而根据《史记·孙子吴起列传》《吴越春秋》、银雀山汉简等的相关记载，孙武是经伍子胥多次推荐得以晋见吴王，推荐孙武肯定不只是伍子胥个人的一厢情愿，孙武必定在与伍子胥交往的过程中向他表露过想辅佐吴王的愿望，既想入仕，又用言语去要挟国君，显然在逻辑上是说不通的。因此，前一种说法更为合理，表现了孙武对自己兵法的绝对自信。

1.5 计利以听[1]，乃为之势[2]，以佐其外[3]。势者，因利而制权[4]也。

【注释】

[1]计利以听：所筹划的有利作战的方略已经被采纳。以，通“已”，已经。

[2]乃为之势：创造一种积极有利的军事态势。乃，于是，就。为，创造。之，语气助词，无实义。势，态势。

[3]以佐其外：作为外在条件辅佐以争取战争的胜利。

[4]因利而制权：根据利害得失，采取灵活的对策。权，本义是秤锤，此指权变、灵活处置。

【品读】

本段中孙子强调了造“势”的重要性。孙子在对战争双方进行了“五事”

① ［英］李德·哈特著，钮先钟译：《战略论：间接路线》，内蒙古文化出版社 1997 年版，第 360 页。

"七计"的分析比较之后紧接着指出，计算战争的利害，制定了有利的作战方略并且被采纳，只是为战争的胜利提供了一种可能性，要把这种可能性变成现实，还需要借助于"势"。所谓"势"，就是将领在已有的军事实力的基础上，充分发挥主观能动性，创造有利于我方的战场态势。"势"不是固有的，是战争指挥者凭借丰富的作战经验、高超的指挥艺术，根据战场形势采取灵活的措施造就的。学者们将孙子这一发挥主观能动作用而造成有利态势的过程称之为"造势"。"造势"的目的即在于辅助作战方略的实现。《孙子兵法》专辟《势篇》讨论"任势""造势"的问题。

1.6 兵者，诡道也[1]。故能而示之不能[2]，用而示之不用[3]，近而示之远，远而示之近[4]。利而诱之[5]，乱而取之[6]，实而备之[7]，强而避之[8]，怒而挠之[9]，卑而骄之[10]，佚而劳之[11]，亲而离之[12]。攻其无备，出其不意。此兵家之胜，不可先传也[13]。

【注释】

[1]兵者，诡道也：用兵打仗是一种诡诈的行为。诡，诡诈、谲变。

[2]能而示之不能：有能力攻或守却装作没有能力的样子。能，有能力、能够。示，显示、假装。

[3]用而示之不用：实际要用兵却装作不想用兵的样子。用，用兵、行动。

[4]近而示之远，远而示之近：实际要进攻近处却装作要进攻远处，实际要进攻远处却装作要进攻近处。

[5]利而诱之：敌人贪利，就用小利去引诱他。利，动词，贪利。

[6]乱而取之：敌人混乱，就趁机攻取他。

[7]实而备之：敌人实力雄厚，就要加强防备。

[8]强而避之：敌人强盛，就暂时避开他的锋芒。

[9]怒而挠之：敌人暴躁易怒，就设法激怒他。挠，挑逗、扰乱。

[10]卑而骄之：敌人卑怯谨慎，就设法使之骄纵。卑，卑怯、谨慎。一说，我方主动卑辞示弱以令敌人骄傲，乘其不备而攻击他。结合前后文义，两说之中以前说为佳。

[11]佚而劳之：敌人安逸，就设法使他疲劳。佚，通"逸"，安逸。

[12]亲而离之：敌人内部团结，就设法离间、分化他。亲，亲近、团结。离，离间、分化。

[13]此兵家之胜，不可先传也：这是兵家克敌制胜的奥妙，不能预先做不变的规定。胜，奥妙、胜券。传，传授、规定。

【品读】

这里，孙子旗帜鲜明地提出战争的本质乃是一种"诡道"。《军争》中孙子亦言"兵以诈立"，可与本段对读。孙子的说法在当时可谓石破天惊。诚如笔者在序言中所提到的，受军礼的影响，春秋中期之前的战争重偏战轻诈战。至公元前638年的泓水之战时，宋襄公犹秉周礼，“不鼓不成列”“不禽二毛”。自春秋中期以来，战争中始出现各种军事欺骗的行为，但当时尚无人正面对战争的本质进行总结。孙子通过对战争进行冷静清醒的思考，用“兵者诡道”“兵以诈立”八个字言简意赅地概括出战争的实质是一种诡诈的行为，即以各种欺骗手段造成敌人的错觉，以便更有效地打击敌人。

对于孙子的诡道说，后世学者多从仁诈对立的角度对其加以曲解，认为孙子只讲诈道，不讲仁道。南宋叶适说：“非诈不为兵，盖自孙武始。”[①]高似孙也说：“兵流于毒，始于孙武乎？武称雄于言兵，往往舍正而凿奇，背义而依诈。”[②]其实，孙子既讲仁也讲诈，前面所讲位于“五事”之首的“道”即以仁政为核心，《谋攻篇》提到的“不战而屈人之兵”也是孙子“仁爱”思想的体现。南宋黄震对孙子诡诈思想的理解较为客观允当。他说：

> 孙子言兵，首谓“兵者，国之大事，死生之地，存亡之道”，而切切欲道民使之“与上同意”，欲“不战而屈人兵”，欲“先为不可胜，以待敌之可胜”，欲“无恃其不来，恃吾有以待之”。至论将，则谓“进不求名，退不避罪，惟民是保，而利合于主”。盖终始未尝言杀，而以久于兵为戒。所异于先王之训者，惟诡道一语，特自指其用兵变化而言，非欲情所事奸诈之比。且古人诡即言诡，皆其真情，非后世实诈而反谬言诚者比也。若孙子之书，岂特兵家之祖，亦庶几乎立言之君子矣！诸子自荀、扬外，其余浮辞横议者莫与比。[③]

张预也注释道：“用兵虽本于仁义，然其取胜必在诡诈。”因为战争关乎国家的存亡、人民的生死，用兵打仗就要力争取胜，在战争的手段上就必然要诡诈多变。如果一味地对敌人行妇人之仁，势必会导致我方损兵折将，这就是对我方的不仁。

诡诈方式灵活多样，千变万化，在此孙子阐述了十二种欺敌、误敌的方法，即从“能而示之不能”至“亲而离之”的十二种方法，后世学者称之为“诡道十二法”。这十二种方法最终可以归结为“攻其不备，出其不意”。因为任何诡道都是为了隐蔽自己的行动企图，以造成敌人对我方情况的信息不明，无法组织有效的进攻和抵抗，从而使战争的主动权时刻掌握在我方手中，我

---

① (宋)叶适撰，刘公纯等点校：《叶适集·水心别集》卷四《兵权上》，中华书局1961年版，第679页。

② (宋)高似孙撰：《子略》卷三《孙子》，中华书局1985年版，第32页。

③ (宋)黄震撰：《黄氏日钞》卷五八《读诸子·孙子》，《四库全书》本。

方可乘敌之未料，攻其虚弱无备之处，最终克敌制胜。

战争形势瞬息万变，随时都会有各种难以预见的因素出现，因此诡道之用是无法事先传授的，必须由将帅根据军情的变化随机应变。德国军事家克劳塞维茨也有这样的认识，他说："现在我们还必须考虑另一个要求，这个要求对作战知识来说比对其他任何知识更为重要，那就是必须把知识融会贯通，变成自己的东西。"①一个将领如果不懂得对兵法的灵活运用，即便读遍万卷兵书，也难免会落得个丧身辱国的下场。赵括纸上谈兵，导致长平之战四十万赵军的覆灭；马谡照搬兵法，不知变通，最终兵败街亭。这都说明了灵活运用兵法的重要性。

1.7 夫未战而庙算[1]胜者，得算多[2]也；未战而庙算不胜者，得算少也。多算胜，少算不胜，而况于无算乎[3]？吾以此观之，胜负见[4]矣。

【注释】

[1]庙算：庙，古代祭祀祖先和商议国事的场所。算，计算、筹划。春秋时期，兴师作战之前，要在庙堂里进行商议谋划，预测战争胜负，制定作战方略，这一作战准备程序叫"庙算"。

[2]得算多：取胜的条件充分。算，计算用的筹码，此指取胜的条件。

[3]多算胜，少算不胜，而况于无算乎：事先预计取胜条件多就可以获胜，取胜条件少就不能获胜，更何况不具备任何取胜的条件呢？

[4]见：同"现"，显现。

【品读】

任何一个作战决策，都直接关系着战争的胜负，战争指挥者必须慎重对待。在作战之前，指挥者要对敌我双方的各方面条件进行多方考量、详细计算，绝不能打无准备之仗。如果经过周详的考虑研究，我方的优势条件多，则胜算就多；反之，胜算就小。如果战前毫不计算，贸然出兵，企图侥幸取胜，则必败无疑。计算得越周详，对战争结果的预测就越准确。楚汉战争中，在刘邦面对强大的项羽犹豫不决之时，韩信为其谋划运筹，刘邦听其计策，最终取胜；新莽时期，群雄割据，邓禹为力量尚不强大的刘秀认真谋划，制定了经营河北、延揽英雄、务悦民心的方略，在其辅佐下，刘秀最终一统天下。这些事例都证明了战前"庙算"的重要性。

---

① ［德］克劳塞维茨著，中国人民解放军军事科学院译：《战争论》（上），解放军出版社1964年版，第105～106页。

作战篇第二

2.1 孙子曰:凡用兵之法,驰车[1]千驷[2],革车[3]千乘[4],带甲[5]十万,千里馈粮[6],则内外之费[7],宾客之用[8],胶漆之材[9],车甲之奉[10],日费千金,然后十万之师举[11]矣。

【注释】

[1]驰车:轻型战车。

[2]驷:原指驾一辆车的四匹马,后通指四匹马拉的一辆战车,此处作量词用,千驷即千辆。

[3]革车:专门运输粮草和军需物资的辎重车辆。

[4]乘(shèng):原来也是指古代四匹马拉的一辆战车,此处也作量词用,辆。

[5]带甲:披盔戴甲,此指全副武装的士兵。

[6]千里馈粮:跋涉千里运输粮草。馈,供应、运输。

[7]内外之费:前方和后方的开支花费。

[8]宾客之用:外交活动的费用。春秋时期,各诸侯国为了配合战争的需要经常开展一些外交、游说活动,因此要拿出一部分资金作为外交使节和游说之士的活动经费。

[9]胶漆之材:制作、修理弓箭甲盾等作战器械所需的各种物资。

[10]车甲之奉:保养补充各种武器装备的费用。车甲,泛指各种军事装备。奉,通"俸",花销、费用。

[11]举:出动。

【品读】

本段孙子主要论述了战争与经济的关系,《用间篇》中也有类似的论述,可对读。战争不仅是军事力量的较量,也是经济力量的竞赛。不管是战争的实施还是战争的终极目标,都与经济息息相关。正如苏联军事理论家沙波什尼科夫所说,"一个国家如果在经济上尚未做好准备,仅靠军事准备是不足以取得胜利的","如果国家经济力量过于紧张,无论在战场上取得多么辉煌的胜利，都潜伏着战败的危险”①。早在春秋末年的孙子已经深刻地认识到这一点。他指出，战争必须以强大的经济实力为后盾，如果没有充分的经济准备，军队便难以行动。他用一串数字形象地说明，只有做好“日费千金”的准备，大军方可出征。

在生产力尚不发达的孙子时代，兴兵十万尚且“日费千金”，到了现代，随着作战武器的不断更新，各种高技术武器不断投入战场，军费开支更是创下了天文数字。据统计，1973 年，仅仅打了十八天的第四次中东战争，交战双方直接耗费就达 108 亿美元；在 1982 年英阿马岛之战中，两个多月内双方为战争直接耗费近 100 亿美元；1991 年仅历时 42 天的海湾战争，以美国为首的多国部队共耗费了 670 多亿美元，其中美军耗费 611 亿美元。②

正因为战争对经济有着很强的依赖性，所以，统治者和将帅在进行战争谋划时，不仅要考虑将领统兵作战的能力大小，武器装备的先进与否，还应该考虑自身所拥有的财力和物资能否支撑起这场战争。这里，孙子向人们算经济账，其意图是要提醒人们，用兵作战耗资巨大，一定要慎重对待战争，千万不可穷兵黩武，如果经济基础不充分，就不要贸然作战。

2.2　其用战也胜，久则钝兵挫锐[1]，攻城则力屈[2]，久暴师则国用不足[3]。夫钝兵挫锐，屈力殚货[4]，则诸侯乘其弊而起[5]，虽有智者，不能善其后矣[6]。故兵闻拙速，未睹巧之久也[7]。夫兵久而国利者，未之有也。故不尽知用兵之害者，则不能尽知用兵之利也[8]。

【注释】

[1]其用战也胜，久则钝兵挫锐：诸注对此句断句不一，或以“胜”字为上句末字，或以“胜”字为下句首字。此处从褚良才说，“胜”字当属上读，是“腾”的同音借字，其义为“疾速”③。意为兴师作战贵在速胜，战事拖久了，军队就会疲惫，士气就会被挫伤。钝，疲惫、困乏。挫，挫伤。锐，锐气。

[2]力屈(jué)：兵力耗尽。屈，竭尽、耗尽。

[3]久暴(pù)师则国用不足：长时间用兵在外，就会导致国家财用不足。暴，同“曝”，暴露。师，军队。

[4]屈力殚(dān)货：兵力耗尽，财力枯竭。殚，枯竭。货，财货、物资。

[5]诸侯乘其弊而起：其他诸侯国就会乘此危机前来进攻。弊，弊病、危机，此指“钝

① ［苏］沙波什尼科夫著，中国人民解放军军事科学院译：《军队大脑》，解放军出版社 1987 年版，第 57、68 页。

② 参见袁艺：《现代战争耗费知多少》，《华商报》2000 年 8 月 25 日。

③ 褚良才：《宋刊本〈孙子〉十三篇新诂》，《浙江大学学报》（人文社科版）2003 年第 5 期。

兵挫锐，屈力殚货”的情况。

[6]虽有智者，不能善其后矣：即使有才智超群的人，也无法挽救危局。

[7]故兵闻拙速，未睹巧之久也：所以用兵作战，只听说指挥即使笨拙，也要求速胜，没有见过为了追求指挥的巧妙而要求持久的。此句李贽《孙子参同》卷二注云：“宁速毋久，宁拙毋巧，但能速胜，虽拙可也。”拙，笨拙，此处意为不要刻意求巧。

[8]故不尽知用兵之害者，所以则不能尽知用兵之利也：不能完全了解用兵危害的人，就不能完全了解用兵的有利方面。尽知，完全了解。

【品读】

本段中孙子提出了进攻作战中要速战速决的战略主张。《谋攻篇》中提倡“毁人之国而非久也”，《九地篇》云“兵之情主速，乘人之不及，由不虞之道，攻其所不戒也”，均表达了这一思想。如上文孙子所计算的，进行一场战争需要消耗大量的粮食、器械、车马等物资，那么，旷日持久的战争更是如此。这里孙子对持久战的危害进行了层层深入的说明，认为战争久拖不决，轻则军队疲惫，丧失锐气，兵力耗尽；重则国家财政困难，资源枯竭，民怨沸腾；严重者其他诸侯国会乘虚而入，国家将陷入内外交困的境地，这种危险的局面一旦出现，是任何人也无法挽救的。基于此，孙子提出兵贵“速”而不贵“久”，将帅应力求速胜，不能为了追求用兵的巧妙而使战事久拖。明代兵书《武编》中有一个较为形象的比喻：“兵以速为策者，其机在速。譬犹猎者之逐兽，兔起鹘落，少纵则失之。”[①]意思是说，军队作战以速决为指导方针，好比猎人打猎，必须抓住兔子跃起和鹘鸟落地的一刹那进行射击，稍一错过就失去机会。

当然，我们也不能据此得出孙子提倡速战速决而反对持久战的结论。陈启天《孙子兵法校释》注说得很明白：“本篇所谓贵胜不贵久者，盖专就攻势战争言之。若夫守势战争，乃出于不得已而应战者，必须久而后能胜，未可轻于速战速决，适中敌人之计。”[②]比如日本侵华时曾叫嚣“三个月灭亡中国”，毛泽东则指出作为战略防御者的中国应该以“持久”取胜。到底采取速决战还是持久战，是由战争双方所处的不同的态势所决定的。

这里，孙子还提醒统治者，用兵作战必须要兼顾利害。战争之所以会发生，无非是战争的发动者企图要获取某种利益，但在实际用兵过程中，“利”“害”往往是并存的。因此，战争指挥者在争“利”的同时，也要分析是否有“害”，然后权衡“利”和“害”哪一个更大。也就是说，在进行战略决策时，既

---

① (明)唐顺之：《武编·前卷二·战》，程素红主编：《中国历代兵书集成》，团结出版社 1999 年版，第 1847 页。

② 邱复兴主编：《孙子兵学大典》第 4 册，北京大学出版社 2004 年版，第 49 页。

要考虑到战争带来的益处，也不能忽视可能会出现的害处，只有通晓各种“利”“害”，对于战争中可能会出现的“害”提前想好对策，做好应对准备，才能在战争中时刻占据主动，避免被动。

2.3 善用兵者，役不再籍[1]，粮不三载[2]；取用于国，因粮于敌[3]，故军食可足也。国之贫于师者远输[4]，远输则百姓贫。近于师者贵卖[5]，贵卖则百姓财竭，财竭则急于丘役[6]。力屈、财殚，中原内虚于家[7]。百姓之费[8]，十去其七；公家之费，破车罢马[9]，甲胄矢弩，戟楯蔽橹[10]，丘牛大车[11]，十去其六。故智将务食于敌[12]，食敌一钟[13]，当吾二十钟；萁秆一石[14]，当吾二十石。

【注释】

[1]役不再籍：不会再次按名册征发兵役。役，兵役。籍，本义为名册，此处用作动词，按名册征发。

[2]三载：多次运输。三，泛指多次。

[3]因粮于敌：粮草依靠在敌国就地解决。因，依靠、凭借。

[4]国之贫于师者远输：国家之所以因用兵而导致贫困，是由于军粮的远道运输。之，虚词，无实义。

[5]近于师者贵卖：距离军队近的地方物价就会飞涨。

[6]丘役：古代以丘为单位征集的赋税、徭役。丘，古代的地方行政区划单位，一般按丘来征发赋役。如《左传·成公元年》：“作丘甲。”《左传·昭公四年》：“郑子产作丘赋。”

[7]力屈、财殚，中原内虚于家：兵力耗尽、财政枯竭，国内家家空虚。中原，此指国内。

[8]费：财产。

[9]罢马：马匹疲惫不堪。罢，通“疲”。

[10]戟楯蔽橹：泛指各种攻防兵器。戟，将戈和矛合在一起的一种古兵器。楯，同“盾”，盾牌。橹，攻城作战中用于屏蔽的大盾牌。

[11]丘牛大车：丘牛，从丘役中征发来的牛。大车，这里指运载辎重的车辆。

[12]智将务食于敌：明智的将领务求在敌国境内补充粮食。

[13]钟：古代的一种容量单位，每钟六十四斗。

[14]萁(qí)秆一石(dàn)：萁，同“萁”，豆秸。石，古代的一种重量单位，每石约合60公斤。

【品读】

这里将传统《孙子兵法》版本的三个分段合为一个分段。因为这三个分段在意思上是连贯的，是由粮食的远道运输给国家带来的危害引申出将领“因粮于敌”“务食于敌”的重要性。

古语有云："兵马未动，粮草先行。"战争的胜负离不开后勤保障，没有充足的后勤保障，军队就会陷入困境。在后勤保障中，粮食是至关重要的一项。只有粮食充足，士卒填饱了肚子，才有充足的体力在战场上奋勇杀敌。反之，军队就会缺乏战斗力，就会面临失败的危险。三国时期诸葛亮多次北伐，失败之原因大体都是"粮草不济"。正因如此，重视粮食成为古代兵家的共识。《三国志·吴书·诸葛恪传》云："粮谷，军之要最。"《百战奇略》也说："凡与敌对垒胜负未决，有粮则胜。"[①]孙子对此也深有体会，《孙子兵法·军争》说："军无辎重则亡，无粮食则亡，无委积则亡。"

那么，如何来解决军粮问题呢？仅从本国运输显然是不能满足军需的。如本篇开头所言，"千里馈粮""日费千金"，而且越是深入敌境作战，后勤补给越是困难，交战时间越长，因粮食运输而给国家带来的消耗也就越大。孙子指出，国家因用兵而导致贫困，其中一个重要因素就是远道运输。因为古代交通条件落后，军粮是靠纯人力运输，运粮的过程中，送粮之人也会消耗掉众多的口粮。我方军队越是深入敌境作战，补给线就会越长，在运输途中被消耗掉的粮食可能会比运达的还要多。因此，百姓会因运粮而疲于奔波，国家会因之而财政枯竭。国家财政出现困难，必然会向百姓增收赋税，这样就会更加加重百姓的负担，从而导致民怨沸腾、民不聊生。西汉时期，汉武帝因长年对匈奴用兵，损耗了国力，造成了经济的拮据和民生的艰难，就印证了孙子所言的正确性。因此，孙子在后勤保障问题上提出了"因粮于敌"的思想，即想方设法从敌国的资源中获得补充。

孙子认为，聪明的将领，应设法减少兵役和粮食运输的次数，以降低战争给国家带来的消耗。在敌境作战的军队，可以在敌国就地解决粮食问题。为了说明"因粮于敌"的好处，他进行了一番精细的计算，"食敌一钟，当吾二十钟；萁秆一石，当吾二十石"，如果将领"务食于敌"，就可以获得一当二十的巨大效益，既节约了本国资源，减轻了百姓的负担，又消耗了敌国的资源。

孙子"因粮于敌"的思想，历来为军事家所重视和运用。231 年，诸葛亮率军伐魏，为了解决粮草供应困难的问题，巧施计谋抢割了魏国陇上的新麦，暂时避免了断粮的危险，就是一个典型范例。当然，"因粮于敌"能否施行，关键还得看敌人是否有粮可因。如果敌人坚壁清野，或者在一些特殊地形作战，粮食给养就无法在敌国得到补充。所以，"因粮于敌"的方式，"间可救一时，非可常恃"[②]。

---

① （明）刘基撰，姚炜译注：《百战奇略》，光明日报出版社 1987 年版，第 69 页。

② （明）揭暄：《兵法百言·法篇·粮》，中国兵书集成编委会编：《中国兵书集成》第 41 册，解放军出版社 1995 年版，第 81 页。

2.4 故杀敌者，怒也[1]；取敌之利者，货也[2]。故车战，得车十乘已[3]上，赏其先得者，而更其旌旗[4]，车杂而乘之[5]，卒善而养之[6]，是谓胜敌而益强[7]。

【注释】

[1]杀敌者，怒也：要使军队奋勇杀敌，就必须激励部队的士气。张预注："激吾士卒，使上下同怒，则敌可杀。"怒，这里指士气。

[2]取敌之利者，货也：要让军队夺敌资财，就必须先用财货去奖赏士卒。货，财货，此指用财货进行奖赏。

[3]已：同"以"。

[4]更其旌旗：在夺取的敌军车辆上更换上我军的旗帜。更，更换。

[5]车杂而乘之：把夺取的敌军车辆与我军车辆混合在一起，用于作战。杂，掺杂、混合。乘，使用。

[6]卒善而养之：优待俘获的敌军士卒，使之为我所用。卒，士卒，此指俘虏、降卒。

[7]胜敌而益强：在战胜敌人的同时使自己变得更加强大。

【品读】

只要有战争，就会有人员的伤亡、武器的损耗，如何在作战过程中补充兵员和武器装备呢？如果兵员从本国百姓中再次征发，武器的补充取于本国国库，势必会加重百姓的负担，致使民怨沸腾。因此，孙子将"因粮于敌"的思想作了进一步延伸，认为不仅粮食可以从敌方获得，军事装备和人员也可取之于敌。具体的做法是：(1)通过物质奖赏，调动军队的士气，激励士兵去夺取敌人的战车，然后更换为我军旗帜，将其纳入自己的车队；(2)俘虏敌方的士兵后，不是残酷地将其杀戮，而是善待而教养他们，将其编入自己的军队。这样不仅可以削弱敌人的力量，还可以使自己军队在战争中的损耗得到一定程度的补充，从而减轻本国人民的负担，使自己的军队越战越强。这就是"胜敌而益强"的战略思想。

"胜敌而益强"实际上就是借力增力，即借用敌人的力量，增强自身实力。关于"借力"，古代兵书《兵法百言》有一段较为详细的论述：

> 古之言借者，外援四裔，内约与国，乞师以求助耳。惟对垒设谋，彼此互角，而有借法，借法乃巧。盖艰于力则借敌之力，难于诛则借敌之刃，乏于财则借敌之财，缺于物则借敌之物，鲜军将则借敌之军将，不可智谋则借敌之智谋。何以言之？吾欲为者，诱敌役，则敌力借矣；吾欲毙者，诡敌歼，则敌刃借矣；抚其所有，则为借敌财，劫其所储，则为借敌物；令彼自斗，则为借敌之军将；翻彼著为我著，因彼计成吾计，则为借

敌之智谋。己所难措，假手于人，不必亲行，坐享其利；甚且以敌借敌，借敌之借，使敌不知而终为我借，使敌既知而不得不为我借，则借法巧也。①

这段话较为全面地概括了古代的各种借力之法，若没有力量可借敌军的力量，诛杀对方有困难时可借用敌人的刀刃，没有资金可借用敌人的钱财，没有物资可借用敌人的物资，没有将领可借用敌人的将领，在无计可施的时候可借用敌人的智谋，等等。更为高明的是，可以利用一个敌人的力量，去征服另一个敌人，或借用敌人想借用我方的机会，使敌方在不知不觉中还是被我方借用。各种借力之法，概而言之，就是要尽量在不损害己方力量的情况下，设法利用敌人的各种力量战胜敌人，实现自己的作战目的。

"胜敌而益强"的思想在中国历史上产生过重要影响。在抗日战争时期和解放战争时期，我军在很大程度上就是利用日寇和国民党军队的武器来装备自己，《游击队之歌》中"没有吃，没有穿，自有那敌人送上前，没有枪，没有炮，敌人给我们造"就是这种做法的反映。此外，我军对俘虏也多采取优待政策，许多俘虏受到感化而自愿留在我军。1928 年底，毛泽东在给中共中央的报告中就提到边界红军的来源"以敌军俘虏为多，设无此项补充，则兵员大成问题"②。正是因为我军及时利用就地缴获的武器和俘虏的敌军士兵来补充自己的实力，使自己的力量越战越强大，最终赢得了战争的胜利。

……………………………………

2.5 故兵贵胜[1]，不贵久。故知兵之将[2]，生民之司命[3]，国家安危之主[4]也。

【注释】

[1]胜：速胜。

[2]知兵之将：懂得用兵之道的将帅。

[3]生民之司命：生民，普通民众。司命，星宿名，主死亡，此指命运的掌控者。

[4]国家安危之主：国家安危存亡的主宰者。主，主宰者。

【品读】

本段在总结全文的基础上进一步强调"速胜"的作战原则，并引出将领对于国家安全的重要性。孙子在前面已经作过论述，战争会给国家的经济带来巨大的消耗，旷日持久的战争危害更大，后果更严重。针对这种现实，

① （明）揭暄：《兵法百言·术篇·借》，中国兵书集成编委会编：《中国兵书集成》第 41 册，第 145～146 页。

② 《毛泽东选集》第 1 卷，人民出版社 1991 年版，第 63 页。

他提出了两种应对策略：一是“速胜”，缩短战争的时间；二是“因粮于敌”，以战养战。那么，这种战略意图能否实现？关键取决于指挥作战的将领。将领作为军队的指挥者，其责任十分重大，不仅要懂得如何排兵布阵，如何率领士兵在战场上浴血奋战，还要深谙战争利害，从战争资源等方面去思考战争，考虑如何在取胜的同时尽量节约本国的资源，减轻战争给国家带来的损害，避免国家被战争拖垮。因此，孙子总结道：懂得用兵的将帅，是民众生死的掌控者，是国家安危的主宰者。

谋攻篇第三

3.1 孙子曰:凡用兵之法,全国为上,破国次之[1];全军[2]为上,破军次之;全旅为上,破旅次之;全卒为上,破卒次之;全伍为上,破伍次之。是故百战百胜,非善之善者也[3];不战而屈人之兵[4],善之善者也。

【注释】

[1]全国为上,破国次之:迫使敌国完整降服为上策,通过战争交锋攻破敌国就要差一等。全,完整、全部。国,指国都,古人一般以国都代指整个国家。破,与“全”相对,攻破、击破。

[2]军:与下文中的旅、卒、伍均为古代军队的编制单位。据《周礼·地官·小司徒》载,我国古代军队“五人为伍,五伍为两,四两为卒,五卒为旅,五旅为师,五师为军”。春秋时期,各诸侯国发展情况不同,军队编制也不尽相同。

[3]善之善者也:好中最好的。

[4]不战而屈人之兵:不经过交战就能使敌人降服。屈,屈服、降服,此处为使动用法。

【品读】

本段孙子提出用兵的理想境界是追求“全胜”。“全胜”思想在孙子的兵学思想体系中占据举足轻重的地位。诚如黄朴民先生所说:“‘全’在孙子兵学理论体系中的地位,如同孔子学说的核心‘仁’,老子学说的核心‘道’以及墨子学说的核心‘兼爱’一样,具有十分重要的意义。”①《孙子兵法》中提到“全”的地方有十余次,如《形篇》“自保而全胜”,《地形篇》“知天知地,胜乃可全”,《火攻篇》“安国全军之道也”等,而最能反映孙子“全胜”追求的就是本篇。

那么,何谓“全胜”?“全”即保全,完整而没有损毁。“全胜”就是要力争使敌方完整地被我降服,其人员没有受到损失,城池没有遭到破坏。在这里孙子将“全胜”的作战目标分成五个层次,即全国、全军、全旅、全卒、全伍。

① 黄朴民:《孙子的“求全”与“求偏”》,《光明日报》2006年10月9日。

这五个层次中，如果上一层次无法实现，就退而追求在下一个层次上去实现。也就是说，“全胜”最高的层次是“全国”，如果“全国”不可得，就要力争“全军”；“全军”不可得，就要力争“全旅”；“全旅”不可得，就要力争“全卒”；“全卒”不可得，就要力争“全伍”。

但是孙子也深知，“全胜”只是一种理想的战略追求和战略境界，真正实践起来困难重重，所以他又提出了“破”的概念。“破”，即攻破，经过浴血奋战，攻破了敌方，其城邑被毁，人员被杀，而己方也不可避免会遭受一定的损失。《孙子》十三篇，绝大多数篇幅是论述“破胜”之法。但是，孙子认为，即便是在不得已而必须“破”敌的时候，战争指挥者也要尽力将“破”的程度降到最低。

自古以来，战争的首要目的是要保存自己，消灭敌人，力争百战百胜。而在如何消灭敌人的问题上，孙子作为一位兵学家，却提出了以“全”争胜的目标。这难免会令人费解。其实这正是孙子战略较之他人的高明之处。孙子是一位清醒的现实主义者，身处战乱频仍的春秋末期，他深知，在战争中对敌人的破坏越大，敌人的反抗就越大，己方付出的代价也就越大，即便是屡战屡胜，也不免损兵折将，耗费国力，其结果必然是胜而不利。其实这也正是英国军事学家李德·哈特的认识。他说：“若能设法解除敌人的武装，那么要比用硬打的方法来毁灭敌人，不仅较经济而且也更有效。因为‘硬打’的方式，不仅成本太高，有两败俱伤的危险，而且兵凶战危，更会使‘机会’成为战局的最后决定者。”[①]基于这种认识，孙子将“全”作为一种战略追求，力求通过对暴力手段的制约，最大限度地降低战争给国家造成的损失，从而达到尽获“用兵之利”而避免和减少“用兵之害”的目的。

孙子的“全胜”战略思想，受到古今中外战略家们的重视，在历史上产生了深刻的影响。唐太宗李世民和名将李靖把“不战而屈人之兵”的思想推崇为“至精至微，聪明睿智神武而不杀”[②]的最高深的军事准则。孙子“全胜”的谋略在当代社会的重要价值更是显而易见。当今世界，和平与发展已经成为时代的主题，但是各种国际冲突仍然层出不穷，核武器的存在也对人类的生存提出了严峻的考验，如何降低战争的损伤是人们必须要面对和思考的问题。孙子的“全胜”思想无疑可以为当今战争的指导者们提供有益的启示。

---

① [英]李德·哈特著，钮先钟译：《战略论：间接路线》，第241页。

② 曾振注译：《唐太宗李卫公问对今注今译》卷下，(台北)商务印书馆1975年版，第240页。

3.2 故上兵伐谋[1]，其次伐交[2]，其次伐兵[3]，其下攻城。攻城之法，为不得已。修橹轒辒[4]，具[5]器械，三月而后成，距闉[6]，又三月而后已。将不胜其忿而蚁附[7]之，杀士三分之一，而城不拔者，此攻之灾也。

【注释】

[1]上兵伐谋：用兵的上策是破坏敌人的战略企图。伐谋，挫败敌人的战略企图或计划，沮丧敌人的意志。

[2]伐交：破坏敌人的外交，使之屈服。

[3]伐兵：通过交战双方军队在战场上的交锋一决胜负。

[4]修橹轒(fén)辒(wēn)：制造攻城用的带望楼的战车和四轮大车。修，制作、建造。橹，即"楼橹"，非《作战篇》所说的大盾牌，乃是一种设有望楼，用以登高观察敌情的车辆，因车上高悬望楼如鸟之巢，故又名巢车。轒辒，一种攻城用的四轮大车，以木制成，外蒙牛皮，其下藏有兵卒，在车内推动前进。

[5]具：准备。

[6]距闉(yīn)：堆积用来攻城的土山。距，通"具"，准备。闉，土山。

[7]蚁附：形容众多士兵在将帅驱使之下像蚂蚁一样爬梯攻城。

【品读】

本段孙子谈论了"伐谋""伐交""伐兵""攻城"四种谋攻之法。"伐谋"，是设法粉碎敌人与我方对抗的企图，将敌人的预谋消灭于萌芽之中。"伐交"则是利用外交策略，破坏敌方联盟，发展我方联盟，陷敌于孤立无援的境地，最后不得不向我屈服。这两种方式是利用敌人的心理弱点或现实的利害关系，通过外交、游说等手段去诱使或迫使敌人放弃战略企图，不战而降，或将敌人的反抗降到最低，己方的损失降到最小，都属于"不战"的范畴。孙子最为推崇这两种取胜方式。历史上不乏通过"伐谋""伐交"而取胜的事例，墨子救宋、弦高犒师、烛之武退秦师等大家所熟悉的战例都是其典型代表。

需要指出的是，要想实现"伐谋""伐交"的策略，绝大多数情况下，需要以强大的实力为后盾，然后通过各种非军事手段，向敌方传达我方的实力情况以及使用实力的决心，对其心理产生震慑，从而达到屈敌的目的。墨子救宋的故事中，楚国最终放弃侵宋，固然与墨子在与公输般的模拟攻守战中获胜有关，但更重要的原因在于，墨家众多弟子已用墨家制造的守城器械同宋国军民做好了守城准备；弦高犒师的故事中，秦军将领放弃了偷袭郑国的计划是因为弦高告诉他们，郑国已得知其偷袭计划并严阵以待。如果缺乏一定的实力为后盾，一味空谈谋略、外交，所谓的"伐谋""伐交"就会流于虚张声势。

孙子认为，在“不战”的方式不能奏效的情况下，不得已就要采用“战”的方式。于是在“伐谋”“伐兵”之后，他又列举了“伐兵”“攻城”两种方式。“伐兵”是动用军队，在战场上同敌人一决胜负。“攻城”是攻打敌人的城池，毁坏敌人的城郭。较之“伐谋”“伐交”“伐兵”，“攻城”是最笨拙、伤亡率最高的战争方式，孙子最为反对。他具体列举了硬拼攻城的场面和后果，指出“攻城之法”费时费力，劳民伤财，破坏性强，是一种“灾”，是迫不得已而为之的下下之策。

上述谋攻四法涵盖了政治战、外交战、野战、攻城战等多种方式，在不同的战争形势下，各有所用。孙子虽然在列举四法的时候对其作了高下之分，力倡通过“伐谋”“伐交”实现“兵不顿而利可全”的战争目的，但他并没有排斥力战，当非战方式达不到目的的时候，还是要战、要攻。要采取哪种谋攻之法，取决于战场的具体形势。

3.3　故善用兵者，屈人之兵而非战也[1]，拔人之城而非攻也[2]，毁人之国而非久也[3]，必以全争于天下[4]，故兵不顿而利可全[5]，此谋攻之法也。

【注释】

[1]屈人之兵而非战也：使敌人降服不用直接交战的办法。

[2]拔人之城而非攻也：夺取敌人的城池不靠硬攻的办法。

[3]毁人之国而非久也：毁灭敌人的国家不靠持久战。

[4]必以全争于天下：一定要用全胜的战略争胜于天下。

[5]兵不顿而利可全：军队不疲惫受挫就可以取得较为完满的胜利。顿，通“钝”，疲惫、受挫。

【品读】

本段孙子对前面论述进行了归纳总结，指出战争谋略的最高境界是“以全争于天下”，将帅要力求不经过直接或激烈的交战就能降服敌人，同时，要尽量缩短战争时间，避免陷入持久战。这样可以最大限度地减少战争的破坏作用，在兵不血刃的情况下，实现利益的最大化。

楚汉战争时，韩信听从谋士李左车的建议，兵不血刃，降服了依附于项羽的燕国，就是对孙子“不战而屈人之兵”思想的一次成功实践。公元前204年，刘邦手下大将韩信在井陉之战中大败楚国盟友赵国，俘虏了赵国谋士李左车。韩信知道李左车是一位有智谋的人物，不仅没有杀他，反而奉为上宾。韩信破赵后，准备进攻燕、齐，向李左车询问灭燕方略。李左车认为，此时汉军士卒疲惫，战斗力大减，如果和齐、燕军队硬拼，胜负很难预料。不如按甲休兵，镇赵安民，同时以优势兵力向燕国进发，以造声势，再派人说降燕国。一旦燕王顺从，齐国就会闻风而服。韩信采用李左车计策，燕国果然不战而降。

……

3.4　故用兵之法，十则围之[1]，五则攻之[2]，倍则分之[3]，敌则能战之[4]，少则能逃之[5]，不若则能避之[6]。故小敌之坚，大敌之擒也[7]。

【注释】

[1]十则围之：有十倍于敌人的兵力就包围他。

[2]五则攻之：有五倍于敌人的兵力就进攻他。

[3]倍则分之：有两倍于敌人的兵力就分散他。

[4]敌则能战之：双方兵力相等，就伺机与之交战。敌，匹敌、势均力敌。

[5]少则能逃之：兵力少于敌人，就要暂时退却。

[6]不若则能避之：实际力量弱于敌人，就要避免与敌人交战。

[7]小敌之坚，大敌之擒也：弱小的军队如果只知道坚守硬拼，就会成为强大敌人的俘虏。坚，固执、坚持，此指死守硬拼。一说，小的对手若能集中力量，大的对手也会为之所擒。据本段话，孙子认为，在具体作战中，要根据敌我兵力对比情况，采取灵活的应对措施，在兵力少于敌人的情况可以“逃”“避”。故第一种观点更符合孙子原意。

【品读】

这段话孙子提出了根据实力强弱灵活用兵的作战法则。孙子认为，作为战争指挥者，必须识“众寡之用”，要根据敌我双方力量对比的不同、实力的强弱，采取灵活的作战方式。前面我们提到，孙子最理想的战略追求是“全胜”，最好的做法是“不战而屈人之兵”，但是不得已必须通过力战来取胜的话，也要考虑如何以最小的代价获取最大的胜利。当兵力占据绝对优势的情况下，可以围而降之，仍然可以达到“兵不顿而利可全”的目的；如果兵力少、实力不若，就要退出战场，保存实力，另外寻求战机，万万不可硬拼；如果兵力悬殊不是特别大，则可以灵活采取“攻”“分”“战”等战法。总之，无论是进攻还是防守，无论包围还是逃避，都是根据实力的强弱而决定的。实力是决定战法的依据。

……

3.5　夫将者，国之辅[1]也。辅周则国必强[2]，辅隙则国必弱[3]。

【注释】

[1]辅：古代夹在车轮外旁的直木，此指辅佐、辅助。

[2]辅周则国必强：辅助周密，国家就会强盛。

[3]辅隙则国必弱：辅助有疏漏，国家就衰弱。隙：缺陷、漏洞。

【品读】

将帅是战争的直接指挥者，其素质的优劣直接影响着军队的建设和战争的胜负。孙子在书中多次强调将帅的素质以及在战争中的地位和作用。如《计篇》强调将帅必须具备"智、信、仁、勇、严"五德，《作战篇》认为将帅是"生民之司命，国家安危之主"，《地形篇》要求将帅在处事上"进不求名，退不避罪，唯人是保，而利合于主"，等等。孙子在此强调，将帅同国家的命运和利益息息相关，如果将帅的素质高，对国君的辅佐比较周密，国家就会强盛；反之，国家就会衰弱。历史上无数的事例可以说明这一点。楚汉相争，刘邦无论在兵力还是勇悍方面，均不及项羽，但他善于用人，在张良、萧何、韩信等良将谋臣的辅佐下，最终得天下。相反，战国时期，赵括纸上谈兵，长平一战断送了赵国40万大军，使赵国元气大伤。正因为将帅对国家来说如此重要，所以19世纪初瑞士军事理论家约米尼称："如何慎选将才，就是军事政策当中的一个最微妙精深的部分。"①

3.6 故君之所以患于军者三[1]：不知军之不可以进而谓之进[2]，不知军之不可以退而谓之退，是谓縻军[3]。不知三军之事而同三军之政者，则军士惑[4]矣。不知三军之权而同三军之任[5]，则军士疑矣。三军既惑且疑，则诸侯之难至矣[6]，是谓乱军引胜[7]。

【注释】

[1]君之所以患于军者三：国君危害军队的情况有三种。患，危害。

[2]不知军之不可以进而谓之进：不知道军队不可以前进而命令军队前进。谓，告诉，此处意为命令。

[3]縻(mí)军：束缚军队。

[4]惑：疑惑、困惑。

[5]不知三军之权而同三军之任：不知道三军的权限而硬要参与三军之事的管理。同，干涉、干预。

[6]诸侯之难至矣：别的诸侯国乘机进犯的灾难就会到来。难，这里指战乱、兵灾。

[7]乱军引胜：扰乱自己的军队，导致敌人胜利。引，引导、招致。

【品读】

孙子认为，要想实现将帅在战争中有效、灵活的指挥，必须处理好将帅和国君之间的关系。这是因为在古代，交通条件十分落后，使得信息传递起

① [瑞士]约米尼著，钮先钟译：《战争艺术》，广西师范大学出版社2003年版，第26页。

来十分不便，而战场上形势瞬息万变，作战情况错综复杂，国君远离战场，对军情的了解不可能做到准确，命令的传达也无法做到及时，因此，如果将帅的每一条决策都必须听从君主的指挥，必然会产生极其危险严重的后果。约米尼在《战争艺术》一书中也指出了这一点，他说："政府对于军队的控制程度，也影响到军队行动上的勇怯。假使双方的其他情况都完全相等，而有一方面的统帅，其天才和行动的自由都受着五百里以外的政府的约束，则较之那个有完全行动自由的对手，一定是处于劣势的地位。"①

在这里，孙子尖锐地提出了国君危害军队的三种情况：不懂得军队的进退而随意指挥；不了解军队的内部事务而干预军队的行政；不明白军事上的权宜机变而去干涉军队的指挥。这三种情况必然会产生"縻军""惑军""疑军"的危害，从而导致自乱其军，失去获胜的机会。历史上无数的战例已经印证了孙子所言的正确。战国时期燕昭王时，乐毅率军攻齐，占领七十余城，齐仅剩即墨和莒城，到了燕惠王时，改骑劫代乐毅为将，导致七十余城得而复失，最终燕国大败；长平之战中，老将廉颇鉴于敌强我弱的形势，命令士兵固守营垒，以逸待劳，疲惫秦军，而赵孝成王不了解敌强我弱的战争形势，急于求胜，错误的坚持进攻战略，中了秦国的离间计，弃廉颇而改用只会纸上谈兵的赵括，终致赵军的覆灭。燕国、赵国的失败很显然是由于燕惠王、赵孝成王不了解军队情况，却干预军队的行动和指挥而造成的，其教训不可谓不惨痛。

因此，孙子在下文中将"将能而君不御"作为军事行动获胜的一项重要前提条件。他认为，将帅有才能而国君不去牵制的，就能获胜。其实，孙子的这一思想也不是毫无根据。古代君王拜将授命之时，很重要的一条就是，约定将在外有权决定军中的一切事务，君主不能从中牵制。如《六韬·龙韬·立将》记，西周时期国君登坛拜将，要授斧钺于主将，并说"从此上至天者，将军制之""从下至渊者，将军制之"，确保"军中之事，不闻君命，皆由将出"。孙子"将能而君不御"的治军原则正是在继承前代军事指挥思想和总结前代军事制度的基础上形成的。

…………………………………

3.7 故知胜有五[1]：知可以战与不可以战者胜，识众寡之用者胜[2]，上下同欲者胜[3]，以虞待不虞者胜[4]，将能而君不御者胜[5]。此五者，知胜之道也。

---

① [瑞士]约米尼著，钮先钟译：《战争艺术》，第25页。

【注释】

[1]知胜有五：预知战争胜利有五种情况。

[2]识众寡之用者胜：懂得根据敌我双方兵力多少而正确运用不同战法的就能获胜。

[3]上下同欲者胜：全军上下齐心协力的就能获胜。同欲，意愿一致、齐心协力，其义与《计篇》"令民与上同意"之"同意"相同。

[4]以虞待不虞者胜：自己有充分的准备来对付没有准备之敌的就能获胜。虞，准备。

[5]将能而君不御者胜：将帅有才能而国君不加掣肘的就能获胜。御，驾驭，此指牵制、制约。

【品读】

孙子在这里提出了预知胜利的五种方法，人们通常称为"知胜五法"。将帅在"谋攻"之时，必须预先知道己方是否有获胜的把握，获胜的几率有多大，绝不能打无把握之仗。孙子认为，可以从以下五个方面来预知战争能否获胜：第一，判定作战的时机，能打则打，不能打就暂时撤退，等待有利的作战时机；第二，懂得根据双方实力对比的不同，采取相应的战法，或"围"，或"攻"，或"分"，或"战"，或"逃"，或"避"；第三，全军上下同心，团结一致；第四，做好了充分的战争准备；第五，君将之间的关系和谐融洽，君主能信任将帅并给予其充分的自主权。

在《计篇》中，孙子提出过预测战争胜负的"五事"，即"道、天、地、将、法"，认为"凡此五者，将莫不闻，知之者胜，不知者不胜"。"五事"和"知胜五法"虽同为"知胜"的条件，但所指不同。"五事"是战前进行庙算时需要重点考察的问题，"知胜五法"是战争展开后取胜的必要条件。两者相同之处是"道"。"知胜五法"中的"上下同欲者胜"与《计篇》中"令民与上同意"含义一致，都是强调"道"对于战争的重要性。在孙子看来，只要国君有道，为政清明，就可以获得人民的亲附，全国军民就可以团结一心，同仇敌忾，赢得战争的胜利。

3.8　故曰：知彼知己者，百战不殆[1]；不知彼而知己，一胜一负[2]；不知彼，不知己，每战必殆。

【注释】

[1]殆：危险，此指失败。

[2]一胜一负：胜负各半。此指没有必胜的把握。

【品读】

本段孙子用精练的语言总结出了"知己知彼，百战不殆"这一具有普遍意义的战争指导规律。孙子对战争中的"知"十分重视，认为知己知彼是战争取胜的关键。据统计，《孙子兵法》全书中"知"的使用频率高达七十余处，对"知"重要性的论述贯穿整个《孙子兵法》。孙子在战争中强调"胜兵先胜而后求战"[①]，即将帅要通过制定正确的战略计划在战前创造有利于己方的条件，从而获取战争主动权，为最终获取胜利奠定坚实的基础。要做到"先胜"首先必须要做到"知己知彼"，因为只有对敌我双方的情况有透彻的了解，才能正确估量敌我所处的态势以及双方的实力对比，从而作出正确的决策，打起仗来才会立于不败之地。可以说，"知"是"战"的前提，对于战争的胜利至关重要，"是孙子制胜之道的出发点和基础"[②]。孙子在《用间篇》中也说道："明君贤将，所以动而胜人，成功出于众者，先知也。"如果将帅不了解敌情，其战略决策和目标就会带有很大的盲目性，就无法掌握战争的主动权。因此，无论是战前的战略决策还是在指挥实际作战的过程中，都要将"知己知彼"作为自己行动的纲领。

① 《孙子兵法·形篇》。

② 黄朴民：《先秦两汉兵学文化研究》，第 88 页。

形篇第四

4.1　孙子曰：昔之善战者，先为不可胜[1]，以待敌之可胜[2]。不可胜在己，可胜在敌[3]。故善战者，能为不可胜，不能使敌之可胜[4]。故曰：胜可知，而不可为[5]。

【注释】

[1]先为不可胜：先使自己不至于被敌人战胜。为，创造、造就。

[2]以待敌之可胜：以等待时机战胜敌人。待，等待、寻找、捕捉。

[3]不可胜在己，可胜在敌：创造不被敌人战胜的条件在于自己主观的努力，能够战胜敌人则在于敌人有隙可乘。

[4]能为不可胜，不能使敌之可胜：能够创造不被敌人战胜的条件，却不能做到敌人一定被我战胜。

[5]胜可知，而不可为：胜利可以预见，却不能强求。

【品读】

《形篇》主要阐述了军事实力与战争胜负之间的关系。形，是看得见的物质力量，具体到战争中就是军事实力，表现为军队的人数、武器装备的优劣、后勤保障能力等。战争固然是智谋的角逐，但同样也是实力的较量，如果没有雄厚的军事实力，智谋再多再好，也无法左右战局，如三国时期的诸葛亮可谓智慧超群，但是他多次率军北伐都以失败告终，关键就在于蜀国不具备统一天下的实力。

孙子对这个问题有深刻的认识，在《形篇》开篇就提出了“先为不可胜，以待敌之可胜”的“先胜”思想。“先胜”就是要在战前积蓄军队的作战力量，使自己具备取得战争胜利的条件。因为不被敌人战胜的主动权操纵在自己手里，增强实力关键靠自己，所以孙子说“不可胜在己”。而具备了“不可胜”的条件，只能说是自己拥有了经得起敌方进攻的实力，但能否战胜敌人还要看敌人是否有隙可乘，如果无机可乘就不能够贸然出兵，所以孙子说“可胜在敌”。最后孙子总结道，争取战争的胜利不是一厢情愿的事情，胜利可以预知，但并不能强求。对此，王皙的注解较为细致：“不可胜，如据形胜，利粮道，固守备，严节制之类。敌之可胜，如行列未定，阵数移动，未得地利，将离士卒之类。昔之善战者，于两军交和之际，安营布阵，先立为不可胜之形，以俟敌有可胜之形，然后从而击之。”

历史上，李牧先备后战大败匈奴，可谓是“先为不可胜，以待敌之可胜”的范例。战国时期，赵国名将李牧常年驻守在代郡雁门一带防御匈奴，他平时抓紧练兵，加强自卫，在匈奴入侵时，命令士兵固守营垒，不与匈奴交战，使得匈奴掳无所得。相持多年后，赵国军队积蓄了实力，为以后反击匈奴奠定了基础；同时也给匈奴造成了李牧怯战的错觉。公元前245年，李牧派牧民到原野放牧以引诱匈奴，暗地里则选好精兵待战。当匈奴派小股兵力进行试探性袭击的时候，李牧佯败。于是匈奴单于率大军入境，准备大肆掳掠。李牧早已经在匈奴来的路上布下奇兵，结果一举歼灭匈奴骑兵十余万人，大获全胜。

4.2　不可胜者，守也[1]。可胜者，攻也[2]。守则不足，攻则有余[3]。善守者，藏于九地之下[4]。善攻者，动于九天之上[5]。故能自保而全胜[6]也。

【注释】

[1]不可胜者，守也：要使自己不被敌人战胜，关键在于防守得宜。

[2]可胜者，攻也：要想战胜敌人，关键在于进攻得当。

[3]守则不足，攻则有余：实行防御，是因为兵力不足；实施进攻，是因为兵力有余。汉简本作“守则有余，攻则不足”。

[4]善守者，藏于九地之下：善于防守的人，能巧妙地隐藏军队的行动，好比藏物于极深的地下，使敌人难测虚实。九，虚数，常用来表示数的极点。九地，极深的地下。

[5]善攻者，动于九天之上：善于进攻的人，行动迅速，好比降临自高不可及的天空，使敌人猝不及防。九天，极高的天上。

[6]自保而全胜：既能保全自己，又能取得完全的胜利。

【品读】

本段孙子主要谈论了对攻守问题的看法。一般说来，战争的作战形式主要有攻、守两种。战争一旦爆发，交战双方首先要确定的问题是采取主动进攻还是积极防御。孙子认为，将帅决策进攻还是防御时，不能够随心所欲，想进攻就进攻，不想进攻就防守，必须遵循“守则不足，攻则有余”的作战规律，从自己的军事实力出发，灵活进攻或防御。当自己的军事实力占据优势，具备了战胜敌人的条件的时候，就要开展进攻战，反之就要采取防御战。

对于如何实施进攻和防御，孙子用了夸张的手法进行了说明。他说，如果要进行防御，就要善于隐蔽自己的兵力，好比“藏于九地之下”，使敌人无法得知我方情况，从而无法选择正确的进攻方向；如果要实施进攻，就要做到“动于九天之上”，寻找时机对敌人发动突然袭击，使敌人猝不及防。当然，在战争中攻、守不是固定不变的，战争的目的就是为了争取胜利，如果一味进行防御，不可能有战胜敌人的机会，必须根据战场形势的不断变化而变化。德国著名军事家克劳塞维茨在《战争论》一书中对攻守问题的看法与孙子一致。他说，在“力量弱小”的时候，可以采取防御战，而“一旦力量强大到足以达到积极的目的时，就应该立即放弃它……所以以防御开始而以进攻结束，是战争的自然进程”①。

总之，战争中要将“善守”和“善攻”结合起来，灵活指挥，当攻则攻，当守则守，这样才能达到“自保而全胜”的目的。

4.3 见胜不过众人之所知[1]，非善之善者也；战胜而天下曰善，非善之善者也。故举秋毫不为多力[2]，见日月不为明目，闻雷霆不为聪耳[3]。古之所谓善战者，胜于易胜者也[4]。故善战者之胜也，无智名，无勇功[5]。故其战胜不忒[6]。不忒者，其所措必胜[7]，胜已败者也[8]。

【注释】

[1]见胜不过众人之所知：预见胜利不能超过普通人的认识。

[2]举秋毫不为多力：能举起秋毫算不上力气大。秋毫，秋天鸟兽身上新长的细毛，比喻极其细小轻微的物体。

[3]闻雷霆不为聪耳：能听得见雷声算不上耳朵灵敏。聪，听力灵敏。

[4]胜于易胜者也：战胜容易被战胜的敌人。易胜者，容易取胜的敌人，此指已经暴露出弱点的敌人。

[5]故善战者之胜也，无智名，无勇功：善于用兵作战的人取得胜利，既不显出智慧的名声，也看不出勇武的战功。

[6]故其战胜不忒(tè)：他们在战争中取得胜利是不会有差错的。忒，差错、失误。

[7]措：措施、举措，此指作战措施。

[8]胜已败者也：战胜已经处于失败地位的敌人。

【品读】

本段孙子提出了“胜于易胜”的战略思想。在孙子的心目中，那些能正确预见战争的胜利或通过激战打了胜仗的人，并不能称之为“善战者”。真正的善战者，应该“胜于易胜”，也就是说战胜那些容易战胜的敌人。吴如嵩先生解释得较为明确：“在孙子的制胜理念上，‘不战而胜’优于‘百战百胜’；

① ［德］克劳塞维茨著，中国人民解放军军事科学院译：《战争论》，第366页。

在‘百战百胜’中，‘胜于易胜’又优于‘力战’、‘久战’而胜。”①

什么样的敌人容易战胜呢？就是诸如弱敌、怯敌、乱敌、饿敌、劳敌、兵力寡少之敌、戒备松懈之敌、士气低落之敌等等。易胜之敌主要存在两种情况：一种是敌人本身就存在一些不可克服的问题；另一种是我方正确运用谋略，巧妙地调动敌人，给敌人人为制造一些不可克服的弱点。比如在长勺之战中，曹刿灵活运用“一鼓作气，再而衰，三而竭”的作战原则，先是耗尽了齐军的士气，再与之交战，很容易就击退了强大的齐军；马陵之战中，魏国兵力虽强，但孙膑采用退兵减灶之计，诱使魏军主师庞涓丢下步兵辎重，只率部分精锐骑兵追击，分散了魏国的兵力，最终在马陵大败魏军。孙子认为，真正的善战者，总是要先积蓄力量，使自己处于不败之地，同时通过战前的谋划使敌人败象环生，处于失败的境地，营造我方必胜的形势。这样在一般人看来，胜利的取得便是很容易的了。

一般来说，胜于难胜，更容易引起人们的关注，更容易彰显智慧和名声。而孙子却赞扬“无智名”“无勇功”的“胜于易胜”的善战者，原因在于这些善战者在战前已经创造了我方必胜的条件，使得我方在战争的过程中不会有太多的损失和危险。如果一味地追求“智名”和“勇功”，崇尚那种“杀人一千，自损八百”的拼死激战，必定会给国家和军队带来灾难。

中国历史上的西晋灭吴战争，可以说是对孙子“胜于易胜”思想的成功实践。在这次战争中，西晋政治家羊祜是个关键人物。晋武帝称帝后，积极筹划灭吴战争。269年，羊祜被任命为尚书左仆射、卫将军都督荆州诸军事，后授征南大将军、开府仪同三司。在镇守荆州的这段时期内，羊祜为灭吴做了大量的准备。他一方面发展生产，缮甲训卒，做好了伐吴的物质和军事准备；另一方面，采用攻心之策，广施仁义，怀柔人心，吸引了大量吴人的归附。在条件成熟后，又不失时机地奏请伐吴，并提出了水陆俱下，六路进军的作战计划，但因朝臣的反对而作罢。公元279年，也就是羊祜病故的第二年，晋军按照羊祜的作战计划，出兵伐吴，一举消灭吴国。当平定吴国的消息传到洛阳，晋武帝激动得泪流满面，说：“此羊太傅之功也。”正是羊祜的前期准备创造了晋军必胜的条件，后来的伐吴之战才会如此顺利！

4.4　故善战者，立于不败之地，而不失敌之败也。是故胜兵先胜而后求战，败兵先战而后求胜[1]。善用兵者，修道而保法[2]，故能为胜败之政[3]。

① 吴如嵩：《孙子兵法新说》，第90页。

【注释】

[1]胜兵先胜而后求战，败兵先战而后求胜：能够取胜的军队，总是先创造取胜的条件，然后才去同敌人交战；失败的军队总是先贸然同敌人交战，然后企求侥幸获胜。胜兵，取胜的军队。先胜，先创造取胜的条件。

[2]修道而保法：修明政治并确保法治的施行。这里的"道"与《计篇》中的"道者，令民与上同意也"之"道"义同。

[3]能为胜败之政：能掌握胜败的主动权。政，汉简本作"正"，二字相通，主宰、决定之意。

【品读】

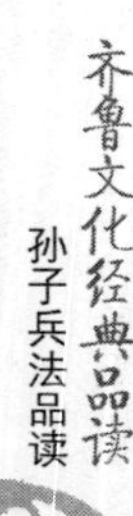

孙子在此讨论了决定战争胜负的关键所在。他指出，胜兵之所以取胜，是因为他们在战前就已经造就了胜利的条件，掌握了战争的主动权，有了胜利的把握，然后再投入战斗；而败兵则是没有做好充分的作战准备，仓促投入战斗，再去寻找胜利的条件。战前准备不同，导致的战斗结果也就不同。

那么如何做好战前准备呢？孙子提出了"修道而保法"的思想。所谓"道"，就是清明的政治。在《计篇》中，孙子将"道"放在首位，把它当作决定战争胜负的关键因素。"修道"就是要求统治者修明政治，推行仁政和惠民措施，使君民上下同心，士兵上下同欲，增强军队的凝聚力。需要指出的是，孙子所说的"修道"不仅表现在平时对国内民众的态度和措施，还表现在战争结束后的善后措施上。《火攻篇》曰："夫战胜攻取，而不修其功者，凶，命曰费留。"这里的"修其功"，也有"修道"的意思。打了胜仗之后，对士兵必须要论功行赏，安抚当地民众，以巩固战果。否则，胜利成果将会付之东流。

"修道而保法"的"法"，指严格的法纪制度，与战争的胜负也有密切的关系，《计篇》中将其作为预测战争胜负的"五事"之一。"保法"就是要完善和健全法制，确保军队建设有硬性的制度保障，从而最大限度地发挥军队的战斗力。在孙子看来，"修道"和"保法"都是国家的政治生活和军队建设中不可或缺的，是夺取战争主动权的必要条件。正如杜牧《孙子注》所说："道者，仁义也；法者，法制也。善用兵者，先修理仁义，保守法制，自为不可胜之政，伺敌有可败之隙，则攻能胜之。"

……………………………………

4.5 兵法：一曰度[1]，二曰量[2]，三曰数[3]，四曰称[4]，五曰胜。地生度[5]，度生量[6]，量生数[7]，数生称[8]，称生胜[9]。故胜兵若以镒称铢[10]，败兵若以铢称镒。

【注释】

[1]度：度量，指土地面积的大小。

[2]量：容量，指物质资源的多少。

[3]数：数量，指兵力数量的多寡。

[4]称：权衡、衡量，敌我双方实力状况的对比。

[5]地生度：敌我双方所处地域的不同，产生了土地幅员“度”的不同。

[6]度生量：土地幅员“度”的不同，产生了物质资源“量”的不同。

[7]量生数：物质资源“量”的不同，产生了兵力多寡“数”的不同。

[8]数生称：兵力多寡“数”的不同，产生了敌我双方实力强弱“称”的不同。

[9]称生胜：敌我双方实力强弱“称”的不同，决定了交战双方的胜负成败。

[10]胜兵若以镒(yì)称铢(zhū)：胜利的军队较之于失败的军队，就好像用镒去称量铢一样占有绝对的优势。镒、铢，均为古代的重量单位。一镒等于二十四两(一说二十两)，一两等于二十四铢。按此换算，铢和镒的重量之比是1∶576，轻重悬殊。

【品读】

这里孙子探讨了战斗力计算和军事实力的积蓄储备问题。前面我们提到，孙子尚智重谋，《谋攻篇》中他将“伐谋”看成是最上乘的用兵之法，但这并不意味着孙子认为智慧比实力更重要，其“不战而屈人之兵”的战略思想也不是单纯建立在谋略运用之上的，更是以绝对的军事优势和充足的物资保障为基础。孙子在《计篇》中提出的判断战争胜负的“七计”中，就有比较对方“兵众孰强”“士卒孰练”两条。可以设想，如果没有一支战斗力强大的军队，计谋再好，靠谁去实现呢？所以说，尽管战争的胜负受多种因素的影响，但从战争长期发展来看，实力是最终能否克敌制胜的决定因素。

在此，孙子提出了衡量军队实力和综合国力的五个因素，即度、量、数、称、胜。这五个因素相互影响，依次相生，敌我双方所处地域的不同，产生了土地幅员“度”的不同；土地幅员“度”的不同，产生了物质资源“量”的不同；物质资源“量”的不同，产生了兵力多寡“数”的不同；兵力多寡“数”的不同，产生了敌我双方实力强弱“称”的不同；敌我双方实力强弱“称”的不同，决定了交战双方的胜负成败。将帅通过对上述几个因素进行层层递进的推测，就可以衡量出双方力量的对比，预测最终的胜负。

孙子在对战斗力计算之后，又用计量单位镒和铢对双方的力量对比关系加以说明，作战中应当力求以绝对优势兵力对付敌人。军队的力量只有具备了“以镒称铢”那样的绝对优势，交战才能有获胜的把握。

……………………………………

4.6 胜者之战民也[1]，若决积水于千仞之溪者[2]，形[3]也。

【注释】

[1]胜者之战民也：胜利者指挥士卒作战。民，这里指士卒。战民，指挥士卒作战。

[2]若决积水于千仞(rèn)之溪者:就好像在万丈悬崖决开山涧的积水一样。千仞,非确数,形容极高。

[3]形:形状、形态,此指军事实力。

【品读】

本篇通篇都在谈论"形"的问题,但是直到本篇结尾才出现这个字。最后一句话,孙子用具体生动的比喻手法对"形"这一抽象的军事概念进行了说明。他将具备强大实力的一方指挥民众作战比作蓄积于千仞之溪中的水,一旦决开,便倾泻而下,势不可当。所谓"形"就是强大的实力,好比千仞之溪中蓄积待放的水。水没放之前就是"形",一旦放开,奔流而下,产生的强大的冲击力或形成的有利态势就是"势"。

有一点需要指出,孙子说的"形"并非指单纯的军事实力,前面孙子讲"修道""保法",谈"称胜",是将政治、经济、军事、精神等各种力量都纳入"形"的范畴,也就是说,"形"是包括各种因素在内的整体形势。用兵交战之前,要完成政治、经济、军事、精神等各方面的准备和调动,才能形成对敌人的绝对优势,产生如决千仞之溪中的水那样的不可抵挡的力量。

势篇第五

5.1 孙子曰：凡治众如治寡，分数是也[1]；斗众如斗寡，形名是也[2]；三军之众，可使必受敌而无败者[3]，奇正[4]是也；兵之所加，如以碫投卵[5]者，虚实[6]是也。

【注释】

[1]治众如治寡，分数是也：管理人数众多的军队如同管理人数很少的军队，靠的是军队合理的组织编制。治，治理、管理。分数，军队的组织编制。曹操注曰："部曲为分，什伍为数。"分是军、师、旅、卒、两、什、伍等层级划分。数是各层级的人员数量。

[2]斗众如斗寡，形名是也：指挥人数众多的军队战斗如同指挥人数很少的军队战斗，靠的是军队有效的指挥号令系统。形名，军队的指挥号令系统。《军争篇》引《军政》曰："言不相闻，故为之金鼓；视不相见，故为之旌旗。"曹操注："旌旗曰形，金鼓曰名。"形是"旌旗"等视觉信号，名是"金鼓"等听觉信号。

[3]必受敌而无败者：即便受到敌人的攻击也不致失败。必，即便、一旦。

[4]奇正：古代兵法中的常用术语，是就战争中兵力的部署和战术的变换而言，其内涵十分丰富。一般来说，在兵力的使用上，担任警戒、守备的军队为正，机动、突击的军队为奇；在作战方式上，正面迎敌的为正，迂回、侧击、暗袭敌人的为奇；按照一般原则作战的为正，采取特殊战法的为奇。

[5]以碫(duàn)投卵：以石击卵。碫，磨刀石，泛指石头。"十一家注"本、"武经七书"本皆作"碬"，汉简本作"段"。吴九龙《孙子校释》考证认为应为"碫"，"段"与"碫"古通。今从汉简本、《孙子校释》改为"碫"。

[6]虚实：古代兵法中的常用术语，指军事实力的强弱优劣。《孙子兵法》中的《虚实篇》专门阐述此问题。

【品读】

《势篇》与前篇《形篇》有着不可分割的联系，两篇在内容上互为表里，《形篇》讲的是军事力量的积聚，而《势篇》则是谈论军事力量的发挥。在战争中仅有军事实力还不够，军事实力只是一种静态的资源，要想充分发挥它的威力，还需要"造势"。因此，在论述完"形"的问题后，孙子接着论述将帅如何在强大的军事力量的基础上，灵活部署兵力和运用恰当的战略战术，创造一种有利于己方的作战态势，以更好地出奇制胜、打击敌人，达到预期的作战目标。

本段孙子主要论述了造势需要解决的四个方面的问题：一是分数，即军队的组织编制问题。军队不管人数多寡，只要组织编制合理有序，就能做到号令畅通，上下协调一致；二是形名，即军队的指挥号令系统。不管指挥多少人的军队，军队只要有有效的指挥号令系统，就可以将将帅的指令迅速准确地传达下去，确保有效的指挥调动，抓住有利战机；三是奇正，即指挥军队作战的战术运用问题。整个部队即使受到敌人的进攻也不至于失败，关键在于战术的运用上要做到出奇制胜；四是虚实，即作战方向的选择问题。军队作战必须选择好主攻方向和攻击目标，做到避敌之实，击敌之虚。“分数”“形名”“奇正”“虚实”这四个方面对有利作战态势的形成起着决定性的作用。因此，将帅必须从这几个方面入手，努力形成有利于己而不利于敌的战略态势。

5.2　凡战者，以正合，以奇胜[1]。故善出奇者，无穷如天地，不竭如江河[2]。终而复始，日月是也；死而复生，四时是也[3]。声不过五，五声[4]之变，不可胜听也[5]。色不过五，五色[6]之变，不可胜观也。味不过五，五味[7]之变，不可胜尝也。战势不过奇正[8]，奇正之变，不可胜穷也。奇正相生，如循环之无端，孰能穷之[9]？

【注释】

[1]以正合，以奇胜：以正兵交战，以奇兵取胜。合，交战。

[2]善出奇者，无穷如天地，不竭如江河：善于出奇制胜的将领，其战法的变化就好像天地那样变化无穷，像江河那样奔流不息。

[3]死而复生，四时是也：去而复来，如同四季的更替。

[4]五声：又叫“五音”，宫、商、角、徵、羽五种音阶。

[5]不可胜听也：听之不尽。胜，穷尽。

[6]五色：青、红、黄、白、黑五种颜色。

[7]五味：酸、辛、咸、甘、苦五种味道。

[8]战势不过奇正：作战的方式不外乎奇、正两种。

[9]奇正相生，如循环之无端，孰能穷之：奇正的相互转化，就像一个圆环一样，无始无终，谁能够穷尽它呢？相生，相互转化。无端，起点、终点。

【品读】

本段孙子着重论述了“奇正”的变化运用问题。“奇正”是中国古代重要的军事术语，也是历代军事家克敌制胜的常用战术。王皙注之曰：“奇正者，用兵之钤键，制胜之枢机也。”最早提出“奇正”这一概念的是老子。他说：“以正治国，以奇用兵，以无事取天下。”[①]而最早将其引入军事学术领域并加以系统阐发的则是孙子。

本段孙子从以下三个方面对奇正问题进行了详细的阐述：首先，奇正是用兵作战的常用战术，是克敌制胜的法宝，所谓“战势不过奇正”，“三军之众，可使必受敌而无败者，奇正是也。”运用奇正的基本原则是，“以正合，以奇胜”。即以正兵去正面应敌，用奇兵去取胜。正兵重在牵制敌人的兵力，使交战双方形成相持和对峙的态势；奇兵重在用异于传统、异于常规的战法去战胜敌人。可以说，“正合”是“奇胜”的基础，而“奇”是克敌制胜的关键。

其次，奇、正是变化无穷的。战势虽然不过奇、正两种，但奇、正的变化如同日月的运行、四季的交替、五音的变化、五味的协调一样，是不可穷尽的。因为战场形势瞬息万变，敌情多种多样，每一次作战取胜所采用的战术都不可能是简单的重复。高明的指挥员之所以高明，就在于他能“因利而制权”，根据战场形势的变化和不同的敌情，灵活采取不同的战法，出奇制胜。

再次，奇、正是相生相变的。对于奇、正，我们不能简单僵化地去理解，认为奇就是奇，正就是正。奇、正是不断变化的，在一定条件下，奇可以变为正，正也可以变为奇。我方设为奇，而敌方可能会视之为正；我方设为正，而敌方可能会视之为奇，等等。李零教授在解读“奇正”的概念时列举了唐代军事家李靖的看法：“奇可以是正，正也可以是奇，奇可以变正，正也可以变奇，全看对方上当不上当，料到料不到。料到的就是正，料不到的就是奇。”[②]

对于奇、正之间的辩证关系，我们可以刘伯承七亘村伏击战的具体战例来说明。1937 年 10 月，刘伯承率领八路军在山西省平定县七亘村成功伏击了日军的运输部队。三天之后，刘伯承又下令在原来的地方再次设伏，再次大获全胜。按照常理，这是不符合“战胜不复”的作战理论的，为什么刘伯承会连续两次取胜呢？关键在于刘伯承是出名的以智取胜的战将，他正确地把握住了“奇”与“正”的辩证关系。第一次的伏击行动是“奇”，伏击任务完成后，“奇”则变成了“正”；而日军认为刘伯承第一次设伏后的数日内绝不会还在原地重新设伏，因而在第一次被伏击后没有丝毫戒备，在这种情况下，刘伯承用这个敌人已经知道的伏击行动再去伏击敌人，则产生了使敌防不胜防的“奇”的效果，这样“正”又变成了“奇”。

作为一名战争的指挥者，必须深谙奇正之间的辩证关系，根据战场形势的变化灵活运用“奇正”战术，将“奇兵”和“正兵”相互配合，“常法”和“变法”

---

① 《老子》五十七章。

② 李零：《兵以诈立：我读〈孙子〉》，中华书局 2006 年版，第 181 页。

交互为用，这样才能够时刻掌握战争的主动权，攻守自如，克敌制胜。正如唐代军事家李靖所说："凡将，正而无奇，则守将也；奇而无正，则斗将也；奇正皆得，国之辅也。"①只有熟练运用奇、正的将领，才是国家的辅佐之才。

……………………

5.3 激水之疾，至于漂石者，势也[1]。鸷鸟之疾，至于毁折者，节也[2]。是故善战者，其势险，其节短。势如彍弩[3]，节如发机[4]。

【注释】

[1]激水之疾，至于漂石者，势也：湍急的流水飞速奔泻，以致可以冲走巨石，是借助水流迅疾形成的"势"。激水，湍急的流水。疾，快速、迅猛。势，势能，水流迅疾产生的冲力和能量。《管子·度地》曰："夫水之性，以高走下，则疾至于漂石。"

[2]鸷鸟之疾，至于毁折者，节也：猛禽迅飞猛击，以致可以捕杀小动物，是借助短促迅捷的"节"。鸷鸟，鹰、雕之类的善于捕获小动物的猛禽。毁折，扑杀猎物。节，节奏，指搏击的动作迅速而有节奏。

[3]势如彍(guō)弩：险峻的态势就像张满的弓弩。彍，把弓拉满。

[4]节如发机：短速的节奏就像击发弩机。发机，引发弩机的机钮，将弩箭突然射出。

【品读】

孙子认为，具备了强大的军事实力，未必一定能够取得作战的胜利，还必须善于"造势""任势"，即积极发挥将帅的才智，将军事实力转化成于己有利的作战态势，使军事潜能得到最大限度地发挥，这样才能最终赢得战争的胜利。

要想将"势"造到恰到好处，必须处理好"势"和"节"之间的关系。在此孙子用比喻的方式对"势"和"节"进行了解释。他说，"激水"可以漂移石头，是因为有"势"，即水流速的迅疾产生的巨大的冲力和能量。"鸷鸟"可以毁折捕获猎物，是因为有"节"，即进攻速度的短促迅捷。孙子这里谈"势"和"节"，是要求战争指挥者指挥作战时一定要注意造势和进攻节奏的统一，战前造成的势要险，如同张满的弓一样，蓄势待发；待机的距离要适中，进攻节奏要快，如同击发弩机一样，一旦触发，就一击成功。把握好这两点，才能真正发挥军队的威力。

我国现代军事家、十大元帅之一的刘伯承曾经对势险节短作过深入分析。他说："战胜敌人的要诀，一是由于布势险恶紧迫，使敌人不能支持；二是由于战斗过程短促干脆，使敌人来不及防备。""因为险，敌人就来不及抵挡；短，敌人就来不及躲避。所以军队经常要保有高度的士气和战斗力，要

① 曾振注译：《唐太宗李卫公问对今注今译》卷上，第88页。

善于分布主要集团和辅助集团，力求接近敌人，进行猛烈的紧迫的突击，使敌人措手不及，无法抵挡，这就是取得胜利的要诀。”①

刘伯承指挥的许多战役都体现了“势险节短”的思想。神头岭伏击战就是典型战例之一。1938年3月，为打击进犯晋南的日军，刘伯承决定在神头岭伏击敌人。战斗中，他以一个营的兵力袭击日军重要补给线——邯（郸）长（治）大道上的兵站集结地黎城，以吸引在潞城的敌人前来救援，同时秘密将我主力三个团作为主攻部队，在黎城和潞城之间的神头岭三面设伏，其中一个营埋伏在废弃工事内，距敌行进道路只有二十五米。神头岭地形狭窄，敌陆空装备均难施展，骑兵难以机动，步兵难以展开，所埋伏在废弃工事内的军队攻击敌人距离也异常之近，从而造成一种险峻的态势。当救援的敌人越过神头岭进入我军包围圈时，我军伏击部队以锐不可当之势突然出击，仅经过两小时的激烈战斗，日军一零八师团和一六师团共一千五百人，在不意、不备中被我歼灭。这次战役中，刘伯承所造成的态势之险，进攻节奏的短促干脆，令人叹服。

5.4　纷纷纭纭[1]，斗乱而不可乱也[2]。浑浑沌沌[3]，形圆[4]而不可败也。

【注释】

[1]纷纷纭纭：指战场上紊乱无序、纷乱杂沓的情形。

[2]斗乱而不可乱也：在混乱状态中指挥作战要做到军队整齐不乱。

[3]浑浑沌沌：形容迷混不清的战争场面。

[4]形圆：阵势的部署首尾呼应，与敌作战能应付自如。

【品读】

两军交战，进入白热化阶段时，战场上战旗交织，人马纷纭，敌我不分，一片混乱。在这种纷乱的状态中，保持自己的军队不乱，充分发挥军队的整体作用，是控制好战场态势、取得战争胜利的关键。要想使军队做到斗而不乱，需要很多条件。比如战争指挥者一定要镇静自若，临危不惧，按照既定的作战计划，有条不紊地指挥作战；平时严格治军，确保军队号令畅通，令行禁止。更为重要的是，要确保在混战中军队的阵形能保持浑然一体，正如《九地篇》中所说的“恒山之蛇”那样，“击其首则尾至，击其尾则首至，击其中则首尾俱至”，各部能相互策应，协同作战，无懈可击，这样才能保证军队在混战中不为敌军所败。

---

① 王文治：《论孙子兵法的兵势》，《军事学术》1981年第1期。

5.5　乱生于治[1]，怯生于勇[2]，弱生于强[3]。治乱，数也[4]；勇怯，势也[5]；强弱，形也[6]。

【注释】

[1]乱生于治：混乱产生于严整之中，意思是严整可能转化成混乱。一说，军队要示敌以混乱，必须有严整的组织。

[2]怯生于勇：勇敢中可能产生怯懦。一说，军队要示敌以怯懦，必须具备勇敢的素质条件。

[3]弱生于强：坚强中可能产生软弱。一说，军队要示敌以弱小，必须具备强大的实力。

[4]治乱，数也：军队的严整或混乱，决定于组织编制是否有序。数，即前面所说的“分数”，指军队的组织编制。

[5]勇怯，势也：军队勇敢或怯懦，决定于作战态势的优劣。

[6]强弱，形也：军队的强大或弱小，决定于军事实力的大小。

【品读】

在战场上，治乱、勇怯、强弱都是军队有可能出现的状况。这里孙子辩证地指出，随着交战双方主观作用的发挥和交战时间的推移，治与乱、勇与怯、强与弱等这些相互矛盾的方面是可以相互转化的。正如李零所解释的：“部队投入战斗，一开始往往是整齐的、勇敢的和强大的，但投入战斗后问题往往就暴露出来，逐渐向对立面转化。”①是否转化，取决于“数”“势”“形”。“数”，即本篇开头的“分数”，就是军队的组织编制，如果军队的编制严整，将领职责明确，将帅在纷纭的战斗中能始终如一地保持“分数”，军队就会避免由治向乱转化；“势”，是作战的态势，战争中占绝对优势的一方，士卒就会勇敢，反之就会怯懦；“形”，即《形篇》所论述的军事实力，交战双方不仅要积蓄实力，在战争过程中也要善于保存实力，这样才能使军队始终保持强大的战斗力，否则就会由强变弱。

5.6　故善动敌[1]者，形[2]之，敌必从之；予之，敌必取之。以利动之，以卒待之[3]。

【注释】

[1]动敌：调动敌人。

① 李零：《〈孙子〉十三篇综合研究》，中华书局2006年版，第37页。

[2]形：示形，即以假象欺骗敌人。

[3]以利动之，以卒待之：用小利调动敌人，用伏兵伺机破敌。卒，士兵，此指伏兵。何延锡注曰："敌贪我利，则失行列，利既能动，则以所待之卒击之，无不胜也。"

【品读】

在分析了战场态势不断变化的原因之后，孙子提出了"动敌"思想。所谓"动敌"，就是想尽办法调动敌人，使敌人脱离对自己有利的阵地，进入对我方有利的阵地，以便伺机歼灭敌人。如孙子所言"兵者诡道""兵以诈立"，战场上两军对垒，生死相搏，同敌人是没有信义、仁慈可言的，对敌人的仁慈就是对自己的残忍。宋襄公在泓水之战中，死守陈旧的"军礼"法则，不接受新兴的战术思想，大讲"仁义"，最终落得个丧身辱国的下场，被毛泽东讥讽为"蠢猪式的仁义道德"。因此，在战场上只有真真假假、虚虚实实，才能迷惑对方，从而使我方占据主动，左右战局。

孙子在这里提出了两种"动敌"之法：一种是"形之"。这里的"形"是动词，即"示形"，就是隐真示假，隐蔽自己的真实情况、真实企图，以假象示敌，迷惑和欺骗敌人，使敌人对战场情况作出错误的判断，采取错误的行动。"示形"的方法有很多。如《计篇》中"诡道十二法"的"前四法"："能而示之不能，用而示之不用，近而示之远，远而示之近。"不同的战场环境、不同的指挥者、不同的敌情，决定了示形方式也多种多样。示形最上乘的境界就是要达到"无形"，"形兵之极，至于无形"，如果达到这样的境界，则"深间不能窥，智者不能谋"[①]，我军就会处处主动，而敌军处处被动。

"动敌"的另外一种方式是"予之"，即通过让出一些敌人想要得到的利益，调动敌人。战争都是在一定利益的驱使下爆发的，是交战双方围绕着利益的争夺采取的极端形式。但不同的战争决策者在对"利"的认识上，存在一定的偏差，"利"有"大利""小利"，有"长利""近利"，高明的决策者看到的是"大利""长利"，而庸俗的决策者往往会被"小利""近利"迷惑。因此，在战争中，可以通过让出一些"小利"，引诱敌人上当，使敌人被我方牵着鼻子走，等调动敌人形成有利于我方的态势后，再投入自己的兵力作战，这样就会受到"易胜"的效果。我国春秋时期"假道伐虢"的故事就反映了这一战争谋略。晋献公采取了大臣荀息的建议，以良马美璧等小利贿赂虞公，离间了虞国和虢国之间的关系，最终获得了轻而易举地灭掉虢国和虞国的大利。而虞公贪图小利，最终国破家亡。

---

① 《孙子兵法·虚实篇》。

5.7　故善战者，求之于势，不责于人[1]，故能择人而任势[2]。任势者，其战人[3]也，如转木石。木石之性[4]，安则静，危则动[5]，方则止，圆则行。故善战人之势，如转圆石于千仞之山者，势也。

【注释】

[1]求之于势，不责于人：追求有利的作战态势，而不是去苛求下属。责，苛求。

[2]择人而任势：历来学者对这句话的理解存在分歧。传统观点把“择”解释为“选择”，意为选择适当的人才，利用有利的态势。另一种观点认为“择”是“释”的假借，训为“舍”，意为能够放弃人而依赖“势”①。后者说法与《势篇》宗旨较为契合，与前面一句“求之于势，不责于人”意思一致。

[3]战人：指挥士卒作战。

[4]木石之性：木石的特性。

[5]安则静，危则动：在安稳平坦的地方就静止，在险陡倾斜的地方就滚动。

【品读】

本段是对全文的总结，孙子提出了“择人而任势”的思想。孙子指出，高明的将领指挥作战，是通过形成有利的“势”，以争取战争的胜利，而不是一味地苛责士卒个人的勇怯。正如上文所说：“勇怯，势也。”士兵作战勇敢还是怯懦，主要取决于作战态势的优劣。态势有利，怯者也可以变勇；态势不利，勇者也可以变怯。

在本篇最后，孙子用比喻对“势”进行了生动形象的说明。他说，“善战人之势，如转圆石于千仞之山”，也就是说善于作战的人造成的有利态势，好比把一块圆形的石头置于高高的山顶上，再用力去滚动它。因为木与石的特性是，在安稳平坦的地方就静止，在险陡倾斜的地方就滚动，方的容易静止，圆的容易滚动，这块圆石从高山之顶滚落下来，就会产生巨大的力量，形成不可阻遏之势，这就是“势”。相反，如果石头的形状是方形，或者放在山的其他位置或平稳的地方，就不会滚动或者产生不了那么大的冲击力。也就是说，同样的力量，置于不同的地方，或者构成的形状不同，产生的势能也会大相径庭。孙子的这一比喻与前面“激水”“鸷鸟”的比喻有异曲同工之妙：激水是靠着流速的迅疾产生的冲击力漂移巨石，鸷鸟是靠进攻时短促迅捷的节奏捕杀猎物，圆形的木石则是凭借山的高度，从高山滚下产生巨大的

① 参见于泽民：《为“择人而任势”正本》，《军事历史研究》1990年第4期；裘锡圭（笔名求是）：《说“择人而任势”》，《文史》1981年第11辑；邱复兴主编：《孙子兵学大典》第6册，北京大学出版社2004年版，第65～68页。

力量，形成不可阻遏之势。孙子用了一系列比喻是要告诉人们，善于指挥作战的将帅之所以能轻易战胜对手，不是靠硬打硬拼，而是借助于天时、地利等客观条件，造成有利的作战态势，将军队的战斗力最大限度地发挥出来，从而获胜。

虚实篇第六

6.1　孙子曰:凡先处战地而待敌者佚[1],后处战地而趋战者劳[2]。故善战者,致人而不致于人[3]。能使敌人自至者,利之也[4];能使敌人不得至者,害之也[5]。故敌佚能劳之[6],饱能饥之[7],安能动之[8],出其所必趋也[9]。

【注释】

[1]先处战地而待敌者佚:先到达战地而等待敌人的,就占据从容主动的地位。处,占据、占领。佚,通"逸",安逸、从容。张预注曰:"形势之地,我先据之,以待敌人之来。则士马闲逸,而力有余。"

[2]后处战地而趋战者劳:后到达战地而仓促应战的,就疲劳被动。趋战,仓促应战。趋,疾行、奔赴,此指仓促、猝然。

[3]致人而不致于人:调动敌人而不被敌人所调动。致,招致、引来,此意为调动。杜牧注云:"致,令敌来就我,我当蓄力待之,不就敌人,恐我劳也。"

[4]能使敌人自至者,利之也:能使敌人主动进入我方预定的交战地点,是用利益引用的结果。

[5]能使敌人不得至者,害之也:能使敌人不进入我方防区范围,是制造困难牵制阻挠的结果。

[6]佚能劳之:敌人从容安逸的,能够使他疲劳。

[7]饱能饥之:敌人粮食充裕的,能够使他匮乏。

[8]安能动之:敌人驻扎安稳的,能够使他移动。

[9]出其所必趋也:本句在"十一家注"本和"武经七书"本中,皆作"出其所不趋,趋其所不意"。汉简本则为"出于其所必趋也",无"趋其所不意"一句。《太平御览》引文亦作"出其所必趋"。曹操、李筌等家注文皆言"出其所必趋""攻其所必爱",可见他们所见版本也是"必趋"。此处依汉简本、《太平御览》作"出其所必趋也"。《孙子兵法大典》对此解释得较为明确:"我之所以可使敌转佚为劳、转饱为饥、转安为动,是因为我指向敌人必须紧急救援之处,打乱了它既定的部署和计划。""此句有归纳总结上文之意,即阐明能调动敌人的根本原因。"①

---

① 邱复兴主编:《孙子兵学大典》第6册,第74页。

【品读】

这段话主要谈论如何通过调动敌人进行虚实的转化。虚、实是两个相对立的范畴，一般来说，虚即空虚，实即充实。在军事领域，虚与实的内容涵盖很广，凡怯、弱、乱、饥、劳、寡、惰归、无备是虚，而勇、强、治、饱、佚、众、锐气、有备是实。概括而言，战场上有利的方面就是实，不利的方面就是虚。

孙子认为，战场上敌我双方的虚实是相比较而存在的，是不断发展变化的，可以通过调动或不被调动来实现虚实的转化。因此，孙子一上来就提出"致人而不致于人"的重要作战指导思想，"致人"就是调动敌人，"致于人"就是为敌人所调动，其实质就是争夺战争主动权的问题。主动权可谓是决定战争胜负的关键。正如毛泽东所指出的："一切战争的敌我双方，都力争在战场、战地、战区以至整个战争中的主动权，这种主动权即是军队的自由权。军队失掉了主动权，被逼处于被动地位，这个军队就不自由，就有被消灭或被打败的危险。"[①]两军相争，谁能调动对方，谁就占据主动，谁就能取胜；谁失去了主动，谁就有失败的危险。因此，历代军事家、战略家无不把"致人而不致于人"的谋略奉为圭臬。唐代军事家李靖对此评价最高。他说："（兵法）千章万句，不出乎致人而不致于人而已。"[②]

那么，怎样才能"致人而不致于人"呢？孙子提出了这样几点：一是先发制人，抢占先机。要力争先敌到达交战地点，抢占有利地形，这样就可以先敌休整，先敌完成战略部署，以逸待劳，从容作战。反之，后到达战地仓促投入战斗的部队，就会精力疲惫，陷入被动。二是通过"利之""害之"等办法调动敌人。战争双方的关系说到底是利害关系，趋利避害是人的本性，也是战争决策者制定一切措施的出发点。运用利害这个杠杆，可以有效地调动敌人。要想使敌人主动进入我方预设的地域，可以用小利去引诱敌人；要想阻碍敌人到达某个地域，就要制造困难阻止敌人，或者让敌人嗅到危险的气息而不敢来。用"利"和"害"调动敌人，可以使敌人由"佚"变"劳"，由"饱"变"饥"，由"安"变"动"，这样战场上敌我双方的虚实形势就会发生重大的变化，我方就可以牢牢控制战争的主动权，随机应变，抓住敌人最虚弱的地方，施以致命的打击，从而以最小的代价换取最大的胜利。唐太宗李世民说："朕观诸兵书无出孙武，孙武十三篇无出'虚实'。夫用兵识虚实之势，则无不胜焉。"[③]战场上将帅如果懂得对虚实的运用，就会在指挥作战中无往而不胜。

---

① 《毛泽东选集》第2卷，人民出版社1990年版，第379页。

② 曾振注译：《唐太宗李卫公问对今注今译》卷中，第138页。

③ 曾振注译：《唐太宗李卫公问对今注今译》卷中，第133页。

军事史上，能巧妙调动敌人、灵活转化虚实而取得战争胜利的例子很多。如战国时期的马陵之战，面对强大而气势汹汹的魏军，田忌、孙膑率领的齐军并没有正面应战，而是使用退兵减灶之计，故意示弱，诱使魏将庞涓只率部分精锐骑兵追击，巧妙转化了战场上双方力量的虚实对比，最后打败魏军。

6.2 行千里而不劳者，行于无人之地[1]也。攻而必取者，攻其所不守也[2]；守而必固者，守其所必攻也[3]。故善攻者，敌不知其所守；善守者，敌不知其所攻。微乎微乎，至于无形[4]；神乎神乎，至于无声[5]，故能为敌之司命[6]。

【注释】

[1]无人之地：指敌人疏于防守或者根本没有防守的地方。杜牧注曰："言不劳者，空虚之地，无敌人之虞。行止在我，故不劳也。"

[2]攻而必取者，攻其所不守也：进攻而必然能取胜，是由于进攻的是敌人疏于防守的地方。

[3]守而必固者，守其所必攻也：此句中"必攻"在"十一家注"本和"武经七书"本中皆为"不攻"，义不通。今依汉简本、《太平御览》卷三一七引文作"必攻"。该句意思是防守而必然很牢固，是由于防守的是敌人必然进攻的地方。

[4]微乎微乎，至于无形：虚实的运用微妙到极致，以至于无形可睹。微，微妙、高明。

[5]神乎神乎，至于无声：虚实的运用神奇到极致，以至于无声息可闻。神，神奇、神妙。

[6]能为敌之司命：能成为敌人命运的主宰。

【品读】

这段话主要是讲如何在进攻与防守的行动中把握虚实。孙子认为，两军交战，无论是行军开进，还是进攻方向的选择、重点防守目标的确定，都要避实击虚。具体来说，行军要入敌之"虚"，即敌人没有部署兵力防守之处；进攻要击敌之"虚"，即敌人设防虚弱之处；防守要防备敌人之"实"，即敌人重兵进攻之处。这样就可以避开敌人的强点，攻击敌人虚弱却很关键的部位，从而克敌制胜。三国时期的魏灭蜀之战可谓是典型的战例。263年，魏军统帅钟会与蜀将姜维在剑阁僵持，而魏将邓艾却选择了路途艰险但对方没有设防的小路作为进军方向，率精兵绕过剑阁，偷渡阴平，行军无人之地七百多公里，经江油直捣蜀都成都，一举灭蜀。

作为一名高明的将帅，无论进攻还是防御，都要通过各种手段掌握敌情，了解敌人的虚实所在，同时，要想方设法隐瞒自己的虚实，使敌人无法了解我方的意图和行动。这样就可以达到“善攻者,敌不知其所守;善守者,敌不知其所攻”的目的,从而使战场的主动权时刻为我方所主宰。

6.3 进而不可御者,冲其虚也[1];退而不可追者,速而不可及也。故我欲战,敌虽高垒深沟,不得不与我战者,攻其所必救[2]也;我不欲战,画地而守之[3],敌不得与我战者,乖其所之也[4]。

【注释】

[1]冲其虚也:冲,攻击、袭击。虚,空虚薄弱之处。

[2]必救:必定救援之处,喻指利害攸关之处。张预注曰:“敌人虽有金城汤池之固,不得守其险而必来与我战者,在攻其所顾爱,使之相救援也。”

[3]画地而守之:画,界限,指排兵布阵时所划出的界限。意思是,随便在地上划出一道界限就可以防守,而不必筑垒设防,比喻防守十分容易。

[4]乖其所之也:调动敌人,将其引向他处。乖,违背、相反。之,往、去。

【品读】

本段进一步谈论如何在攻守行动中把握虚实以掌握战争主动权的问题。孙子认为,在战争中要将战争的主动权牢牢操控在我方手中,使得战与不战皆取决于我方的意志。具体来说有两种做法:一是进攻作战,要避实击虚。如果敌人有坚固的防御工事,防守严密,我方正面进攻无法达到目的,可以“攻其必救”,选择进攻敌人其他的要害部位,或者对敌人来说利益攸关之处,将其调出高垒深沟前来营救,这样就会使敌人由实变虚,我方则趁机加以歼灭。桂陵之战中孙膑就是采用此计谋达到了救赵的目的。公元前353年,魏国攻打赵国,齐将田忌、孙膑奉命救赵,齐军没有直接开赴赵国,而是进攻魏国必救之地——都城大梁,迫使魏将庞涓回师自救,齐军在桂陵设伏,大败魏军,解赵之围。我国现代著名军事家刘伯承元帅在抗日战争期间创造了“吸打敌援”①的战术,具体做法是袭击驻止之敌,威胁敌人,以吸引其增援,同时伏击前来增援的部队。此战术可谓深得孙子“攻其必救”思想的精髓。二是防守作战,不要只是想着如何构筑防御工事,御敌于门外,而是要设法调动敌人,“乖其所之”,使敌人改变原来的作战意图或进攻方向。如何“乖其所之”呢?赵本学说:“乖其所之,扬兵以疑其所向也!或偃旗息鼓,如有所伏,或解甲卸鞍,如有所饵,皆乖之之术也。”②具体做法千变万化,总之就是要做出各种怪异之事,使敌人心生疑惧,不敢来进攻。三国时期诸葛

① 刘伯承:《对目前战术的考察》,《刘伯承军事文选》,解放军出版社1992年版,第135页。

② (明)赵本学:《孙子书校解引类》,(台北)中华书局1970年版,第98页。

亮的“空城计”之所以能奏效，就是在于诸葛亮利用了司马懿生性多疑的特点，故意打开城门，自己抚琴于城楼之上，司马懿难料其虚实，最终被吓退。

······························

6.4 故形人而我无形[1]，则我专而敌分[2]。我专为一，敌分为十，是以十攻其一也[3]，则我众而敌寡。能以众击寡者，则吾之所与战者约[4]矣。吾所与战之地不可知[5]，不可知，则敌所备者多。敌所备者多，则吾所与战者寡矣[6]。故备前则后寡，备后则前寡，备左则右寡，备右则左寡。无所不备，则无所不寡[7]。寡者，备人者也[8]；众者，使人备己者也[9]。

【注释】

[1]形人而我无形：使敌人暴露实情而我方不显露形迹。形，第一个“形”是动词，使之暴露、显露；第二个“形”是名词，形迹。

[2]我专而敌分：我方兵力集中而敌人兵力分散。专，集中。

[3]是以十攻其一也：是用十倍于敌的兵力去进攻敌人。

[4]约：少，寡。

[5]吾所与战之地不可知：我方计划与敌人交战之地，使敌人不能预知。

[6]敌所备者多，则吾与所战者寡矣：敌人设防的地方多，力量必定分散，这样与我方局部交战的敌人力量就会寡弱有限。

[7]无所不备，则无所不寡：处处设防，则处处兵力薄弱。

[8]寡者，备人者也：兵力薄弱，是因为分散力量多处设防。

[9]众者，使人备己者也：兵力强大，是因为迫使敌人分兵备我。

【品读】

本段孙子提出了“我专而敌分”的作战思想。专、分分别指兵力的集中与分散。孙子认为，夺取战争的胜利，最重要的是要集中自己的兵力，分散敌人的兵力。古今中外的军事家，无不将集中兵力作为战胜敌人的根本作战原则。克劳塞维茨说：“除了努力扩充兵员（但这往往不是统帅所能决定的）以外，战略上最重要而又最简单的准则是集中兵力。”①俄国军事家德拉戈米罗夫也形象地说：“捏紧拳头而不是张开五指去打击敌人。”②在战场上只有集中自己的兵力，造成以镒称铢的对敌优势，才能掌握战争的主动权，最终克敌制胜。

集中兵力，并不是单纯地指军队的集结，而是包括集中自己、分散敌人两个方面，也就是“我专”和“敌分”。在孙子看来，要想做到“我专而敌分”，

---

① [德]克劳塞维茨著，中国人民解放军军事科学院译：《战争论》第1卷，商务印书馆1978年版，第219页。

② 戴镏龄主编：《世界名言大辞典》，广西人民出版社1996年版、广西教育出版社，第1154页。

关键在于学会“示形”。在《势篇》中，孙子就提出用“形之”的方法调动敌人，“示形”的最高境界就是要做到“形人而我无形”，即以假象示敌，以迷惑和欺骗敌人，设法使敌人暴露真实的情况而隐藏我方真实的形迹意图，使敌人对我方的虚实捉摸不定。由于我方掌握了敌方的虚实所在，就可以集中兵力，攻打敌人。而敌方对我方信息不明，无法了解我方进攻的时间以及主要的进攻方向，不得不分兵把守，处处设防，结果只能是“无所不备，无所不寡”，敌人的力量因分散而被大大削弱。我方兵力集中，敌人兵力分散，这样就会造成我众敌寡的态势，战争的胜负结局就不难预料了。

明清之际的萨尔浒之战，就是对孙子“我专而敌分”作战指导思想的很好体现。1619 年，明朝将领杨镐率四十万（实际兵力在十七万左右）大军兵分四路攻打后金，努尔哈赤在得到明军进军的消息后，准确地判断出明军的主力所在，决定采取“凭你几路来，我只一路去”的作战方针。他先将全部兵力集中起来攻打明军主力部队西路军，在全歼西路军后，又将其他三路各个击破，最终取得了萨尔浒战役的胜利。这次战役明军的失败是由多种因素造成的，战术方面的原因是明军兵分四路，分散了兵力，导致兵力在数量上的优势被削弱，而努尔哈赤则采取了集中兵力、各个击破的正确作战方针，形成了局部的对敌优势，最终取得胜利。

6.5　故知战之地，知战之日，则可千里而会战[1]。不知战地，不知战日，则左不能救右，右不能救左，前不能救后，后不能救前，而况远者数十里，近者数里乎？以吾度[2]之，越人之兵虽多，亦奚益于胜败哉[3]？故曰：胜可为也[4]。敌虽众，可使无斗[5]。

【注释】

[1]会战：以主力与敌人决战。

[2]度（duó）：推测，推断。

[3]越人之兵虽多，亦奚益于胜败哉：越国的军队人数虽多，对于战争的胜利又有什么益处呢？奚，何、什么。益，有益、补益。春秋时期，吴、越两国既是邻邦又是世仇，常年征战不休。孙子为吴王论兵法，故以越国军队作为作战对象来举例。

[4]胜可为也：胜利是可以积极争取的。为，创造、争取。

[5]敌虽众，可使无斗：敌人人数虽多，可以使他无法与我较量。张预注曰：“分散其势，不得齐力同进，则焉能与我争。”

【品读】

这段话具体体现了孙子“知己知彼，百战不殆”的思想。在孙子看来，“知”是“战”的前提，对于战争的胜利至关重要，无论在战前还是战中都要全面了解对方的作战意图、敌我双方的实力对比、作战部署等情况，只有这样才能制定正确的战略决策，在战争中百战百胜。孙子对“知”有许多丰富的论述。比如《计篇》提到要知“五事七计”，并且说“知之者胜，不知之者不胜”；《谋攻篇》要求“知己知彼”；《军争篇》提到要“知诸侯之谋”“知山林、险阻、沮泽之形”；《用间篇》提到战前要通过间谍“知其守将、左右、谒者、门者、舍人之姓名”，等等。孙子在这里指出，出兵之前要预知作战的时间、地点、地形。只有把交战地点和时间弄清楚，各将领之间，即便是相隔千里，也可以互相救援。因此，敌人的人数众多并不可怕，可以设法使之对战场的情况信息不明，不知道在何时、何地交战，敌人就无法集中全力与我方交战，其力量必然会分散、疲惫。故而孙子说“敌虽众，可使无斗”。

6.6　故策之而知得失之计[1]，作之而知动静之理[2]，形之而知死生之地[3]，角之而知有余不足之处[4]。

【注释】

[1]策之而知得失之计：认真筹划，以了解敌人作战计划的优劣得失。策，筹算、策划。之，代指敌人。

[2]作之而知动静之理：有意地挑动敌人借以了解其活动的规律。杜牧注曰：“言激作敌人，使其应我，然后观其动静理乱之形也。”作，兴起，此指挑动。动静之理，敌人的活动规律。

[3]形之而知死生之地：以假象示敌，以了解敌人的情势。赵注本曰：“以我之形示之，……观其有无防备也。有备是其生处，无备是其死处。”形之，以假象示敌。死生之地，非《地形篇》《九地篇》中的“死地”“生地”，这里谈的是虚实问题，而不是地形问题。死生之地，指敌人的优势所在或薄弱致命处。

[4]角之而知有余不足之处：通过对敌作试探性较量，来掌握敌人的虚实强弱。角，较量，此指试探性的进攻。

【品读】

这段话孙子提出了探悉敌方虚实的几种方法。在战争中，要想避实击虚，就必须对敌我双方的情况有全面而准确的了解，也就是要做到“知己知彼”。一般来说，“知己”比较容易做到，因为了解自己的情况一般不会存在什么障碍，关键在于“知彼”。在此孙子提出了“知彼”的四种方法，即“策之”“作之”“形之”“角之”。

“策之”，就是要通过认真筹划，来了解敌人作战计划的得失。无论是天下大势还是具体的战役，都可以用“策之”法来分析、判断敌情，以定作战大计。楚汉战争中，韩信在《汉中对》中分析了刘、项战略条件的优劣，预测了战争前景，制定了正确的作战方针，最终使刘邦变被动为主动；东汉末年，诸葛亮的《隆中对》分析了天下形势，向刘备提出了先取荆州为家，再取益州成鼎足之势，继而图取中原的战略构想，最终促使了三国鼎立局面的形成。这些都说明战争中"策之"的重要。

"作之"，是通过故意挑动敌人，观察敌人的反应，然后决定自己的作战策略。两军交战，经常采用"作之"法来侦察敌情。《吴子兵法·论将》记载，魏武侯向吴起询问了解敌将才能的方法，吴起回答："令勇敢的下级军官，率领轻锐部队去试攻敌人。务必败退，不要求胜，以观察敌人前来的行动。如果敌人每次前进和停止，指挥都有条不紊，追击假装追不上，见到战利品装作没看见，像这样的将领是有智谋的，不要和他交战。如果敌人喧哗吵闹，旗帜纷乱，士卒自由行动，兵器横七竖八，追击唯恐追不上，见利唯恐得不到，这是愚昧的将领，敌军虽多也可以把他擒获。"吴起之语正可谓是对孙子"作之而知动静之理"的最好注解。

"形之"，在《势篇》中孙子对此已经有所论述，就是通过制造假象欺骗敌人，摸清敌人的虚实，再制定自己的策略。"角之"，是通过试探性的进攻，探明敌人兵力的虚实。三国时期的夷陵之战中，陆逊与刘备率军在夷陵对峙数月不战，陆逊为了解汉军虚实，先试探性地派兵攻打了汉军一个营，结果虽然失利，但陆逊却通过这次侦察发现，汉军营寨是由木栅栏组成的，因此决计使用火攻，最终大败蜀军。

在战场上根据敌情，灵活运用孙子的"策、作、形、角"四法，就可以达到了解敌情、掌握敌人虚实、把握主动权的目的。在此基础上，可以制定正确的作战计划，从而赢得战争的胜利。

6.7 故形兵[1]之极，至于无形；无形，则深间不能窥[2]，智者不能谋。因形而错胜于众[3]，众不能知。人皆知我所以胜之形，而莫知吾所以制胜之形[4]。故其战胜不复[5]，而应形于无穷[6]。

【注释】

[1]形兵：军队部署过程中的伪装佯动。张预注曰："始以虚实形敌，敌不能测，故其极至，卒归于无形。"

[2]深间不能窥：深间，隐藏得很深的间谍。窥，刺探、暗查。

[3]因形而错胜于众：根据敌情灵活变化战法而取胜，将胜利置于众人面前。因，由，通过。错，同"措"，放置、安置。

[4]此句谓，人们只见到我克敌制胜的情况，却不知道我克敌制胜的奥妙。形，形态、形状，此指作战的方式方法。

[5]不复：不重复。

[6]应形于无穷：根据敌情的发展，变化无穷。应，适应。形，此处特指敌情。杜牧注曰："敌每有形，我则始能随而应之以取胜。"

【品读】

本段主要是谈论如何隐蔽自己的形迹。我方在侦察敌人之形的同时，敌人也会设法了解我方之形，因此，必须设法隐蔽自己的形迹，使敌人不能准确判断我方的作战意图和行动部署。这就是孙子所提出的"形兵之极，至于无形"的思想。"形兵"就是通过伪装佯动，迷惑敌人，使敌人无法了解我方虚实。两军交战，只要有形迹可察，就会有应对之策。如果将自己的战略意图隐藏于无形之中，使对方对我方无形迹可寻，这样无论敌人如何足智多谋，如何广派间谍，也无法掌握我方实情，自然也就无计可施，无法应对了。战争的主动权就会牢牢掌握在我方手中。

在这里，孙子还提出了"战胜不复，应形于无穷"的思想。一成不变的阵势、固定不变的战法很容易被敌人识破。正如温斯顿·丘吉尔在他的《论马尔博罗》一书中所说的："一个指挥官的成功，并不在于遵循某些规则或模式，而在于对当时形势中起支配作用的方面和全部参战部队具有全新的理解。战争中的每一次战斗都是独特的，需要对实际情况作深刻的分析。最容易通向惨败之路的莫过于模仿以往英雄们的计划，把它用于新的情况中。"[①]高明的将帅不会死守一些习以为常的作战原则，或照搬照用前人的作战模式，而是根据战场情况的变化和对手的不同，制定相应的作战计划。

当然也并不是说绝对不可以重复采用某一战法或谋略。历史上也不乏重复用兵而能出奇制胜的战例。前面我们在《势篇》中所谈到的刘伯承连续两次在七亘村伏击敌人均获成功就是一个典型战例。能否采用某一战法或谋略，关键是要充分考虑战场上的各种变化，如交战时间、地点、我情、敌情（包括敌人的心理变化）等。刘伯承在同一地点连续两次伏击敌人均获成功，主要原因是他对敌人的心理有准确的判断，认定敌人预料不到他会在同一地点再次伏击。所以重复的战法反而起到了出其不意、出奇制胜的效果。

在战争实践中，避实击虚的道理人人皆知，但是具体的战法则是变化万千，无穷无尽的，不是人人能做到根据敌情的变化灵活采取战法。所以，孙子说："人皆知我所以胜之形，而莫知吾所以制胜之形。"

---

① 转引自[美]小埃德加·普里尔著，吴水生、王毅等合译：《十九颗星——对美国四位名将之研究》，军事译文出版社 1985 年版，第 384 页。

6.8 夫兵形象水[1]，水之形，避高而趋下[2]；兵之形，避实而击虚[3]。水因地而制流，兵因敌而制胜[4]。故兵无常势，水无常形[5]，能因敌变化而取胜者，谓之神[6]。故五行无常胜[7]，四时无常位[8]，日有短长[9]，月有死生[10]。

【注释】

[1]兵形象水：用兵的规律有如水的运动规律。兵形，用兵的方法或规律。

[2]水之形，避高而趋下：水流动的规律是避开高处流向低洼之处。

[3]兵之形，避实而击虚：用兵的规律是避开敌人的坚实之处，攻打敌人的虚弱之处。

[4]水因地而制流，兵因敌而制胜：水因地形的高低而决定其流向，用兵要顺应敌情的变化来克敌制胜。

[5]兵无常势，水无常形：用兵打仗没有固定不变的模式，就像水没有一成不变的形态。

[6]神：神奇、神妙，此指用兵如神。

[7]五行无常胜：五行中没有哪一种物质处于常胜的地位。五行，金、木、水、火、土，古人认为它们是构成万物的基本要素，并认为它们之间存在相生相克的关系。

[8]四时无常位：春、夏、秋、冬四季推移更替没有固定不变的位置。

[9]日有短长：白昼随着季节的变化而有长有短。

[10]月有死生：月亮因循环往复而有缺有圆。死生，指月相变化中的既死霸、既生霸。古代把一个月分为四段：初吉、既生霸、既望、既死霸。“既死霸”，是指自二十三日以后至于晦日的一段时间，月亮逐渐变小变暗；“既生霸”，自八九日以降至十四五日，月亮逐渐变大变亮。可参见王国维《观堂集林·生霸死霸考》。

【品读】

中国古代思想家善于用水来比喻人的品德，阐述自己的思想。老子曰：“上善若水。水善利万物而不争。”①认为最高境界的善行就像水的品性一样，善于滋润万物而不与万物相争。孔子见大水必观，他从“东流之水”中悟出人应遵循“德”“义”“勇”“法”“正”“察”等德性②。孟子也用水的流向和特性来说明人性本善：“人性之善也，犹水之就下也。人无有不善，水无有不下。”③孙子在此也以水作比喻，阐明用兵打仗的道理。水根据地势的高低决定其流向，就像用兵时根据敌人的具体情况决定战法；水总是“避高而趋下”，就像用兵要“避实而击虚”。因为战场的形势瞬息万变，对手也有各自

① 《老子》八章。

② 《荀子·宥坐》。

③ 《孟子·告子上》。

的特点与差异，所以没有一成不变的战法。能够根据敌情变化不断调整战法，才能达到用兵如神。

历史上能够根据敌情灵活变化战法取胜的战例很多。前面我们已经提到过孙膑采用退兵减灶之计取得马陵之战的胜利，下面再看一个采用增灶之计取胜的例子。东汉安帝时，大将虞诩奉命去平定羌族的叛乱，结果在陈仓、崤谷一带被羌兵数千人阻截。虞诩得知，命部队停止前进，他宣称已上书朝廷请求援兵，等援兵到后再进军。羌兵听到这一消息，便分兵到附近各县抢掠。虞诩则趁羌兵兵力分散之际率兵日夜兼程，一昼夜行进一百多里，并且在行军途中命部下每人各造两个灶，每日增加一倍。羌兵见状，不敢逼近虞诩的部队。部下不明白其中的道理，虞诩解释说："敌军兵多，我军兵少，走慢了容易被追上，走快了对方便不能测知我军的底细。敌军见我军的灶数日益增多，必定以为郡兵已来接应。我军人数既多，行动又快，敌军必然不敢追赶。孙膑有意向敌人示弱，我现在有意向敌人示强，这是由于形势不同的缘故。"

虞诩、孙膑虽然都是以灶为计，但用法相反，一个是增灶示强以断追，一个是减灶示弱以诱敌，结果都达到了克敌制胜的目的，充分体现了"兵无常势"的作战原则。

军争篇第七

7.1　孙子曰：凡用兵之法，将受命于君[1]，合军聚众[2]，交和而舍[3]，莫难于军争[4]。军争之难者，以迂为直，以患为利[5]。故迂其途，而诱之以利，后人发，先人至，此知迂直之计者也。

【注释】

[1]将受命于君：将帅接受君主的命令。古代拜将有庄严的仪式：国家遇到危难必须出兵时，国君先在偏殿拟定将要任命的主将，然后占卜吉日。国君在斋戒三日后，到太庙将象征权力的斧钺授予主将。《六韬·龙韬·立将》《尉缭子·将令》《淮南子·兵略训》等对此均有记载。

[2]合军聚众：征集民众，组织军队。合，聚集、集结。

[3]交和而舍：两军对垒。交，接触。和，军门，引申为营垒。舍，止宿、驻扎。

[4]军争：两军争夺制胜的条件。

[5]以迂为直，以患为利：通过看似迂远曲折的途径达到近便直接的目的，把不利变成有利。迂，曲折、迂远。

【品读】

本段主要是讲军争在战争中的重要性。军争，是在战争中指挥军队与敌军争夺先机之利或制胜条件。战争中，军争是最难的事情，因为谁夺取了先机之利，谁就掌握了战争的主动权，所以，不仅我军要争，敌军也要争。孙子认为，军争过程中最难做到的就是以迂为直，以患为利。也就是要把遥远的弯路变成近便的直路，把对己方来说不利的因素和局面变成最终的有利因素和结果。

走近路要比绕远路省时省力，这是普通的常识，在军事行动中，省时省力就意味着占得先机之利，那孙子为什么还提倡要走迂远的线路呢？这是因为战争中，远、近与敌军兵力部署的虚实是紧密联系的。一般来说，迂远的道路距离远，而且多半地形复杂，有着天然障碍，不便于通行。但换个角度说，敌人从心理上会认为我方会走近路，对远路往往疏于防范，部署的兵力薄弱，走这样的线路行军速度反而会快，更容易达到出其不意、出奇制胜的目的，这样看似迂远曲折的道路，实际上变成了能最快通过的“直”路。诚如英国战略问题专家李德·哈特所说："天然的障碍，不管它们是如何的险阻，可是其所具有的危险性和不稳定性，却总还是比不上一次真正的战斗。任何的条件都可以计算，任何的障碍都可超越，只有人类的抵抗力却是唯一的例外。"因此，高明的将领"宁肯面对一个不利的条件，而不愿接受直接路线所带来的潜在失败危机"[1]。相反，近直的道路，看似距离近，但敌人一般防范严密，常派重兵把守，反而不易通过，这样近直反而成了实际上的迂远。

怎样才能实现"以迂为直"呢？孙子提出了"迂其途，而诱之以利"的方法。即我方应设法迂回绕道，避开敌人重点防御的正面地带，由敌人料想不到的线路进军，同时，以小利引诱麻痹敌人，掩盖自己的真实行动，使敌人集中兵力防守正面地带，放松对其他地区的防御，我方则乘机进军。由于牵制我方的敌兵力量薄弱，我方虽出发在后，却可以后发先至，先敌占领有利条件。三国时的邓艾，引兵西行七百里至无人之地，突袭蜀之后方，兵不血刃而下蜀；1800 年，拿破仑率军奇迹般穿越险峻的阿尔卑斯山，进入意大利，出其不意地打击驻扎在那里的奥地利军队，最终取得马伦哥战役的胜利。这些都是"以迂为直"的例子。

"以患为利"与"以迂为直"意思一致。"患"是对己方来说不利的因素，表现形式有很多，或指一种困境，或指一些损失，或指一些主动的付出。战斗中，谁都想避患争利，但在实际操作中常常走向反面，欲争其利，反受其害。因此，要想争得"利"，有的时候最好的做法不是直接逐"利"，而是通过"患"来取"利"。试举例言之，二战时期，英国情报机关用一种"超级机密"密码机破译了德军即将轰炸考文垂市的计划，但为了不让情报的来源暴露出来，首相丘吉尔指令不必向考文垂的居民发警报或者把他们疏散，结果考文垂市遭到毁灭性打击。由于没有发现泄密的痕迹，在整个二战期间德军许多重大的作战命令、计划、情报，继续用原来的密码机发送，大量的德国军事机密被英国破译，凭借这些情报，英国采取了相应的对策，取得了多次战役的胜利。这次战争中，考文垂市的毁灭对英国来说可谓是"患"，但丘吉尔忍痛牺牲考文垂，用"患"取得了"利"。英国获得的利益远远超过了考文垂市的损失。

对于孙子"以迂为直，以患为利"的思想，不仅可以从战争的层面来分析，还可以从方法论的角度来理解。"以迂为直，以患为利"，实际上强调的是人们可以采取一种形式上与追求的目标看似相反的做法来实现目标。正如《老子》所说："将欲歙之，必固张之；将欲弱之，必固强之；将欲废之，必固

---

① ［英］李德·哈特著，钮先钟译：《战略论：间接路线》，第 164 页。

兴之;将欲取之,必固与之。”①相反的举动有时反而更容易达到目标。这有点类似于英国战略问题专家李德·哈特提出的“间接路线战略”。哈特在对世界历史上大量成功战例分析后,发现这些战例大多使用间接战略手段,只有极少数使用直接战略手段,由此他得出结论:“从战略方面来说,最远和最弯曲的路线,常常也就是一条真正的‘捷径’。”②他还说:“这种间接路线,还可以有更广泛的应用。在所有一切生活的领域内,这都是一条不易的定律——这也是哲学上的真理。对于人生途径上的一切问题,它都能够加以解决。”③这启示我们,不仅在军事领域,对日常生活中的迂直、患利也要有清醒的认识,明白其中的辩证关系,通过积极主动的努力,化患为利,把挑战变成机遇,以争取顺利实现预定目标。

……

7.2 故军争为利,军争为危[1]。举军而争利则不及[2];委军而争利则辎重捐[3]。是故卷甲而趋[4],日夜不处,倍道兼行[5],百里[6]而争利,则擒三将军[7];劲者先,疲者后[8],其法十一而至[9];五十里而争利,则蹶上将军[10],其法半至;三十里而争利,则三分之二至。是故军无辎重则亡,无粮食则亡,无委积[11]则亡。

【注释】

[1]军争为利,军争为危:军争既有有利的一面,也有危险的一面。为,有。

[2]举军而争利则不及:全军带着装备辎重去争利,就会因行动迟缓而无法赶到预定地点。举军,全军连同装备辎重。

[3]委军而争利则辎重捐:舍弃装备辎重去争利,则装备辎重就会受损失。委,舍弃、丢弃。捐,损失。

[4]卷甲而趋:卷起铠甲,急速行进。

[5]日夜不处,倍道兼行:日夜兼程,不停顿地以加倍的速度赶路。处,停止、休息。倍道,加倍的速度。兼行,日益不停地行军。

[6]百里:《左传·庄公三年》曰:“凡军,师一宿为舍,再宿为信,过信为次。”当时日行三十里是正常行军速度,如果一日行军百里、五十里,就会导致“擒三将军”“蹶上将军”等后果。

[7]则擒三将军:那么三军的将帅可能会全部被俘,即全军覆没。三将军,三军的将帅。春秋时期,诸侯国军队一般有三军,如晋国设上、中、下三军,楚国设左、中、右三军。擒,俘虏、抓获,此指被俘虏。

---

① 《老子》三十六章。

② [英]李德·哈特著,钮先钟译:《战略论:间接路线》,第6页。

③ [英]李德·哈特著,钮先钟译:《战略论:间接路线·原序》,第4页。

[8]劲(jìng)者先,疲者后:身体强壮的士兵先到,疲惫衰弱的落后。

[9]十一而至:十分之一的人马到达。下文有“半至”“三分之二至”,分别指一半的人马到达,三分之二的人马到达。

[10]蹶上将军:蹶,损失、折损。上将军,前军的将领。

[11]委积:泛指物资储备。

【品读】

本段孙子谈论了军争的“利”与“危”,其包含的军事思想与《作战篇》中“不尽知用兵之害者,则不能尽知用兵之利”以及《九变篇》中“智者之虑,必杂于利害”相一致,可相互参照理解。诚如李德·哈特所说,在战争中,所有的问题,所有的原理,“像铜钱一样,它都有两面。所以必须作调和妥协的计算,以求折衷于至当”①。军争也不例外,两军争的是利,争到了自然有好处,可是也存在风险性。如果带领全军和携带辎重去争利,就会军行迟缓,失去先机之利;如果丢掉装备辎重去争利,军队补给就会受损。这两种情况都会于军不利。因此必须在军队行军速度、辎重数量之间找一个恰当比例。

孙子进一步指出,由于军队争利路程远近和士兵体力强弱的不同,到达预定位置的兵力也就不同。一般来说,古代军队日行三十里是不会影响战斗力的最大行程,如果超出这个数字,就会影响到军队的战斗力。他举例说,如果百里争利,只有十分之一的兵力到达,三军将领都可能会被敌方俘虏;如果五十里争利,只有一半兵力到达,先头部队的将领可能会折损;三十里争利,也可能只有三分之二的兵力到达。也就是说,路程越远,能到达预定位置的兵力越少,军队战斗力越低,正所谓“强弩之末,势不能穿鲁缟也”。因此,孙子提醒大家,军争时要综合考虑路程远近、辎重多少、士兵的精壮程度等各种因素,在这些因素中间找一个平衡点,确保既能争到利,又能最大限度地避免危险。

近代德国军事理论家克劳塞维茨在《战争论》中曾举例说明长途行军对军队战斗力的影响。他说:“行军对兵力所生的消耗作用,极为显著。……试观莫斯科战役,便可知精锐的法军是怎样的困苦了。拿破仑于一八一二年六月二十四日,趾高气扬地渡过尼门河时,所统率的兵员共有三十万一千人,到斯摩棱斯克时,尚有十八万二千人,到莫斯科时,仅剩十一万人了。”②而两千多年前孙子已经认识到这一点,实在是有着先见之明。

① [英]李德·哈特著,钮先钟译:《战略论:间接路线》,第369页。

② [德]克劳塞维茨著,中国人民解放军军事科学院译:《战争论》第2卷,第412页。

7.3 故不知诸侯之谋者，不能豫交[1]；不知山林、险阻、沮泽之形者[2]，不能行军；不用乡导者[3]，不能得地利。

【注释】

[1]豫交：与诸侯结交。豫，通“预”，参与。

[2]不知山林、险阻、沮泽之形者：不了解山林、险阻、沼泽地等地形情况。沮泽，水草丛生的沼泽地带。

[3]乡导：乡，通“向”，向导，即熟悉地形为军队带路的人。

【品读】

本段孙子提出了军争过程中需要注意的三个问题，即预交、地形、向导。预交，就是与诸侯国结交。春秋时期，诸侯林立，各国之间关系错综复杂，如果处理不好就可能会腹背受敌，所以外交作用十分突出。《九地篇》中孙子也论及这一点。这里孙子指出，军争之前必须提前了解诸侯国的立场态度，尤其是邻国以及在境外作战时军旅可能会经过的国家的真实想法，否则就无法开展外交工作。地形，即“山林、险阻、沮泽”等地形，《行军篇》《九地篇》《地形篇》中均对地形问题有详细的论述，这里没有讲具体的地形划分以及相应的战术要求，只是笼统指出，若不了解行军过程中所经过地区以及交战地区的地形状态，就不能行军，也无法战斗。要想了解地形状况，就需要借助于向导。正如刘伯承同志所说：“向导是我军的耳目，特别在无好地图、缺少居民的敌方行动，其作用更大。”①在中国古代时期更是如此。公元前119年，汉代名将李广随同大将军卫青出击匈奴，因没有找到熟悉当地地况的向导而迷路，从而延误了战机，这是一个没有用向导的典型例子。

7.4 故兵以诈立[1]，以利动[2]，以分合为变[3]者也。故其疾如风[4]，其徐如林[5]，侵掠如火[6]，不动如山[7]，难知如阴[8]，动如雷震[9]。掠乡分众，廓地分利[10]，悬权而动[11]。先知迂直之计者胜，此军争之法也。

【注释】

[1]兵以诈立：用兵作战依靠诡诈多变取胜。立，成立，此指成功、取胜。

[2]以利动：根据是否有利决定自己的行动。

[3]以分合为变：作战时根据情况的变化决定兵力的分散或集中。分合，分散或集中兵力。

① 刘伯承：《从实战中联想到我军教育要注意的事项》，《刘伯承军事文选》，第55页。

[4]其疾如风：军队行动迅速时如同疾风一般。疾，迅速。

[5]其徐如林：军队行动迟缓时如同森然不乱的林木。徐，从容、迟缓。

[6]侵掠如火：攻城略地时如同烈火燎原，势不可当。

[7]不动如山：防御时像山岳一样，不可动摇。

[8]难知如阴：行动隐蔽时如同阴云蔽天不见日月星辰一样，令敌难以琢磨。

[9]动如雷震：冲锋时如迅雷不及掩耳，使敌人无法退避。

[10]掠乡分众，廓地分利：掠夺敌国乡邑的粮秣、资财，分配俘虏来的士兵；开拓疆土，分配掠夺来的资源。“分”，分配俘虏和战利品给有功者。

[11]悬权而动：权衡利害得失，灵活采取行动。

【品读】

本段主要阐述了用兵的原则以及对军队行动的动作要求。孙子提出了用兵的三项基本原则，即“兵以诈立，以利动，以分合为变”。这也可以说是对整个用兵规律的总结，古今中外，无论什么样的战争和对抗，都离不开这三个基本原则。所谓“兵以诈立”，是说用兵打仗当以诡道取胜，《计篇》中“兵者诡道”与之同意。战争是交战双方兵力的较量，更是交战双方智力的比拼，战场上谁能隐形藏真，谁就能欺敌误敌，谁就占据主动，获胜的可能性就大。“以利动”，是说从事战争应该以利害关系为准则，双方都想趋利避害，“利”决定了战争双方兵力的指向，将帅必须始终关注“利”，认真分析“利”，做到“合于利而动，不合于利而止”①。“以分合为变”，是说展开军事行动时，要视战场状况，或分散兵力，或集中兵力。

为了实现战争中军队能分合自如，孙子对军队的行动也提出了要求。他指出，军队要根据情况变化，采取攻、守、进、退、急、缓等不同的行动，有利可争时要快捷如风，无利可争时要严整如林；进攻时如烈火燎原，防守时要稳如山岳；隐蔽时如阴云蔽日，冲锋时如迅雷闪电。只有这样才能确保军队行动时能够协同作战，齐勇若一，始终保持强大的战斗力。日本战国时代的将军武田信玄，十分推崇孙子这几句话，他把“风林火山”四个字绣在军旗上以勉励部下。在当时的日本，“风林火山”四字成为武田信玄的象征。

另外，孙子还提出了进入敌境作战时解决军粮问题的办法。境外作战面临的最大困难是粮草的运输补给问题。《孙子兵法》中多次论及这一问题。如《作战篇》中的“因粮于敌”，《九地篇》中的“重地则掠”“掠于饶野，三军足食”，以及这里提到的“掠乡分众”，实际上都是说粮草问题要就地解决，通过掠夺敌国的乡邑来满足自己的粮草需求。对于获得的战利品以及占领的领土，要分赏给将士，以激励士气。虽然孙子公然鼓吹纵兵抢掠的做法颇

---

① 《孙子兵法·九地篇》。

为后世诟病，但是战争本来就是以取胜得利为目的，宋襄公式的仁义只会导致丧身辱国，古今皆然，我们不能过于苛求孙子。

7.5 《军政》[1]曰："言不相闻，故为金鼓[2]，视不相见，故为旌旗[3]。"夫金鼓旌旗者，所以一人之耳目[4]也。人既专一[5]，则勇者不得独进，怯者不得独退，此用众之法[6]也。故夜战多火鼓，昼战多旌旗，所以变人之耳目[7]也。

【注释】

[1]《军政》：中国古代的一部兵书，现已失传。

[2]金鼓：锣鼓，古代用于指挥军队进退的号令工具。

[3]旌旗：泛指指挥军队作战的各种旗帜，古代军中通信联络的工具。

[4]一人之耳目：金鼓和旌旗是用来统一士卒的视听。张预注曰："夫用兵既众，占地必广，首尾相辽，耳目不接，故设金鼓之声，使之相闻；立旌旗之形，使之相见。视听均齐，则虽百万之众，进退如一矣。"一，统一。

[5]专一：同一、一致，此指士卒皆听从号令、服从指挥。

[6]用众之法：指挥人数众多的军队作战的方法。

[7]变人之耳目：适应士卒视听能力的需要。变，适应。

【品读】

本段孙子论述了军争过程中的"用众之法"。在行军作战的过程中，随时都有预料不到的情况发生，由于军队人数众多，动辄就有"十万之师"参战，因此，能否将作战指令及时可靠地传递给每个士卒十分重要，直接关系着军争的成功与否。在这里，孙子提出用"金鼓"和"旌旗"来传达作战命令。"金鼓"和"旌旗"，也就是《势篇》中的"形名"。两军交战，战场地域广阔，嘈杂混乱，将领声音再大也无法确保每个士卒都能听到作战的指令。另外，夜间作战也需要特殊的指挥方法来传达指令。所以要用"金鼓""旌旗"等号令器具将作战命令准确清晰及时地传达给每个士卒，使三军令行禁止，步调一致，协同作战。

当然，仅具备统一的指挥手段还不够，还要使士卒在接到命令时能绝对服从，不敢擅自行动，否则再正确的作战命令也难以有效地贯彻。要做到这一点，需要将帅严格治军，提高士卒的纪律性。我们可以看一下战国名将吴起是如何治军的。《尉缭子·武议》中记载了这样一则故事：吴起率部与秦军作战，吴起还没有下达攻击的命令，一位士兵自恃勇敢，冲向敌阵连斩两敌首级而还。吴起立刻下令将这位士兵斩首。军吏都劝他："此材士也，不可斩。"吴起回答说："材士则是矣，非吾令也。"这位违反军纪的"勇士"最终被斩首。在吴起看来，军令比勇敢更重要。流传至今的"孙武斩美姬"的故事，充分说明了孙武对军令的重视程度。

······································

7.6　故三军可夺气[1]，将军可夺心[2]。是故朝气锐，昼气惰，暮气归[3]。故善用兵者，避其锐气，击其惰归[4]，此治气者也[5]。以治待乱，以静待哗[6]，此治心者也[7]。以近待远，以佚待劳，以饱待饥，此治力者也[8]。无邀正正之旗[9]，勿击堂堂之陈[10]，此治变者也[11]。

【注释】

[1]三军可夺气：军队的士气可以使之受挫。夺，打击、挫伤。

[2]将军可夺心：将军的决心可以使之动摇。心，决心、意志。

[3]朝气锐，昼气惰，暮气归：军队的士气，最初时比较旺盛，继而逐渐懈怠，最后完全衰竭。朝、昼、暮，本义是早晨、白天、傍晚，此指作战的开始、中间、末期三个阶段。

[4]避其锐气，击其惰归：作战时要避开敌人初战时的锐气，待其衰竭时再去攻击。

[5]此治气者也：这是掌握运用军队士气变化的一般规律。

[6]以治待乱，以静待哗：以我方的严整对待敌人的混乱，以我方的镇静对待敌人的躁动。治，严整、井然有序。哗，喧哗、躁动不安。

[7]此治心者也：这是掌握利用军队心理的一般法则。

[8]此治力者也：这是掌握运用军队战斗力的一般方法。

[9]无邀正正之旗：不要迎击旗帜整齐、部署得当的敌人。邀，阻截、迎击。

[10]堂堂之陈：阵容强大、实力雄厚的敌人。陈，同“阵”。

[11]此治变者也：这是掌握临机应变、因敌制胜的一般方法。

【品读】

本段孙子主要谈论了打击敌人的“四治之法”。军队的战斗力是由多种因素组成的，既有有形的，也有无形的，既有物质的，也有精神的，打击敌人不仅要消灭敌人有形的物质力量，还要尽力摧毁敌人无形的精神力量。美国战略理论家柯林斯甚至认为：“摧毁民族敌人的抵抗决心比削弱敌人的物质力量更为重要。”①因此，孙子认为，同敌人交战不一定非得在双方正面对抗的情况下战胜对手，可以通过削弱对方的士气、动摇敌将作战的决心等方式打击敌人，实现军争目的。

孙子具体谈论了“治气”“治心”“治力”“治变”四种方法。“治气”，就是设法削弱敌军的士气，待敌士气衰竭之时再去攻打他。军队的士气，在军队的战斗力构成中占有十分重要的分量。拿破仑有句名言：“军队的战斗力的四分之三是由士气组成的。”一支军队如果没有了士气，即便人数再多，也打

---

① ［美］约翰·柯林斯著，中国人民解放军军事科学院译：《大战略》，第65页。

不了胜仗。而任何军队的士气都不可能始终如一，都有一个由盛转衰的过程，要避免在敌人士气正盛的时候与之交战，要等敌人精神松弛、士气低落时再与之决战，这样较为容易取胜。春秋时期齐鲁长勺之战中鲁国的成功，就在于曹刿懂得士气变化的规律，选择在士气"彼竭我盈"的有利时机发动攻击，结果一举溃敌。

"治心"，是搅乱敌人的心理，待敌人军心动摇的时候再去攻打他。在战争中，军队的士气以及战斗力的发挥都会受将士心理因素的影响，因此，我方要始终保持镇静，恪守初衷，不为敌人的小利所诱惑，等待敌军心理躁动之时再与之交战。英国战略家李德·哈特曾说过这样一段话：

> 一个人被杀死了只不过是损失一个人而已，但是一个神经受到震动的人，却可以成为恐怖病菌的传染媒介，足以造成一种恐怖现象。在战争的较高层次中，若能在对方指挥官的心里造成一种印象，那么其结果即可以抵消其整个部队的作战力量。而在战争的更高层次中，对于一个国家的政府，若能加以心理上的压迫，即足以取消他的所有作战力量——假使手掌本身瘫痪了，那么刀剑当然会从手掌中掉落下来。[①]

这段话正是对"治心"的最好注解。在李德·哈特看来，战争的最高境界是摇动国家统治者的抗战决心，其次是将帅，再次是士兵。孙子在这里强调，"治心"最重要的是"夺"将帅之心，动摇其抵抗的意志。需要注意的是，这里的"待"与下面一句"治力"之法中的"以近待远，以佚待劳，以饱待饥"中的"待"，都不是守株待兔式的消极等待，而是发挥主观能动性，巧设计谋造成敌人的"乱""哗""远""劳""饥"。楚汉战争中，刘邦采用"四面楚歌"之计瓦解了项羽军的斗志，最终打败项羽军；桂陵之战中，孙膑用围魏救赵之计，进攻魏国都城大梁，迫使魏军回师自救，造成了魏军的"远""劳""饥"，然后在桂陵设伏击败魏军。

"治力"，是我军从容休整，养精蓄锐，待敌人气力衰竭的时候再出击取胜。陈启天对于为何要实施"治力"之法以及如何实施有较为明确的解释。他说：

> 治力者，培养体力之事。战斗为最艰苦之事，非体力充足者，不易始终支持。故统军作战，必须讲求培养体力之法。经常保持体力之法，为饱……我宜一面设法补给军食，使我将士常饱；又一面设计断绝敌食，使其将士不免于饥，因得以我之饱军，击敌之饥军，鲜有不胜者。临

---

① [英]李德·哈特著，钮先钟译：《战略论：间接路线》，第241页。

战前休养体力之法，为近与佚；与之相反者，为远与劳。……故善用兵者，常于临战前讲求治力之法：一面设法使战地不过远，工作不过多，以休养士力；又一面设计使敌军赴战地不得不远，临战前不得不劳，以疲其士力。然后我乃可以充实之士力，从容以制之，则战无不胜矣。①

战国时期，李牧守雁门，故意以弱示敌，拒而不战，暗地里则养精蓄锐，以逸待劳，最终寻找到歼敌的有利时机，一举大破匈奴。这次战役可以说是对孙子"治力"之法一次很好的实践。

"治变"，则是根据敌人的情况决定战还是不战，如果敌军旗帜严整、队伍排列有序，就不要轻易与之交战，等待敌人内部发生变化时再去进攻。西汉时期周亚夫就是运用"治变"之法平定了七国之乱。当时周亚夫见叛军军队剽悍，势力强大，于是在率军到达昌邑城后，坚守不出，任由叛军去进攻梁国。叛军以为周亚夫怕死怯战，放心攻梁。在叛军疏于防范的情况下，周亚夫派兵切断了叛军粮道。叛军攻梁不下，粮草又断绝，只好掉回头来攻打周亚夫，但几次挑战，周亚夫都不出战。叛军因为缺粮，只好退却，周亚夫趁机派精兵追击，取得胜利。

孙子的"四治"思想，说到底就是遇到强敌的时候，不要盲目应战，要避其锋芒，设法造成敌人的"惰""乱""哗""远""劳""饥"，再与之决战。这与孙子《形篇》中"先为不可胜，以待敌之可胜"、《虚实篇》中"避实而击虚"的思想是一致的，暂时的不战不是怯懦，而是在等待或制造有利的战机，等敌人由"实"变"虚"，战争形势朝着有利于我方的方向转化时，再发动攻击，克敌制胜。

……………………………………

7.7 故用兵之法：高陵勿向[1]，背丘勿逆[2]，佯北勿从[3]，锐卒勿攻[4]，饵兵勿食[5]，归师勿遏[6]，围师必阙[7]，穷寇勿迫[8]。此用兵之法也。

【注释】

[1]高陵勿向：不要仰攻已经占据高地的敌军。向，此指仰攻。

[2]背丘勿逆：不要正面进攻背靠丘陵险阻的敌军。背，背靠、倚托。逆，迎击。

[3]佯北勿从：不要追击假装败退的敌军。佯，假装。北，败退。

[4]锐卒勿攻：不要进攻敌人的精锐部队。

[5]饵兵勿食：不要贪图敌人故意引诱我上钩的小利。饵，本义是钓鱼用的鱼食，引申为引人上钩的东西。这里"饵兵"不专指兵，泛指一切能引诱对方上当的东西。张预注曰："夫饵兵非止谓置毒于饮食，但以利留敌，皆为饵也。"

① 邱复兴主编：《孙子兵学大典》第4册，第167～168页。

[6]归师勿遏：不要拦截撤退还国途中的敌军。遏，阻止。

[7]围师必阙：包围敌军作战时，要留有缺口。阙，同“缺”，空隙、缺口。张预注曰：“围其三面，开其一面，示以生路，使不坚战。”

[8]穷寇勿迫：不要逼迫已经处于绝境的敌人。

【品读】

本段孙子总结了八条用兵之法，可简称为“用兵八法”或“用兵八戒”。“高陵勿向”“背丘勿逆”是强调我方处不利地形时不要强行攻击，否则会得不偿失；“锐卒勿攻”是强调要避敌之实；“佯北勿从”是强调防止敌人使诈；“饵兵勿食”是强调不要贪图敌人的小利；“归师勿遏”“围师必阙”“穷寇勿迫”是说战争要讲求“度”，根据兵力情况适可而止，不要逼得敌人狗急跳墙。

西汉的赵充国可谓是深谙孙子用兵之法的将领。宣帝时期，赵充国奉命率兵去平定西羌叛乱，当他达到金城之后，集结了一万军队，率军夜间衔枚而渡黄河，渡后安营置阵。这时有百余个羌人骑兵出现在汉军近旁。赵充国说：“吾士马新倦，不可驰逐。此皆骁骑难制，又恐其为诱兵也。击虏以殄灭为期，小利不足贪。”下令汉军不要追击。后来赵充国率军讨伐先零羌，先零看到汉军军容壮盛，吓得把辎重丢弃一旁，急着想渡过湟水逃跑。沿途道路十分狭窄，赵充国命令部队放慢速度，并不穷追猛打。他的部将对此十分不解。赵充国乃曰：“此穷寇不可迫也。缓之则走不顾，急之则还致死。”果然如他所料，先零羌见汉军并没有展开攻击，便急着渡水逃生，争相挤压，仅淹死的就有数百人。这时候，赵充国下令追击，大破先零。正是因为赵充国懂得“饵兵勿食”“穷寇勿迫”等用兵之道，故而能成功平定叛乱。

需要注意的是，我们在理解孙子提出的这些作战原则时，不要拘泥于字句，在情况许可的时候，“穷寇”也可以追，“归师”也可以拦截，毛泽东主席就提出“宜将剩勇追穷寇，不可沽名学霸王”。要根据实际情况灵活运用《孙子兵法》，这才算真正掌握了孙子思想的精髓。

九变篇第八

8.1　孙子曰：凡用兵之法，将受命于君，合军聚众。圮地无舍[1]，衢地交合[2]，绝地无留[3]，围地则谋[4]，死地则战[5]。途有所不由[6]，军有所不击[7]，城有所不攻[8]，地有所不争[9]，君命有所不受[10]。故将通于九变之利[11]者，知用兵矣；将不通于九变之利者，虽知地形，不能得地之利矣。治兵不知九变之术，虽知五利[12]，不能得人之用矣[13]。

【注释】

[1]圮(pǐ)地无舍：在难以通行的地方不可宿营。圮，毁坏，倒塌。《九地篇》云："山林、险阻、沮泽，凡难行之道者，为圮地。"舍，宿营、驻扎。

[2]衢地交合：在四通八达之地，要结交邻国以求援助。衢地，四通八达的地区。

[3]绝地无留：在难于生存之地不可停留。绝地，远离国境、粮草匮乏之地。李筌注曰："地无泉井、畜牧、采樵之处。"《九地篇》云："去国越境而师者，绝地也。"

[4]围地则谋：在容易被围困的地方，要巧设计谋摆脱险境。《九地篇》云："所由入者隘，所从归者迂，彼寡可以击吾之众者，为围地。"

[5]死地则战：在进退两难、走投无路的死地，要奋力死战。《九地篇》云："疾战则存，不疾战则亡，为死地。"

[6]途有所不由：有的道路不能走。贾林注曰："途且不利，虽近不从。"汉简《孙子佚文·四变》解释说："途之所不由者，曰：浅入则前事不信，深入则后利不接。动则不利，立则囚。如此者，弗由也。"

[7]军有所不击：有的敌军可以不攻。汉简《孙子佚文·四变》解释说："之所不击者，曰：两军交和而舍，计吾力足以破其军，獾其将。远计之，有奇势巧权于它……如此者，军虽可击，弗击也。"

[8]城有所不攻：有的城邑可以不攻。汉简《孙子佚文·四变》解释说："城之所不攻者，曰：计吾力足以拔之，拔之而不及利于前，得之而后弗能守。若力□之，城必不取。及于前，利得而城自降，利不得而不为害于后。若此者，城虽可攻，弗攻也。"

[9]地有所不争：有的地方可以不去争夺。张预注曰："得之不便于战，失之无害于己，则不须争也。又若辽远之地，虽得之，终非己有，亦不可争。"汉简《孙子佚文·四变》解释说："地之所不争者，曰：山谷水□无能生者，□□□而□□……如此者，弗争也。"

[10]君命有所不受：君主的命令有的可以不接受。汉简《孙子佚文·四变》解释说：

"君令有所不行者,君令有反此四变者(指'途有所不由'等四种情况),则弗行也。"

[11]通于九变之利:通晓各种机变的利处。九变,泛指各种灵活变化。一说指《军争篇》"高陵勿向"至"穷寇勿迫"八句,加上"绝地勿留",也是九种方法。

[12]五利:即上述"途有所不由,军有所不击,城有所不攻,地有所不争,君命有所不受"五事之利。

[13]不能得人之用矣:不能充分发挥军队的战斗力。

【品读】

灵活机动,应变自如,是孙子一贯强调的作战原则。《孙子兵法》中多次强调用兵打仗要"悬权而动""因利而制权""践墨随敌",就是说战场上的情况千变万化、纷乱复杂,将帅要灵活机动地处理问题,不能因循守旧。对待地形也是如此,军队在"圮地""衢地""绝地""围地""死地"等不同地形条件下,也要采取相应的对策。地形条件不同,军队机动、部署的方法与作战的方法也不相同。

孙子还特别指出,将帅在指挥军队作战时,应该把握好"五不"。即有的道路可以不通过,有的敌军可以不攻击,有的城邑可以不攻占,有的地方可以不争夺。"五不"强调将帅在作战指挥中要坚实地立足于敌情、我情、地形的实际,从战争全局出发,通盘考虑战争的轻重缓急,慎重而灵活地选择实施方案,对于无关大局的局部目标,或未影响全局作战目的者,要坚决"不由""不击""不攻""不争",对于君主的一些不合乎战术要求的命令可以"不受"。

解放战争期间的辽沈战役,我军就是成功运用"城有所不攻"的谋略顺利解放了东北。当时,东北战场的国民党军队据守于长春、沈阳、锦州一线。长春之敌为我久困,易攻;而锦州之敌人数众多,难打。毛泽东考虑到,长春之敌虽然好打,但攻下后,沈阳、锦州的敌人将会向关内撤退,会影响全国战局的发展;锦州之敌虽难攻,但攻打锦州,会吸引长春、沈阳敌军增援,有利于战役的发展,而且锦州是东北通向关内的咽喉之地,打下锦州,就关闭了东北的大门,造成"关门打狗"之势。基于以上考虑,他决计先打锦州。结果锦州解放后,长春守敌军心动摇,除一部分官兵起义外,其余全部投降。锦州失守后,蒋介石严令廖耀湘兵团继续向锦州前进,企图夺回锦州。我军从黑山、大虎山两翼合围敌军,歼敌十余万人。我军乘胜猛追,解放沈阳、营口,直至东北全境解放。此次战役,毛泽东正是运用"城有所不攻"的方针,不去攻打长春、沈阳,而是集中兵力攻打锦州之敌,顺利解放东北。

8.2 是故智者之虑[1],必杂于利害[2]。杂于利,而务可信也[3];杂于害，而患可解也[4]。是故屈诸侯者以害[5]，役诸侯者以业[6]，趋诸侯者以利[7]。

【注释】

[1]智者之虑：聪明的将领考虑问题。

[2]杂于利害：兼顾到利和害两个方面。杂，掺杂，此指兼顾。

[3]杂于利，而务可信也：考虑到有利的一面，事情才能顺利进展。务，事，此指己方的作战意图、作战任务等。信，通"伸"，伸展、达到。

[4]杂于害，而患可解也：在有利的条件下要考虑到不利的一面，祸患就可以解除。解，化解、消除。

[5]屈诸侯者以害：用诸侯所担心害怕的事情去伤害它，使之屈服。杜牧注曰："言敌人苟有所恶之事，我能乘而害之，不失其机，则能屈敌也。"

[6]役诸侯者以业：用消耗国力的事情烦劳诸侯，使之疲于应付。役，驱使。业，事情。

[7]趋诸侯者以利：用小利引诱敌人，使之奔走不暇。趋，奔走，此处用作使动。

【品读】

这里孙子进一步论述了利害兼顾的思想。《作战篇》曰"不尽知用兵之害者，则不能尽知用兵之利也"，意思与之相同。战场上情况错综复杂，瞬息万变，既有对自己有利的一面，也有不利的一面。利害掺杂难解，利中有害，害中有利。有时候，所谓的"利"可能不是真"利"，有可能是敌人抛出的诱饵。而且，利害和虚实一样是对立统一的，能够相互制约，相互转化。眼前之利，在战争情况发生变化之后，可能会变成害；眼前之害，也可能会变成日后之利。因此，将帅在看待问题和作出决断时不能过于绝对，必须综合权衡各种因素，认真考量，以确定是利大于害，还是害大于利，然后再进行战争决策，这样才能做到"务可信""患可解"。如果只看到一面，看不到另一面，只顾眼前，不思长远，就难以避免失败的结局。

明白了利害之间的辩证关系，将帅就可以争利而避害，同时要设法给敌人造成各种困难，使其变利为害。孙子提出了三种具体的操作方法：一是"屈诸侯者以害"，即用敌人所担心害怕的事情使敌人屈服。二是"役诸侯者以业"，即引诱敌方从事于消耗国力的事情。三是"趋诸侯者以利"，就是用利去引诱敌人，使其改变原有的计划或企图。战国时期，秦国郑国渠的开凿就是韩国"疲秦之计"的产物。为了诱使秦国把人力、物力消耗在水利建设上，以延缓秦国对韩的侵略，韩王派水工郑国入秦游说秦王兴修水利。秦王采纳郑国的建议于当年征发大量人役兴修，由郑国主持开凿。结果，渠尚未完，其计谋已为秦人发觉，遂欲杀郑国。郑国辩解说，水渠的兴修不过"为韩延数岁之命"，为秦却"建万世之功"。秦遂使毕其工。郑国渠建成后灌地四万余亩，秦国国力大增。郑国本来采取的是“疲秦之计”,结果却变成了“强秦之计”。

8.3　故用兵之法,无恃其不来,恃吾有以待也[1];无恃其不攻,恃吾有所不可攻也[2]。

【注释】

[1]无恃其不来,恃吾有以待也:不要寄希望于敌人不来,要依靠自己做好了充分的准备以待敌。恃,依赖、倚仗。

[2]无恃其不攻,恃吾有所不可攻也:不要寄希望于敌人不会进攻,要依靠自己有充分的力量使敌人无法攻破。

【品读】

本段孙子提出了有备无患的积极备战思想,《形篇》的“先为不可胜,以待敌之可胜”与之意思相同,可以对读。孙子认为,战争关系着人民的生死、国家的存亡,国君和将帅必须高度重视,千万不能疏忽懈怠。对于可能发生的战争或敌军可能采取的行动,要时刻保持警惕,不要抱有任何侥幸心理,寄希望于敌人“不来”或“不攻”,而是要认真备战,严阵以待,依靠自己充分的战争准备,使敌人不敢来,不敢攻,即便敌人来犯,也可以从容应对,克敌制胜。毛泽东在《论持久战》中说:“‘凡事预则立,不预则废’,没有事先的计划和准备,就不能获得战争的胜利。”又说:“优势而无准备,不是真正的优势,也没有主动。懂得这一点,劣势有准备之军,常可对敌举行不意的攻势,把优势者打败。”都是强调用兵必须预先有所准备,做到“以虞待不虞”,这样才能取得胜利。否则,平时不积极备战,一旦战争来临,就只能被动挨打,最终的命运只能是失败。

二战前期,英国首相张伯伦没有充分认识到希特勒的侵略野心,一味推行绥靖政策,不积极做战争的准备,导致二战初期英国遭受严重损失。二战期间,法国企图用延绵千里的钢筋混凝土纵深防御工事——“马其诺防线”来阻止德军入侵,对德军没有严加防备,结果德国主力通过阿登山脉,从“马其诺防线”左翼迂回,在蒙梅迪附近突破“达拉第防线”,占领了法国北部;接着进抵“马其诺防线”的后方,使防线丧失了作用,法国迅速战败。这些事例都从反面说明了积极备战的重要性。

8.4　故将有五危:必死,可杀也[1];必生,可虏也[2];忿速,可侮也[3];廉洁,可辱也[4];爱民,可烦也[5]。凡此五者,将之过也,用兵之灾也。覆军杀将,必以五危[6],不可不察也。

【注释】

[1]必死，可杀也：只知死拼的将帅，容易被人杀死。必，固执、坚持。

[2]必生，可虏也：只图求生的将帅，容易被人俘虏。

[3]忿速，可侮也：急躁易怒的将帅，容易被人激怒。

[4]廉洁，可辱也：过度追求名节的将帅，容易受人侮辱。

[5]爱民，可烦也：只知一味爱惜民众的将帅，容易为敌人扰民所烦劳。烦，烦劳。杜牧注曰："言仁人爱民者，唯恐杀伤，不能舍短从长，弃彼取此。不度远近，不量事力，凡为我攻，则必来救。如此，可以烦之，命其劳顿而后取之也。"

[6]覆军杀将，必以五危：军队覆灭，将帅被杀，必定是由这五种危险引起的。以，因、由。

【品读】

本段孙子提出了"将有五危"论，可与《计篇》合而观之。《计篇》从正面论述了将帅应具备"智、信、仁、勇、严"五德，本段则从反面论述将帅应该避免和克服的五种性格缺陷。孙子认为，凡事都要把握一个"度"，什么事做得超过了"度"，往往就会向相反的方面发展。将帅的某种性格和素质在一定条件下是优点，但如果不知变通，过于苛求，就会走向极端和偏执，变成弱点、缺点。

就常理而言，"必死"是作战勇敢的表现，勇敢是将帅应具备的美德，但如果不注意谋略，一味死打硬拼，就容易为敌人所杀。如《吴子·论将》所言："凡人论将，常观于勇，勇之于将，乃数分之一尔。夫勇者必轻合，轻合而不知利，未可也。"即单凭勇敢，必定会轻率应战，轻率应战而不考虑利害的做法是不可取的。此可作为本句话的最佳注脚。"必生"，在作战中注重保存自己和部队的有生力量，是作战的基本原则，但是如果只图求生，就会贪生怕死。"忿速"的将领，一般做事果断，但是也往往会丧失理智，鲁莽行事；"廉洁"为将帅之美德，但过度的廉洁好名，容易导致因贪图虚名而受侮辱；"爱民"是将帅的职责和美德，如果对百姓无微不至、无远不援，就会因救民而烦劳，常无法做到顾全大局。

因此，真正优秀的将帅应根据战场的情况和自身的实力，控制好自己的情绪，不偏激，不执着于某一端，胜不骄，败不馁，勇而有谋，爱而有度，遇事沉着冷静，避免因个人的情绪波动和性格方面的缺陷而造成指挥的失误，招致"覆军杀将"的悲剧。

行军篇第九

9.1 孙子曰：凡处军[1]、相敌[2]：绝山依谷[3]，视生处高[4]，战隆无登[5]，此处山之军也。绝水必远水[6]；客[7]绝水而来，勿迎之于水内，令半济而击之[8]，利；欲战者，无附于水而迎客[9]；视生处高，无迎水流[10]，此处水上之军也。绝斥泽，惟亟去无留[11]；若交军于斥泽之中，必依水草而背众树[12]，此处斥泽之军也。平陆处易[13]，而右背高[14]，前死后生[15]，此处平陆之军也。凡此四军之利，黄帝之所以胜四帝也[16]。

【注释】

[1]处军：军队在不同地形条件下行军、战斗、驻扎的处置方法。处，处置、部署。

[2]相敌：观察、判断敌情。

[3]绝山依谷：穿越山地时，要沿着溪谷行进。绝，度过、穿越。依，依傍、靠近。张预注曰："凡行军越过山险，必依附溪谷而居。一则利水草，一则负险固。"

[4]视生处高：对于"生"字，诸家多解释为"阳面"，认为"视生处高"即军队驻扎选择向阳的高地。古棣主编《孙子兵法大辞典》、李零《〈孙子〉十三篇综合研究》等则认为，"生"即生地，也就是地势开阔、交通便利、可攻可守、进退自如的地方。清代学者于鬯结合上下文对"生"字进行了详细的辨析。他说："此'生'字自来皆训'阳'，然据下文云凡军'贵阳而贱阴。养生而处实'，'生'与'阳'分别言之。彼王皙注云：'养生，谓水草粮糒之属。'然则此视生。但当谓视有生路耳，且下文言处平陆有'前死后生'之语，'前死后生'者，亦谓前死路后生路耳。岂可解作前阴后阳乎？"①其说有理。"生"理解为"生地"较为合理。此句意为：面向开阔，依托高地。

[5]战隆无登：如果敌军占据高地，不要仰攻。隆，高。登，仰攻。

[6]绝水必远水：渡过江河后，一定要远离江河驻扎军队。绝，横渡。张预注曰："凡行军过水欲舍止者，必去水稍远，一则引敌使渡，一则进退无碍。"

[7]客：敌军。

[8]令半济而击之：等到敌军半数已渡半数未渡的时候发动攻击。济，渡河。张预注曰："敌若引兵渡水来战，不可迎之于水边，候其半济，行列未定，首尾不接，击之必败。"

[9]无附于水而迎客：不要靠近水边去迎击敌人。附，靠近、贴近。李筌注曰："附水

---

① （清）于鬯著，张华民点校：《香草续校书》（上），中华书局1963年版，第439页。

迎客,敌必不得渡而与我战。”

[10]无迎水流:不要把军队驻扎在江河下游。水流,水流向下的地方,即河的下游。

[11]绝斥泽,惟亟去无留:通过盐碱沼泽地带时,要迅速离开,不要停留。斥泽,盐碱沼泽之地。亟,急、迅速。去,离开。

[12]若交军于斥泽之中,必依水草而背众树:如果在盐碱沼泽地带与敌军交战,一定要靠近有水草之处,而且背靠树林。张预注曰:“不得已而会兵于此地,必依近水草以便樵汲,背倚林木以为险阻。”

[13]平陆处易:在平原上,要选择地势平坦的地方宿营。平陆,开阔的平原地带。易,平坦的地方。张预注曰:“平原广野,车骑之地,必择其坦易无坎陷之处以居军,所以利于驰突也。”

[14]右背高:军队的主要翼侧要背靠高地。右,主要翼侧。

[15]前死后生:前低后高。死、生,地势的低、高。《淮南子·地形训》:“高者为生,下者为死。”

[16]黄帝之所以胜四帝也:这是黄帝能够战胜四帝的原因。四帝,黄帝时代四方部落的首领,即赤帝、白帝、青帝和黑帝。汉简《孙子佚文·黄帝伐四帝》篇有黄帝南伐赤帝、东伐青帝、北伐黑帝、西伐白帝的记载。

【品读】

战场的地形条件是孙子论兵时特别关注的一个问题,他强调战争中不仅要“知己知彼”,还要“知天知地”。清初学者顾祖禹称赞说:“夫论兵之妙,莫如孙子。而论地利之妙,亦莫过如孙子。”①《孙子兵法》中有关军事地理方面的论述多有所见,其中本篇和其后的《地形篇》《九地篇》论述较为集中。本篇论述了在山地、江河、沼泽、平原、天井、天牢等地形条件下的处军原则,主要与部队的行军有关,《地形篇》论述的“六地”主要与作战有关,这些都属于战术地理的范围。《九地篇》所述“九地”不是一般的地形,是依“主客”形势和深入敌方的程度等划分的九种战略区域,属于战略地理的范围。

本段孙子具体阐述了在山地、江河、沼泽、平原等四种不同地形条件下的一般处军原则。对于“处山之军”,孙子主张要遵循三条原则:一是依靠山谷行进。山谷地形平坦,水草丰茂,不仅便于通行和隐蔽,也有利于军队的补给;二是宿营时要居高向阳。居高便于观察敌情,保持警戒,向阳则地势干燥,士兵不易生病;三是在山地作战适宜居高临下地俯冲,不宜自下而上佯攻,因此,假如敌人已经占领高处,就不要勉强仰攻。

对于“处水上之军”,要注意以下几点:一是军队渡江河后,要与江河保持一定距离,以保障兵力的机动性,避免背水作战,无回旋余地;二是要将兵

---

① (清)顾祖禹辑著:《读史方舆纪要·总叙二》,商务印书馆1937年版,第11页。

力部署在江河上游，以防敌人顺流来攻，或者决水、投毒；三是当决心迎敌时，要远离河川，诱敌半渡而击之，此时敌人首尾不接，队列混乱，更容易取胜。

对于“处斥泽之军”，孙子认为这种地形不宜作战，必须“亟去无留”，一旦在这种地形与敌人遭遇，要靠近水草而背靠树林，因为凡生长草木的地方，土质相对坚硬，军队容易立足通行，不至于会深陷泥泞。

对于“处平陆之军”，要选择驻扎在开阔平坦之地，以利于战车的驰突，同时也要注意军队的主要翼侧应依托高地，这样既容易观察敌情，也利于军队居高临下地攻击敌人。

历史上许多战例已经证明了孙子上述“处军”原则的确是行之有效的。在公元前638年的泓水之战中，宋国司马子鱼就曾向宋襄公建议，乘楚军半渡时发动进攻，但迂腐的宋襄公拒绝了他的建议，从而贻误战机，导致宋军大败。而在吴楚柏举之战中，吴王阖闾接受了弟弟夫概“半济而后可击”的建议，大破楚军。这两个例子分别从反、正两个方面证明了孙子“半济而击”的有效性。

需要指出的是，孙子这里讲的“处军”之法只是一般性的方法，千万不能绝对化。我们在理解孙子思想的时候，一定要明白孙子特别崇尚“变”，强调用兵一定要活。将帅在作战争决策时，必须根据战场的情势、对手的情况，灵活用兵。对于兵法的各种原则，不能把它们看成神圣不能改变的教条，否则就会像马谡、赵括一样，即便熟读兵书，也无法避免丧身辱军的下场。

9.2　凡军好高而恶下[1]，贵阳而贱阴[2]，养生而处实[3]，军无百疾[4]，是谓必胜。丘陵堤防，必处其阳而右背之[5]，此兵之利，地之助也[6]。

【注释】

[1]好高而恶下：喜欢驻扎在高处而厌恶低处。张预注曰：“居高则便于观望，利于驰逐；处下则难以为固，易以生疾。”

[2]贵阳而贱阴：看重向阳之处，讨厌阴湿地带。张预注曰：“贵阳者，以其光明气舒，疾病难于滋蔓也；贱阴者，晦逆非养生之道也。”

[3]养生而处实：在生活方便和物资充足的地方驻扎军队。养生，水草丰盛、粮食充足的地方。处实，物资供应便利的地方。

[4]百疾：各种疾病。

[5]必处其阳而右背之：置军于向阳之地，并使军队的主要侧翼背靠丘陵、堤防等高地。

[6]地之助：得自地形条件的辅助。

【品读】

孙子在分别论述了四种不同地形条件下的处军方式之后，又提出了作战时利用地形的基本要求，即“好高而恶下，贵阳而贱阴，养生而处实”。也就是说，作战时军队要力争占据干燥、向阳的高地，驻扎在军需供应充足的地方，这样既有利于观察敌情，又能获得充实的补给，保证士兵百病不生。孙子认为这是掌握主动、克敌制胜的前提条件，所谓“兵之利，地之助也”。如同我们上文所论述的，孙子的这些处军思想已经为后世许多战争证明是行之有效的。其中“军无百疾”的观点尤为可贵。诚如拿破仑所说：“疾病是最危险的敌人。”“宁可打一场流血很多的战斗，也不要把部队安置在不卫生的地方。”①士兵只有具备健康的身体、充足的给养，军队才会有强大的战斗力。因此，选择地形时必须要考虑该地是否利于粮草的供应和士兵的健康状况。否则，军队的战斗力就会减弱，就有失败的可能。

东汉时期，马援平定武陵蛮夷叛乱的失利就是很好的说明。公元49年，当马援率部队到下隽时，有两条道路可走：一是经壶头山，路近，但交通条件不好；一是经充县，路远，但道路平坦。马援觉得走充县费时耗粮，因此选择了走壶头山。结果蛮兵据高凭险，紧守关隘，水流湍急，汉军船只难以前进。加上天气酷热难当，好多士兵得了暑疫等传染病而死，汉军死伤大半，马援也因疫疾阵亡。由此我们可以看出，确保“军无百疾”在战争中的重要性。

9.3　上雨，水沫至，欲涉者，待其定也[1]。凡地有绝涧[2]、天井[3]、天牢[4]、天罗[5]、天陷[6]、天隙[7]，必亟去之，勿近也。吾远之，敌近之；吾迎之，敌背之[8]。军行有险阻、潢井[9]、葭苇[10]、山林、蘙荟[11]者，必谨覆索之[12]，此伏奸之所处也[13]。

【注释】

[1]上雨，水沫至，欲涉者，待其定也：河流上游下雨，水沫冲下来，如果军队打算过河，要等水势平稳后再渡。

[2]绝涧：两岸险峻、水流其间的地形。

[3]天井：四周高、中间低，形若深井的地形。

[4]天牢：高山环绕、易进难出，状如狱牢的地形。汉简本作“天窖”。

[5]天罗：草深林密，荆棘丛生，如同天然设置的罗网一样的地形。

[6]天陷：道路泥泞、卑湿低下、车马易陷的地形。

[7]天隙：两山相向，涧道狭窄险恶的地形。

---

① ［英］J. F. C. 富勒著，绽旭等校：《战争指导》，解放军出版社2006年版，第43页。

[8]吾迎之，敌背之：我军要面对它，而使敌人背靠它。之，代指“绝涧”等六种不利的地形。

[9]潢(huáng)井：积水低洼之地。

[10]葭(jiā)苇：芦苇丛生之地。

[11]蘙(yì)荟(huì)：草木繁茂之地。

[12]必谨覆索之：必须仔细、反复地搜索。

[13]此伏奸之所处也：这些往往是敌人伏兵或奸细的藏身之处。伏、奸当为两回事。一说，伏，动词，埋伏。

【品读】

孙子在这里特别提出了对待“绝涧、天井、天牢、天罗、天陷、天隙”六种特殊地形的办法。因为这六种地形非常危险，如果军队陷入其中，就会难以脱身，所以应该保持高度警觉，最好不要靠近，如果不得已要在这些地形附近用兵时，要尽量离这些地形远一些，同时设法使敌人离这些地形近一些；我方去面对它，而使敌人背对它，这样就会使敌人陷入不利的地位。此外，对于“险阻、潢井、葭苇、山林、蘙荟”等容易隐蔽人马的地形，一定要认真搜索敌人的伏兵和奸细，以防中了敌人的伏兵，或者奸细混入我军。这些都关系着军队作战行动的胜败。

世界战争史上有名的奥斯特里茨战役就是拿破仑巧妙利用特殊地形取得的一次重大胜利。1805年，拿破仑率领的法军与俄奥联军在奥尔姆茨形成对峙。当时的形势对法军并不利，俄奥联军在人数上超过了法军，而且有迹象显示普鲁士军队也将加入反法同盟。拿破仑当机立断，准备在普鲁士与俄奥会合之前，速战速决。离维也纳一百二十公里处的奥斯特里茨村西面，有一块很好的地形，中间是普拉岑高地，南面是沼泽地，只有一条山路通向外边，拿破仑决定在这里全歼联军！为诱使俄奥军队加速发起进攻，拿破仑主动放弃利于防守的普拉岑高地，还故意在沙皇特使面前装出胆怯的样子。受拿破仑诱敌之计的迷惑，联军迅速占领了普拉岑高地。接着拿破仑让部队坚决抵抗联军的进攻，使俄军不得不将预备部队全部拉出，以便攻击处于两翼的法军。这样，联军对普拉岑高地的防守力量就分散了。拿破仑迅速抓住战机，派精锐部队攻占了普拉岑高地，将联军压缩在普拉岑高地和南部湖泊之间。拿破仑命令法军的全线反攻，联军已无退路，被迫上了刚刚结冰的湖面企图逃生，几千名联军在法军炮轰之下葬身湖底，战斗以法军的大胜而告终。

拿破仑在奥斯特里茨战役中的胜利，很重要的一点是他成功利用诱敌之计将敌人引到了可以称之为“天陷”的普拉岑高地南面的沼泽地，造成了“吾远之，敌近之；吾迎之，敌背之”的局面，结果面对拿破仑的进攻，联军无路可退，其失败就是必然的了。

9.4　敌近而静者，恃其险也[1]；远而挑战者，欲人之进也[2]；其所居易者，利也[3]。众树动者，来也[4]；众草多障者，疑也[5]。鸟起者，伏也[6]；兽骇者，覆也[7]。尘高而锐者，车来也[8]；卑而广者，徒来也[9]；散而条达者，樵采也[10]；少而往来者，营军也[11]。辞卑而益备者，进也[12]；辞强而进驱者，退也[13]；轻车先出居其侧者，陈也[14]；无约而请和者，谋也[15]；奔走而陈兵车者，期也[16]；半进半退者，诱也。杖而立者，饥也[17]；汲而先饮者，渴也[18]；见利而不进者，劳也[19]。鸟集者，虚也[20]；夜呼者，恐也[21]；军扰者，将不重也[22]；旌旗动者，乱也[23]；吏怒者，倦也[24]；粟马肉食，军无悬缻，不返其舍者，穷寇也[25]。谆谆翕翕，徐与人言[26]者，失众也；数赏者，窘也[27]；数罚者，困也[28]；先暴而后畏其众者，不精之至也[29]；来委谢者，欲休息也[30]。兵怒而相迎，久而不合，又不相去[31]，必谨察之。

【注释】

[1]敌近而静者，恃其险也：敌人距我很近却能保持镇静，是因为有险要的地形可以倚仗。

[2]远而挑战者，欲人之进也：敌人距我很远却前来挑战，是企图诱我前进。

[3]其所居易者，利也：敌人不居险要却驻扎在平地上，必定有有利之处。易，无险要的平易之地。

[4]众树动者，来也：林中有树木在摇动，是有敌人来。

[5]众草多障者，疑也：在杂草丛生的地方布置许多障碍，是敌人故布疑阵。

[6]鸟起者，伏也：上方有鸟雀突然飞起，是敌人有埋伏。

[7]兽骇者，覆也：野兽惊骇奔逃，是有敌人大举来袭。覆，覆盖、倾覆，这里指铺天盖地。

[8]尘高而锐者，车来也：尘土高扬笔直上升，是敌人的兵车驰来。锐，锐直、笔直。

[9]卑而广者，徒来也：尘土低而宽广，是敌人的步兵开来。卑，低。徒，步兵。

[10]散而条达者，樵采也：尘土散漫而细长，时断时续，是敌人在伐薪砍柴。条达，纵横断续的样子。

[11]少而往来者，营军也：尘土少而时起时落，是敌人在准备安营扎寨。

[12]辞卑而益备者，进也：敌人的来使言辞谦卑，而实际却在加紧备战，是敌人准备进攻的前兆。益，增强、加强。杜牧注曰："敌人使来言辞卑逊，复增垒坚壁，若惧我者，是欲骄我使懈怠，必来攻我也。"

[13]辞强而进驱者，退也：敌人的来使言辞强硬，又摆出进攻的姿态，是敌人准备撤退。

[14]轻车先出居其侧者，陈也：敌军战车先出动并在部队的两侧展开，是为了掩护军队布列阵势。陈，同"阵"。

[15]无约而请和者，谋也：敌人尚未陷入困境，而来请和，其中必有阴谋。约，约束，引申为困屈、窘迫。陈皞注曰："两国之师，或侵或伐，彼我皆未屈弱，而无故请和好者，此

必敌人国内有忧危之事，欲为苟且暂安之计；不然，则知我有可图之势，欲使不疑，先求和好，然后乘我不备而来取也。”一说，约，和约、约定。意思是没有预先约定就来请求和谈，其中必有阴谋。

[16]奔走而陈兵车者，期也：敌军奔走布阵，是期待与我军交战。期，期待、期求。

[17]杖而立者，饥也：敌兵倚着长兵器而站立，是饥饿的表现。杖，手杖，此指以长兵器等作为手杖倚之而立。

[18]汲而先饮者，渴也：取水的人自己先饮用，是口渴的表现。汲，打水、取水。

[19]见利而不进者，劳也：敌军有利可图而不行动，是疲劳的表现。

[20]鸟集者，虚也：敌营鸟雀群集，表明营中空虚无人。

[21]夜呼者，恐也：敌军夜间惊呼，表明敌人惊恐不安。

[22]军扰者，将不重也：敌军营中惊扰混乱，表明将帅缺乏威严。

[23]旌旗动者，乱也：旗帜摇摆不定，表明敌人队伍已经混乱。

[24]吏怒者，倦也：军吏动辄发怒，表明敌军疲倦不堪。

[25]粟马肉食，军无悬缻(fǒu)，不返其舍者，穷寇也：用粮食喂马，杀牲口吃肉，收拾起炊具，军队不再归还营房，是准备拼死突围的处于穷途末路的敌人。缻，同“缶”，泛指炊具。吴九龙《孙子校释》认为，“缻”当是“甀”之误字，甀，为汲水用的尖底瓦器。此可备一说。

[26]谆谆翕翕，徐与人言：低声下气，温婉和顺地同士卒讲话。

[27]数赏者，窘也：一再犒赏士卒，表明敌军处境很困窘。

[28]数罚者，困也：一再处罚士卒，表明敌军陷入困境，无计可施。

[29]先暴而后畏其众者，不精之至也：对部下先是凶暴无礼，后又害怕部下反抗的，是最不精明的将领。

[30]来委谢者，欲休息也：敌方派使者来送礼言好，表明敌军希望休战。委谢，委贽赔礼。

[31]久而不合，又不相去：久不交战，又不撤兵。合，交战。

【品读】

在论述完“处军”问题之后，孙子又提出了三十二种“相敌”之术。“相敌”，就是观察、判断敌情。孙子认为从进军开始，就应注意观察各种征候，特别是敌军所显示的各种迹象，以便对敌情作出正确的判断。这三十二种“相敌”之法，可分为三种类型：一是通过对敌人言论行动的观察判断敌人的作战意图。如“辞卑而益备者，进也；辞强而进驱者，退也”“敌近而静者，恃其险也；远而挑战者，欲人之进也”，等等；二是通过对鸟兽、草木、尘埃等自然现象的观察来判断敌人的行动意图。如“鸟起者，伏也”“兽骇者，覆也”“尘高而锐者，车来也”，等等；三是通过对敌人活动状态的观察判断敌人的虚实。如“杖而立者，饥也；汲而先饮者，渴也”“夜呼者，恐也；军扰者，将不重也”，等等。总之，只要敌军有所行动，就不可能不露出一点形迹，通过对这些蛛丝马迹进行缜密分析和逻辑推理，就可以见微知著，看清事情的本相，了解到敌人真实的行动意图和兵力的虚实强弱。

孙子提出的这些“相敌”之法也不是凭空创造出来的，在孙子之前的许多战争中，人们已经注意到通过观察敌人的活动状况和自然现象来判断敌情。《左传·成公十六年》记载了晋楚鄢陵大战前楚共王与伯州犁登上巢车观察晋军阵营时的对话。楚王问道：“晋军正驾着兵车左右奔跑，这是怎么回事？”伯州犁回答说：“是召集军官。”楚王说：“那些人都到中军集合了。”伯州犁说：“这是在开会商量。”楚王说：“搭起帐幕了。”伯州犁说：“这是晋军虔诚地向先君卜吉凶。”楚王说：“撤去帐幕了。”伯州犁说：“快要发布命令了。”楚王说：“非常喧闹，而且尘土飞扬起来了。”伯州犁说：“这是准备填井平灶，摆开阵势。”楚王说：“都登上了战车，左右两边的人又拿着武器下车了。”伯州犁说：“这是听取主帅发布誓师令。”楚王问道：“要开战了吗？”伯州犁回答说：“还不知道。”楚王说：“又上了战车，左右两边的人又都下来了。”伯州犁说：“这是战前向神祈祷。”从这段话可以看出，在战前楚王和伯州犁已经通过对晋军活动的观察对敌情有了大致的了解。孙子正是在归纳总结以往战争经验与教训的基础上，才形成了相对系统完整的相敌之法。

9.5 兵非益多[1]也，惟无武进[2]，足以并力、料敌、取人[3]而已。夫惟无虑而易敌[4]者，必擒于人。

【注释】

[1]兵非益多：用兵并非人数越多越好。
[2]武进：恃勇冒进。
[3]并力、料敌、取人：集中兵力、正确判断敌情、取得部众的支持。
[4]无虑而易敌：缺乏深谋远虑又轻视敌人。易，轻视。

【品读】

本段孙子提出了“兵非益多”的观点。春秋战国之际，战争日益频繁，规模也日益扩大，其杀伤程度越来越严重，在这种形势下，各诸侯国不管是为了争霸还是自保，无不扩军备战。孙子也顺应历史的潮流，提出用兵打仗要用“十万之师”的兵力，但他比一般人高明的地方在于，他提出了军队建设的正确方向——精兵建设。在他看来，战争固然需要一定的兵力基础，但在实际交战中，人数多并不一定代表力量更强大，不一定必然会取胜。正如《军争篇》中所说，“敌虽众，可使无斗”，兵力少的一方如果能够做到“我专敌分”“知战之地”“知战之日”，就可以在局部形成超过敌人的兵力优势，从而战胜对方。另外，还可以通过“治气”“治力”“治心”“治变”等方法，削弱对方的力量，使自己的战斗力倍增。所以，孙子说“兵非益多”，战争的胜负不完全取决于军队人数的多少，在于对兵力的实际运用，一支军队如果在作战过程中能够做到不轻敌冒进，注意集中兵力，能准确地判明敌情，严格挑选军官和士兵，就可以称得上是精兵了。相反，如果寡谋少虑、刚愎自用、轻敌冒进，军队就难以逃脱失败的可悲命运。

9.6　卒未亲附而罚之[1]，则不服，不服则难用也；卒已亲附而罚不行，则不可用也。故合之以文，齐之以武[2]，是谓必取[3]。令素行以教其民[4]，则民服；令不素行以教其民，则民不服。令素行者，与众相得也[5]。

【注释】

[1]卒未亲附而罚之：在士卒还没有亲近依附之前就加以处罚，他们就不服。

[2]合之以文，齐之以武："十一家注"本原为"令之以文，齐之以武"，今据吴九龙《孙子校释》、李零《〈孙子〉十三篇综合研究》之说改。意思是，用宽厚仁德来笼络团结士卒，用军纪刑罚来整齐士卒的行为。"合""齐"对文，都是整齐、统一、整饬之意。文，宽厚仁德。武，军纪刑罚。

[3]必取：必定取胜。一说，必能取得部下的敬畏和拥戴。

[4]令素行以教其民：平时能够认真贯彻法令，用来管教士卒。素，平时，一贯。

[5]令素行者，与众相得也：军令平时就能够贯彻执行的，表明将帅与士卒之间关系融洽。相得，关系融洽。

【品读】

孙子在这里提出了"合之以文，齐之以武"的治军原则。战争中能否取胜，不仅要看兵力是否强大，武器装备是否精良，更要看全军能否团结一致，上下一心，协力赴敌。如何对军队进行有效管理，使之团结一心呢？孙子认为关键要处理好"文"和"武"之间的关系，做到"合之以文，齐之以武"。"文"，是用恩赏、道义来感化士卒，正如《地形篇》中所说"视卒如婴儿""视卒如爱子"，待士卒要"厚"，要"爱"，这样才能感化士卒，取得士卒的亲附，巩固部队的团结，在此基础上处罚违令的士兵，士兵才会心悦诚服，甘愿受罚。"武"，是用军纪、军法来约束、管理士卒。如果没有严明的军纪约束士卒，一味宽厚仁爱，军令就无法贯彻下去，士卒就成为"不可用""不能治"的"骄子"。也就说治军一定要"文""武"并行，恩威并施，赏罚并用，这样才能达到官兵相得、令行禁止的效果。

孙子在这里还强调，严明军纪的养成一定要靠平时的训练。若平时能够严格维持军令的执行，则部队就会养成服从纪律的习惯；反之，部队就会养成不服从纪律的习惯。可以设想，一支军队如果没有严明的军纪，士兵做不到进退有法、配合有道，自然就无法形成强大的战斗力，那也就无法避免战败的结局了。

地形篇第十

10.1　孙子曰：地形有通者[1]，有挂者[2]，有支者[3]，有隘者[4]，有险者[5]，有远者[6]。我可以往，彼可以来，曰通。通形者，先居高阳[7]，利粮道[8]，以战则利。可以往，难以返，曰挂。挂形者，敌无备，出而胜之；敌若有备，出而不胜，难以返，不利。我出而不利，彼出而不利，曰支。支形者，敌虽利我，我无出也[9]；引而去之，令敌半出而击之[10]，利。隘形者，我先居之，必盈之以待敌[11]；若敌先居之，盈而勿从，不盈而从之[12]。险形者，我先居之，必居高阳以待敌；若敌先居之，引而去之，勿从也。远形者，势均[13]，难以挑战[14]，战而不利。凡此六者，地之道也[15]；将之至任[16]，不可不察也。

【注释】

[1]通者：四通八达，地形平坦，敌我双方往来都很方便的地形。

[2]挂者：地形复杂，易进难退的地形。

[3]支者：敌我双方皆可据险对峙，不利于进攻的地形。杜牧注曰："支者，我与敌人各守高险，对垒而军，中有平地，狭而且长，出军则不能成阵，遇敌则自下御上，彼我之势俱不利便。"

[4]隘者：两山之间狭窄的通谷。

[5]险者：险峻复杂，易守难攻的地形。

[6]远者：敌我相距较远的地区。

[7]先居高阳：抢先占据地势高且向阳之处。

[8]利粮道：保持运粮道路通畅。利，便利、通畅，使动用法。

[9]敌虽利我，我无出也：即便敌人以利引诱我军，我军也不要出击。利，利诱。

[10]引而去之，令敌半出而击之：率兵假装离开，等敌人出动一半时再回兵攻击。引，引导、率领。

[11]必盈之以待敌：一定要用足够的兵力把守隘口，等待敌军到来。盈，满、充实，此指重兵把守。

[12]盈而勿从，不盈而从之：如果敌人已经派重兵守住隘口，我方就不可以去攻打；如果敌人没有用重兵守住隘口，我方就可以全力出击。

[13]势均：双方所处地理条件均等。一说，双方兵力相当。两种观点均能讲通，因本篇谈论的是地形问题，所以以前说为佳。

[14]难以挑战:不宜主动挑战。

[15]地之道也:利用地形的基本原则。

[16]将之至任:将帅的首要职责。至,极、最。

【品读】

本段主要论述了军队在作战中可能会遇到的“通”“挂”“支”“隘”“险”“远”六种基本地形,并分析了六种地形的特点,提出了相应的作战要求。

“通形”,四通八达,地形平坦,敌我双方往来都很方便。在这种地形作战,要设法抢占地势高且向阳之处,并确保粮道的畅通,这样有利于观察敌情,在战争中占据主动。

“挂形”,地形复杂,易进难退。在这种地形上作战,不要盲目去进攻。出击时要看敌人是否有防备,如果敌人无备,进攻获胜的机会就很大,如果敌人有备,就很容易被敌人切断退路,情况就很危险了。

“支形”,是敌我双方各凭险而守,两军对垒时中间暴露的地带,如河流、湖泊、平地等。在这种地形上交战,谁先出击,谁就先暴露军情,谁就处于不利的境地。因此,要拒绝敌人的诱惑,不能冒险出击,要设法引诱敌人离开险要,进入到危险地带,再集中兵力进攻。

“隘形”,是两山夹峙之间的隘道,比较狭窄,谁先占领谁就可以沿隘道作纵深部署,并封锁隘口,凭险据守,等待对方军队的到来。因此,在这种地形作战,应抢先占领隘口,如果敌军先占领,并派重兵防守,就不要冒险出击。如果敌军占领,但隘口的防守很薄弱,就可以设法攻击。

“险形”,地形复杂险峻,易守难攻。如果我军先占领,就必须控制视野开阔的高地,以逸待劳,等待敌军来进攻;如果敌军先占领,就不要盲目进攻,应当引兵而去,等待战机。

“远形”,敌我相距较远,如果没有优势兵力,也没有有利地形作掩护,想去攻打敌人,向敌人挑战,失败的可能性很大。因此,在这种地形交战,不宜主动前去挑战。

从孙子提出的在“六地”上的用兵原则可以看出,他在地形的利用上主要着眼于以下几个方面:一是抢占有利地形。两军交战,一定要设法抢占有利地形,以便于观察敌情,在战争中占据主动。二是考虑军队的进退。利用地形,一定要考虑进退是否方便,要选择进可攻退可守的地形。三是作战要灵活。对于有些地形,尽管位置很重要,但如果敌人抢先占领,那我军就不要盲目进攻。

鉴于地形对战争的胜负有着举足轻重的影响,孙子认为,将帅作为战争的指挥者,必须了解和熟悉战场地形的远近、广狭、险易、死生,这样才能制定正确的战法战术，巧妙利用地形来出奇制胜。纵观历史，许多作战成功或者失败的例子，都与将帅对地形的选择或者在某种地形上对兵力的部署情况有关。战国时期孙膑在马陵之战中的成功，就在于他以退兵减灶之计，诱使庞军率精骑部队进入隘地马陵，齐军早已占领此地，并“盈之以待敌”，结果魏军大败。三国时期，蜀将马谡虽然遵循兵法驻扎山上，占据了高阳之地，但是却舍弃了水源，结果被魏军切断水源后又施以火攻，遭受惨败。因此，认识和处理好“人”与“地”的关系，灵活借助地形之利来追求战争的胜利，或变不利为有利，是一个优秀的将帅应该具备的素质和能力。

10.2 故兵[1]有走[2]者，有弛[3]者，有陷[4]者，有崩[5]者，有乱[6]者，有北[7]者。凡此六者，非天之灾，将之过也。夫势均，以一击十，曰走；卒强吏弱，曰弛；吏强卒弱，曰陷；大吏怒而不服[8]，遇敌怼而自战[9]，将不知其能，曰崩；将弱不严，教道不明[10]，吏卒无常[11]，陈兵纵横[12]，曰乱；将不能料敌[13]，以少合众，以弱击强，兵无选锋[14]，曰北。凡此六者，败之道也；将之至任，不可不察也。

【注释】

[1]兵：此指败兵，即军队作战失败的情况。

[2]走：败走、逃跑。

[3]弛：松懈，涣散。此指士卒强悍，将吏软弱，军队涣散难以管理。

[4]陷：陷没。此指将吏强悍，士卒软弱，遇敌不堪一击，最终陷于败没。

[5]崩：土崩瓦解。此指全军溃败。

[6]乱：杂乱无章，指挥混乱。

[7]北：军败逃走。

[8]大吏怒而不服：偏将怨怒，不服从主将的命令。大吏，偏将，低于主将的高级将领。

[9]怼(duì)而自战：心怀怨怒，擅自率领所部出战。怼，怨恨、愤怒。

[10]教道不明：对部下缺乏教育和训练。

[11]吏卒无常：各级指挥官和士卒缺乏纪律，不遵常规。

[12]陈兵纵横：布兵列阵杂乱无章。陈，同“阵”。

[13]料敌：判断敌情。

[14]选锋：由勇敢善战的士卒组成的先锋部队。

【品读】

战争中固然需要借助地形之利以取胜，但地形毕竟只是用兵打仗的辅助条件，战争失败的关键还是取决于将帅个人素质的优劣，取决于将帅能否在战争中实施正确的作战指导。在此，孙子论述了战争中由于将帅指挥不当、号令不严而导致的军队作战失败的“走”“弛”“陷”“崩”“乱”“北”等六种情况，即“六败”。在“六败”之中，“走”“北”是由于将帅的指挥不当造成的。孙子在《虚实篇》《行军篇》等文中曾提到，在战争中，如果我方兵力处于劣势，就要设法分散敌人的兵力，集中自己的兵力，形成“我专敌分”的局面，在局部形成对敌优势，这样才容易取胜。如果以一击十，以少合众，以弱击强，又缺乏精锐的士卒做先锋，军队自然会打败仗。“弛”“陷”“崩”“乱”等“四败”则要归咎于军官与士兵、将帅与军官之间的关系出现了问题。如果将与官之间不合，战场上各行其是，就会导致士兵无所适从，人心涣散，会大大削弱军队的战斗力，即便自己军队的实力再强大，也难免会出现战败的结局。对于基层的士卒，将帅更是要加强管理，在《计篇》中孙子就把“兵众孰强？士卒孰练？赏罚孰明？”作为比较敌我双方情况的重要方面。将帅只有对士卒强化训练，严明军纪，做到有令必行、有禁必止，才能使全军形成强大的战斗力。可以设想，一支军队如果上下脱节，失其统御，平时训练不够，号令不严，一旦投入战斗，失败将不可避免。上述“六败”情况的发生，都是将帅的责任和过失，与其他因素无关。将帅一定要不断反省，尽量防止上述情况的出现。

10.3 夫地形者，兵之助也[1]。料敌制胜[2]，计险厄远近[3]，上将之道[4]也。知此而用战者必胜，不知此而用战者必败。故战道必胜[5]，主[6]曰无战，必战可也；战道不胜，主曰必战，无战可也。故进不求名，退不避罪，唯人是保[7]，而利合于主[8]，国之宝也。

【注释】

[1]兵之助也：用兵作战的辅助条件。

[2]料敌制胜：判断敌情，夺取胜利。

[3]计险厄远近：考察地形的险易，计算道路的远近。

[4]上将之道：高明将帅的用兵之道。

[5]战道必胜：根据对战场状况的分析，具备了必胜的把握。战道，战场的状况。

[6]主：君主、国君。

[7]唯人是保：只求保全民众的利益。人，民众、百姓。

[8]利合于主：符合国君的利益。

【品读】

承接第一段对六种地形的论述，孙子总结出“地形者，兵之助也”这一精辟结论。他强调，地形是用兵打仗的辅助条件，作为一名高明的将领，不仅要及时准确地判断敌情，还要在战争中有效地利用地形条件，准确地计算出战场地形的险易、道路的远近，以便进行正确的战略部署，这是军队克敌制胜的基本保证。三国时期，刘备占据荆州之后，欲夺西川，但因不熟悉西川地形，一直不敢冒进。后来在得到益州别驾张松所献的画有蜀中山川险要、府库钱粮的西川地图之后，最终打败益州牧刘璋，顺利入主西川。可以设想，刘备如果没有张松的地图，对西川地形不了解，夺取西川的计划不可能如此顺利地实施。

接下来，孙子又将话题延伸到了将帅与君主的关系方面。他强调，将帅经过对敌我双方情况以及战场等条件的分析，认为具备了必胜的把握的话，即便国君不主张打，坚持打也是可以的。反之，如果没有必胜把握，即便国君命令去打，也不要去打。无论在什么情况下，作为一名将帅，要做到不计较个人的名利得失，将国家利益放在个人利益之上，根据战争的实际情况进行决策，而不是盲目服从君命，这样才是真正地对国君负责，对百姓负责。

历史上不乏“进不求名，退不避罪”的将领。西汉时期的赵充国就是一位典型代表。汉宣帝时期，赵充国奉命率兵去平定西羌叛乱，在平羌战争中赵充国与汉宣帝在作战方略上多次发生冲突，宣帝下诏对赵充国表示责备。但赵充国并不计较个人得失，他认为，“将任兵在外，便宜有守，以安国家”。战场上的形势瞬息万变，如果将帅一举一动都要严格遵从远在千里之外的国君的要求而不知权变，是很难打胜仗的。因此，他“不敢避斧钺之诛，昧死陈愚”，多次上书陈述军事上的得失利弊，不断重申自己的观点。最终汉宣帝被说服，采纳了赵充国提出的比较符合实际的边防政策，使得西汉军队在没有受到太大损失的情况下顺利平息了羌乱。

但是，不得不说，在大多数情况下，将帅违抗君命的后果是相当严重的，打了败仗自然得承担责任，甚至可能会人头落地，打了胜仗也不一定有功，因为历史上能真正如汉宣帝一样容忍臣子不受君命的君主实在是少之又少。在皇帝专制时期，能真正抛弃个人荣辱得失，从国家、人民根本利益出发处理问题的将领可以称得上是“国之宝”了。

10.4　视[1]卒如婴儿，故可与之赴深溪[2]。视卒如爱子，故可与之俱死。厚而不能使[3]，爱而不能令[4]，乱而不能治[5]，譬若骄子，不可用也。

【注释】

[1]视：对待，看待。

[2]深溪：很深的山涧，比喻危险地带。

[3]厚而不能使：厚养士卒而不善于使用。厚，厚待、厚养。

[4]爱而不能令：溺爱士卒而不能指挥。

[5]乱而不能治：士卒违法乱纪而不能惩治。

【品读】

本段主要论述处理官兵关系的基本原则。孙子主张，将帅必须树立“视卒如婴儿”的爱兵观念。正如白居易所说：“感人心者，莫先乎情。”①只有将帅关心爱护士卒，视卒如子，体恤士卒的生活疾苦，士卒才肯与将帅在战争中共赴生死。历史上不乏爱兵如子的将领。战国时期的吴起在魏国为将时，曾用嘴为受伤的士兵吮吸脓血，受其感化，士兵在战场上拼死力战；三国时期诸葛亮体谅蜀军士兵的思乡之情，在魏军大举压境的情况下，坚持让准备换防的士兵回家与家人团圆，士兵听说后对诸葛亮无不从内心感激涕零，坚持要求留下来作战，战场上将士们奋勇争先，以一当十，成功击退了魏军的进攻。

将帅爱护士卒是应当的，但对士卒不能溺爱。在《计篇》中孙子提到的将帅五德中，就要求将帅对待士兵既要有仁德之心，又要纪律严明。如果过分纵容士卒，不能用纪律来约束士卒，军纪就会松懈，将帅就会失去威严，士卒就会变得骄横不驯，不能使，不能令，又不能治，军队就会不可避免地走上“弛”“陷”“崩”“乱”的命运。

10.5 知吾卒之可以击，而不知敌之不可击，胜之半[1]也；知敌之可击，而不知吾卒之不可以击，胜之半也；知敌之可击，知吾卒之可以击，而不知地形之不可以战，胜之半也。故知兵者[2]，动而不迷，举而不穷[3]。故曰：知彼知己，胜乃不殆[4]；知天知地，胜乃不穷。

【注释】

[1]胜之半：胜负的可能性各占一半，即没有必胜的把握。

[2]知兵者：通晓用兵规律的将领。

[3]动而不迷，举而不穷：行动不会迷惑，举措变化无穷。

[4]殆：危险。

【品读】

孙子在本篇最后一段提出了一个非常精辟且具有高度总结性的观点：“知彼知己，胜乃不殆；知天知地，胜乃不穷。”在《谋攻篇》中，孙子已经明确提出了“知己知彼，百战不殆”的思想。本篇中，孙子认为指导战争除了要了解敌情、己情之外，还要了解天时、地利等战争发生的环境。任何战争都会受到天气和地形条件的影响，因此天时、地利等地理环境条件也是制定作战

① （唐）白居易：《与元九书》，《白居易集》，三晋出版社2008年版，第193页。

计划时需要考察的因素，在制定作战计划的过程中，将帅必须掌握关于战场环境的信息，才能占据战场的主动权。在前面的《九变篇》中，孙子也提出将帅要“知地形”“知五利”“通九变”，才算是“知用兵矣”。在此孙子强调，将帅指导战争必须对敌情、我情、天时、地利等有全面正确的了解和判断，才能做到“动而不迷，举而不穷”。

九地篇第十一

11.1 孙子曰：用兵之法，有散地，有轻地，有争地，有交地，有衢地，有重地，有圮地，有围地，有死地。诸侯自战其地者，为散地[1]。入人之地而不深者，为轻地[2]。我得则利，彼得亦利者，为争地[3]。我可以往，彼可以来者，为交地[4]。诸侯之地三属[5]，先至而得天下之众者，为衢地[6]。入人之地深，背城邑多者，为重地[7]。行山林、险阻、沮泽，凡难行之道者，为圮地[8]。所由入者隘，所从归者迂，彼寡可以击吾之众者，为围地[9]。疾战则存，不疾战则亡者，为死地[10]。是故散地则无战[11]，轻地则无止[12]，争地则无攻[13]，交地则无绝[14]，衢地则合交[15]，重地则掠[16]，圮地则行[17]，围地则谋[18]，死地则战[19]。

【注释】

[1]诸侯自战其地者，为散地：诸侯在本国境内作战的地区，叫“散地”。

[2]入人之地而不深者，为轻地：军队进入敌境不深的地区，叫“轻地”。

[3]争地：谁先占据就对谁有利的必争地区。

[4]交地：敌我双方的接壤之地。一说为地势平坦、交通便利之地。

[5]诸侯之地三属(zhǔ)：敌、我和其他诸侯国相连接的地区。三，泛指众多。属，连接、毗邻。

[6]先至而得天下之众者，为衢地：谁先到达谁就可以得到诸侯国的援助，这样的地带叫“衢地”。

[7]入人之地深，背城邑多者，为重地：入敌境很深，越过许多敌国城邑的地区，叫“重地”。

[8]行山林、险阻、沮泽，凡难行之道者，为圮地：山林、险阻、沼泽等道路难行的地区，叫“圮地”。

[9]围地：所由进入的路口狭隘，退回的道路迂远，敌人以少量兵力就可以战胜我军的地带。

[10]死地：拼死奋战才能生存，否则就要灭亡的地带。

[11]散地则无战：在散地上不宜交战。

[12]轻地则无止：在轻地上不要停留。

[13]争地则无攻：在争地上，如果取胜条件不具备的话，就不要强行进攻。

[14]交地则无绝：在交地上军队部署要首尾连贯，不可断绝。

[15]衢地则合交：在衢地上，要结交邻国，以为己援。

[16]重地则掠：深入重地，要掠夺当地的粮草物资以解决己方军队的补给问题。即《作战篇》所说的"因粮于敌"。

[17]圮地则行：遇到圮地，要设法迅速通过。

[18]围地则谋：身陷围地，要用计谋来摆脱困境。

[19]死地则战：身陷死地，要拼死作战以求脱险。

【品读】

本段孙子论述了九种不同的作战环境，并提出了相应的战术要求。孙子对九种地形的划分主要着眼于三个方面：

一是深入敌方程度的不同。与此相关的有六种地形："散地""轻地""争地""交地""衢地""重地"。"散地"和"轻地"分别是身处本国境内和入敌境不深的地形，由于士兵离家乡较近，容易思乡顾家，作战时容易军心涣散，所以在这两种地形上不宜作战，要以统一军队意志、稳定军心为主。

"争地""交地""衢地"一般位于两国交界地带，是你来我往、双方互相争夺的地方。具体来说，"争地"是两国相争的地方，谁得到谁就能获得先机。既然是"争地"，孙子为什么说"无攻"呢？梅尧臣注释讲得明白："形胜之地，先据乎利，敌若得其处，则不可攻。"遇到争地，自当拼力争夺，但是如果敌人先行占领，则不要强攻，要寻找战机。"交地"是两国交界之地，敌我双方均可来往，很容易和敌人的部署交织在一起，因此在交地作战一定要保证军队部署能够首尾连贯，以防被敌人阻绝。"衢地"是位于多国之间的四通八达之地，事先占领，就可得全局之利益，在这种地形上作战，一定要援之以外交手段，尽力争取诸侯国支持，最起码也要让其他国家保持中立，不要干涉自己的军事行动，确保本国军队可以自由进出衢地。

"重地"即深入敌国腹地，越过敌人很多城邑的地区，在"重地"上作战，最容易出现的困难是粮草补给困难，《作战篇》中对此已有论述，并提出了"因粮于敌""智将务食于敌"的解决方法。在此，孙子进一步提出"重地则掠"，倡导通过掠夺敌人的粮草来解决己方的补给问题。

二是与行军有关的地形："圮地"。"圮地"是多山林、险阻、沼泽，难以行军的作战区域，红军长征时走过的雪山草地就是这类地形的代表。恶劣的地形条件不仅会损耗士兵的体力，也会影响到士兵的心理，因此如果陷入此地形，应当迅速通过，不宜停留。《九变篇》中也提到"圮地无舍"，即不要驻扎军队。

三是与作战相关的地形："围地""死地"。"围地"，并不是被敌兵包围，而是被地形所围。正如于鬯《香草续校书》中所说："围地者，谓地之围，非谓被兵围也。被兵围则是死地，非围地矣。"①这种地形的特点是前面出口狭窄，退路又十分迂远，在这种地形上敌人很容易凭险设伏，以少量兵力击退我方大部兵力，我方则进退两难，因此，将帅必须凭智慧，设法突围。与围地不同，"死地"则是被敌兵围困的地形，军队前有敌人阻截，后无可退之路，在这种地形上非力战无以生存。

历史上无数战例证明了孙子地形作战思想的有效性。1800 年，拿破仑率军翻越阿尔卑斯山，进入意大利北部，准备去支援被奥地利军队围困在热那亚的法军，却在多拉·巴蒂亚河谷上意外地遇上了奥地利军队。河谷上只有一条狭窄的通道，奥军镇守上方，死死拦住了法军的前进道路。拿破仑强行突破敌军，终因地势险要而败了下来。法军将士们又一次遇上了困难，但是，历经千辛万苦才越过阿尔卑斯山，绝不能就此罢休。拿破仑和将领们经过研究，终于有了办法。他们让大部队隐蔽下来休息，然后让小股部队轮番进攻奥军，使他们不得喘息。到天黑的时候，大部队开始行动。为了不使敌人察觉，道路铺上了一层厚厚的麦秸和粪草等，用衣被包上炮车轮子，不让车有任何响声。这样他们又神不知鬼不觉地从敌人眼皮底下溜了过去。等到敌人察觉时，拿破仑已走得无影无踪了。这次战役可谓是"围地则谋"的典型代表。

总之，孙子要求战争指挥者一定要根据复杂多样的地理条件，制定和实施切合实际的作战方针，以掌握战争的主动权。

11.2　所谓古之善用兵者，能使敌人前后不相及[1]，众寡不相恃[2]，贵贱不相救[3]，上下不相收[4]，卒离而不集[5]，兵合而不齐[6]。合于利而动，不合于利而止。敢问：敌众整而将来[7]，待之若何？曰：先夺其所爱，则听矣[8]。兵之情主速[9]，乘人之不及[10]，由不虞之道[11]，攻其所不戒也[12]。

【注释】

[1]前后不相及：前后部队不能相互策应。

[2]众寡不相恃：主力部队和小分队不能相互依靠协同。恃，依靠、倚仗。

[3]贵贱不相救：军官和士卒之间不能相互救应。贵，军官。贱，士卒。

[4]上下不相收：上下之间失去联系，无法聚合。收，收拢、聚合。

[5]卒离而不集：士卒离散难于集结。

[6]兵合而不齐：即使士卒集合起来，也不能齐心协力作战。

[7]敌众整而将来：敌人人数众多，阵势严整地向我进发。

① (清)于鬯著，张华民点校：《香草续校书》(上)，第 446 页。

[8]先夺其所爱,则听矣:先攻取敌人的要害,敌人就会听从我方的摆布了。爱,珍爱,此指要害、关键。听,顺从。

[9]兵之情主速:用兵的诀窍在于行动迅速。情,情理,此指关键、要诀。

[10]乘人之不及:乘敌人猝不及防的时候发动攻击。

[11]由不虞之道:走敌人料想不到的道路。不虞,料想不到。

[12]攻其所不戒也:攻打敌人没有防备的地方。

【品读】

本段蕴含的兵学思想十分丰富。孙子首先谈到,用兵打仗要设法分散敌人的兵力,使敌人的部队前后不相策应,上下不相救援,这样敌人的力量会因分散而被削弱,我方就容易取胜。这实际上就是《虚实篇》中所说的"我专敌分"的思想。

对于阵容严整、人数众多的敌人,该怎样分散它的力量呢?孙子认为,要做好两点:一是要夺其所爱。"爱",就是要害处、关键处,是敌人最为致命、最为重视的地方。俗话说:"打蛇打七寸。"面对气势汹汹的敌人,要想制服它,就要设法打击其要害处,这样敌人就会乖乖听从我方摆布。桂陵之战中,孙膑率领的齐军能打败庞涓率领的魏军,最重要的一个步骤是围攻了魏国都城大梁,大梁是魏国的都城,是国家的心脏,丢掉怎么行?于是庞涓不得不回师自救,魏军由于长期攻赵,兵力消耗很大,加以长途跋涉急行军,士卒疲惫不堪,孙膑却在桂陵设伏,大败魏军。所以敌人的力量强大并不可怕,关键要看能否分散它。二是要攻其不戒。要走敌人预料不到的路,打敌人想不到的地方,出其不意地去攻打敌人,使敌人猝不及防,为我所败。

孙子还指出,要想达到出其不意的效果,军队行动一定要快,也就是"兵之情主速"。在《孙子兵法》中,孙子多次表达了这种思想。如:《作战篇》中所云"兵贵胜,不贵久";《军争篇》中所云"其疾如风""动如雷震",等等。"兵之情主速",是已经被古今中外无数战争证明了的至理名言。凡是高明的将帅,没有一个不重视速度的,没有一个不把握速度的。三国时期司马懿平定孟达之叛,就说明了"兵之情主速"的重要性。孟达原为蜀将,后降魏。公元227年,被诸葛亮说服重归蜀汉,并计划进攻洛阳。屯兵于宛城的司马懿得知这一情况,准备征讨。按规定,他应该先上报魏明帝,接到旨意后再行动。可从宛城至洛阳往返至少需要半个月时间,从完成再到孟达起兵的上庸又要十多天,如果接到旨意后再行动,就会错过战机。司马懿果断行事,一面写信安抚孟达,一面上报魏明帝,同时暗中遣军进讨。大军昼夜兼程,八天赶至上庸城下。孟达原以为司马氏的大军至少要三十日才能达到,所以没有防备。结果,上庸城很快被攻破,孟达被杀。

这里孙子还提出了"合于利而动,不合于利而止"的作战原则。古往今来，一切战争的共同目标都可以用一个“利”字来概括。孙子并不讳言“利”，《孙子》十三篇几乎篇篇言利。《计篇》曰：“计利以听，乃为之势，以佐其外。势者，因利而制权也。”强调要借助战场的有利条件灵活机动地运用兵力。《作战篇》曰：“故不尽知用兵之害者，则不能尽知用兵之利也。”《九变篇》曰：“智者之虑，必杂于利害。”强调要综合考虑战争的利与害，争取趋利避害。《军争篇》曰：“兵以诈立，以利动。”《火攻篇》曰：“非利不动，非得不用。”强调利益是一切军事行动的最高准则。当然，争利并不代表唯利是图。因为利有大小，有远近，如果见利就争，遇便宜就抢，可能争到的是小利，是诱饵，而丧失了大利、长远利益，那么利就会转化成害了。因此，战争决策者考虑问题一定要权衡利害，不能一味争利。

11.3　凡为客之道[1]，深入则专[2]，主人不克[3]；掠于饶野[4]，三军足食；谨养而勿劳[5]，并气积力[6]；运兵计谋，为不可测[7]。投之无所往，死且不北[8]。死焉不得[9]，士人尽力。兵士甚陷则不惧[10]，无所往则固[11]，深入则拘[12]，不得已则斗。是故其兵不修而戒[13]，不求而得[14]，不约而亲[15]，不令而信[16]，禁祥去疑[17]，至死无所之[18]。吾士无余财，非恶货也[19]；无余命，非恶寿也[20]。令发之日，士卒坐者涕沾襟[21]，偃卧者涕交颐[22]。投之无所往者，诸、刿之勇也[23]。

【注释】

[1]为客之道：进入敌国境内作战的原则。

[2]深入则专：深入到敌国境内，士卒就会意志专一，齐心协力作战。

[3]主人不克：在本土作战的军队就无法战胜客军。主人，在本土作战的军队。克，战胜。

[4]掠于饶野：掠夺敌人境内富饶地区的粮草，即《作战篇》所言“因粮于敌”。

[5]谨养而勿劳：注意军队的休整，不要使将士过于疲劳。

[6]并气积力：保持士气，积蓄力量。并，合并，引申为集中、保持。

[7]运兵计谋，为不可测：部署军队，筹划作战方略，使敌人难以判断我方的作战意图。测，预测、判断。

[8]投之无所往，死且不北：把军队置于无路可走的境地，士卒宁可战死也不会败退。投，投放、投置。

[9]死焉不得：既然士卒肯拼死，又哪有不得胜之理。焉，疑问代词，什么。

[10]兵士甚陷则不惧：士卒深陷危险的境地，就不会恐惧。甚，很、非常。

[11]无所往则固：处于无路可走的境地，军心就会稳固。

[12]深入则拘：深入敌境，军心就会凝聚。拘，束缚，约束，此指凝聚。

[13]不修而戒：士兵不用整治就会主动加强戒备。修，整治。

[14]不求而得:不用要求就能完成任务。

[15]不约而亲:不用约束自然就会亲密团结。

[16]不令而信:不用三令五申就能遵从。信,遵从、信守。

[17]禁祥去疑:禁止各种迷信活动,消除士卒的疑虑。祥,吉凶的征兆,泛指各种迷信活动。

[18]至死无所之:至死也不会逃避。之,往。

[19]吾士无余财,非恶货也:我军士卒没有多余的钱财,不是因为他们厌恶财物。货,财宝、财物。

[20]无余命,非恶寿也:士兵不怕死,并不是不想活下去。

[21]士卒坐者涕沾襟:坐着的士卒眼泪沾湿了衣襟。

[22]偃卧者涕交颐:仰面躺着的士卒,泪流满面。颐,面颊。

[23]诸、刿之勇也:像专诸、曹刿一样英勇无畏。专诸,春秋时期吴国勇士。曾刺杀吴王僚,帮助公子光夺取王位,即吴王阖闾。曹刿,春秋时期鲁国勇士。鲁齐会盟时,持匕首胁迫齐桓公归还侵夺鲁国的土地。

【品读】

本段孙子从心理学的角度谈论了深入敌境作战的优势。在孙子看来,与敌国距离的远近对士兵作战能力的发挥有着直接的影响:在本土作战或者入敌境不深,士兵易于逃散;远离故土,深入敌国境内,则军心凝固,作战勇敢。为什么会出现这种现象?孙子进行了具体分析。他指出,战场上士卒普遍的作战心理是“甚陷则不惧,无所往则固,深入则拘,不得已则斗”。士兵与一般人一样,都贪财怕死,不会心甘情愿在战场上卖命。当他们在本土作战或去国境不远时,离家近,不免会想念亲人,怀念故土,再加上对战争的畏惧,自然有机会就会逃散。但是当他们远离故土,被置于“无所往”“甚陷”“深入”“不得已”的境地时,他们没有退路,只有排除杂念,齐心协力,奋勇杀敌,才有可能死里逃生,返回故乡。因此在身陷绝境的情况下,军心反而会稳固,激起将士困兽犹斗的勇气。

经过分析,孙子得出这样一个结论:“投之无所往者,诸、刿之勇也。”将士兵投入“无所往”的境地,士兵就会变得如同古代勇士专诸、曹刿一样勇敢。这样的军旅,无论士气和纪律都是锐不可当的,用之以战,无往不利。但是,换位思考,与敌军作战时,一定要避免将敌人置于这种状态中,敌人陷入重围时,要留下缺口,敌人陷入绝境时,不要苦苦相逼,以免敌人殊死反击,反而会造成自身的损失。这就是《军争篇》所说的“围师必阙,穷寇勿迫”。

11.4 故善用兵者,譬如率然[1];率然者,常山之蛇也。击其首则尾至,击其尾则首至，击其中则首尾俱至。敢问："兵可使如率然乎？"曰："可。"夫吴人与越人相恶也，当其同舟而济，遇风，其相救也如左右手。是故方马埋轮，未足恃也[2]；齐勇若一，政之道也[3]；刚柔皆得，地之理也[4]。故善用兵者，携手若使一人[5]，不得已也。

【注释】

[1]率然：常山地区的一种蛇。东方朔《神异经·西荒经》载："西方山中有蛇，头尾差大，有色五彩。人、物触之者，中头则尾至，中尾则头至，中腰则头尾并至，名曰率然，会稽常山最多此蛇。"

[2]方马埋轮，未足恃也：把马并列拴在一起，把车轮埋住，想通过这种方式来稳定军队，是靠不住的。方，并列，此指系在一起。

[3]齐勇若一，政之道也：全军齐心协力、奋勇杀敌如同一人，这才是治军的原则。

[4]刚柔皆得，地之理也：各种不同的地理条件都能得到恰当的利用，这是正确认识各种地理条件的结果。刚柔，各种不同性质的地理环境。

[5]携手若使一人：使全军携手作战如同一人一样。

【品读】

本段孙子提出了"善用兵者，譬如率然"的军队协同作战思想，并提出促使军队协同作战的具体办法。率然是古代传说中的一种蛇，相传这种蛇反应灵敏，首尾相顾，婉转自如。孙子认为，善于用兵的将领也应该使他的军队如率然一样，团结一心，协调一致，浑然一体，这样就可以发挥军队总体作战的威力。

蛇本身首尾一体，全身相互配合自然比较容易，要想使军队尤其是人数众多的军队做到如率然一样浑然一体并非易事。孙子认为，必须做好以下两点：一是严格治军，使军队"齐勇若一"。将帅平时对军队要进行严格训练，用金鼓、旌旗等通信手段，统一士兵的视听和行动，确保指挥的顺畅，使"勇者不得独进，怯者不得独退"，这样就可以使全军齐心协力、奋勇杀敌如同一人。二是将军队置于"不得已"的特殊作战环境中。高明的将帅应该善于利用地形条件对士兵心理所造成的影响，将士兵置于危境中，造成军队共同的危机感。在环境的逼迫下，军队就会齐心协力，团结一致，形成"携手若使一人"的整体协同能力。孙子说的"同舟共济"就是这样的处境，在遭遇大风、面临同归于尽的危险时，连吴、越这样相互敌视的国家的人民都会相互如左右手一样协调，何况自己的军队呢？

11.5　将军之事[1]，静以幽[2]，正以治[3]。能愚士卒之耳目，使之无知[4]。易其事，革其谋，使人无识[5]；易其居，迂其途，使人不得虑[6]。帅与之期，如登高而去其梯[7]；帅与之深入诸侯之地，而发其机[8]。焚舟破釜，若驱群羊，驱而往，驱而来，莫知所之。聚三军之众，投之于险，此谓将军之事也。

【注释】

[1]将军之事：统率军队打仗。将，动词，统率、带领。

[2]静以幽：冷静沉着而深隐难测。以，通“而”。

[3]正以治：严肃公正而治理得宜。

[4]能愚士卒之耳目，使之无知：能蒙蔽士卒，是他们对作战计划无所知。愚，蒙蔽。

[5]易其事，革其谋，使人无识：改变所行之事，变更所设之谋，使人们无法识破。易，改变。革，变更、撤除。

[6]易其居，迂其途，使人不得虑：改变驻防的地点，迂回行军的路线，使人们无法推断行动意图。

[7]帅与之期，如登高而去其梯：将帅向部下下达作战命令，如同登高而抽取梯子一样，使部下有进无退。与之期，与部队约定赴战，即向部下下达作战命令。

[8]帅与之深入诸侯之地，而发其机：将帅率军队深入敌境，就像击发弩机射出的箭一样，迅速而一往无前。机，弩机。

【品读】

本段主要论述了将帅应具备的个性特征及其统御士卒的原则。将帅的素质与个性特征是孙子；一贯重视的问题。《计篇》中孙子提出将帅应具备“智、信、仁、勇、严”五德；《九变篇》中又指出将帅性格上的缺陷可能会产生极其危险的后果。这里孙子又提出将帅必须具备四种素养：“静、幽、正、治”，即将帅遇事要沉着冷静，临危不惧，处变不惊，处理问题要公正严明。拿破仑对此也有相同的看法。他说：“主将的第一个条件便是头脑冷静，如此方能认识事情的真象。他不能随便为好消息或坏消息所影响。”①将帅唯有如此，才能带领军队从容对敌。大家所熟知的淝水之战中谢安下棋定军心就是这种素质的体现。当苻坚率领百万大军与东晋军队在淝水展开大战的时候，谢安却在气定神闲地和客人下棋。谢安并非不关心战事，而是他知道自己作为东晋的总指挥，如果表现得慌乱紧张，就可能会引起全军甚至全国的慌乱，军心就会动摇，就可能会战败。因此，当战报一个个传来的时候，谢安一面下棋，一面对战事冷静地安排。当胜利的捷报传来时，谢安虽然内心大喜，表面却不露声色地对客人说：“小儿辈已经破敌了。”谢安可谓真正具备了“静、幽、正、治”的大将之风。

孙子还阐述了将军统率军队的原则：一是要做好保密工作。要蒙蔽士卒的耳目，不能对他们泄露进军的路线、时间、地点，不断变更作战行动和作

---

① 陶希圣辑译：《拿破仑兵法语录》，石门醒民日报社1946年版，第34页。

战计划，不断变更驻防的地点，迂回行军的路线，使他们无法判断军队真实的行动意图。有学者将孙子的这种做法称之为"愚兵政策"[①]，我们认为这是对孙子思想的误解。孙子之所以说"愚士卒之耳目，使之无知""若驱群羊，驱而往，驱而来，莫知所之"，主要是从军事保密和士卒的作战心理等角度来考虑的。因为有关的作战意图、作战行动之类的军事机密，只能由高层决策者掌握，不能让普通士兵知晓，以防出现泄密的情况。西汉时期，汉武帝派兵在马邑设伏准备诱击匈奴，就在匈奴大军快要进入汉朝埋伏圈的时候，被匈奴俘获的一名汉军廷尉向匈奴单于透露了汉军的计划，致使本次行动功亏一篑，由此可以看出向一般士卒进行军事保密的重要性。

另外，指挥军队作战还要考虑士卒在不同环境中的心理变化规律，对士卒进行适当引导，使士卒心无旁骛，一心一意听从指挥。要做到这点，很多时候需要向士卒隐瞒实际军情，以免引起军心波动。历史上有许多战例可以证明这一点的正确性。三国时期，吕蒙趁关羽北上攻曹之际，乘机袭取荆州，此时关羽应该设法稳固军心，但他没有注意到这一点，反而遣使责备吕蒙违背同盟，吕蒙乘机展开攻心术，厚待使者，并让使者替蜀军在荆州城内的家属传递书信，告知家门无恙，衣食不缺。关羽手下将士听说后全无战心，后来在吕蒙的攻击下，关羽军心涣散，不战自溃。关羽最终败走麦城，被俘身亡。可以说关羽缺乏对士兵心理的重视，加速了他的失败。

二是要将军队"投之于险"。孙子认为用兵如同"登高去梯"，要有意将军队置于危险的境地，即上文所说的"投之无所往"，尤其是在力量难以与敌人相抗衡的时候，要造成一种"前有强敌，后无退路"的被动态势，士兵出于求生的本能，必定会拼死冲杀，在这种情势下指挥军队作战就如同开弓射箭，一往无前，无往不利。项羽在巨鹿之战中，破釜沉舟，击败了秦军，韩信在井陉口之战中，背水列阵，击溃赵国军队，都是对孙子这一思想的成功实践。

当然，对于孙子的这一思想我们不能理解得过于绝对，并不是把军队往死地一扔就可以激发士卒士气，必须具备了一定的条件才可以实施。项羽在破釜沉舟之前已经与秦军多次战斗，并且断绝了秦军粮道，大破秦军。韩信是在探听到楚将陈余没有采纳李左车断粮道的建议后，才派了两千名轻装骑兵等着赵军离营时冲进去，这之后才有背水列阵。相反，三国时期马谡守街亭时，生搬硬套《孙子兵法》，放弃水源，上山驻扎，不在山下据守城邑，欲置之死地而后生，最终惨遭失败，痛失街亭。从上述战例可以看出，将帅在将军队"投之于险"之前需要通盘考虑，事先做好一定的准备，而且由高明

---

① 钮先钟：《孙子三论：从古兵法到新战略》，广西师范大学出版社 2003 年版，第 99 页。

的将领来指导，这样才能正确发挥孙子军事思想的威力，如果一味拘泥于兵法的文本，生搬硬套，不知道灵活变通，其结果只能是失败。

11.6　九地之变，屈伸之利[1]，人情之理[2]，不可不察。

【注释】

[1]屈伸之利：攻守进退的利害关系。屈伸，指部队的前进或后退。

[2]人情之理：士兵作战时的心理状态。

【品读】

这句话是对上半篇的总结。在孙子看来，作为将帅，不仅要会排兵布阵，率军在战场上浴血奋战，还要懂得各种作战区域的变换、进退急缓等战法的利用，了解士卒在各种地区作战的心理状况。在不同的地理条件下，人的心理状态会有所不同。如散地作战，士兵易于逃散；重地作战，则能够团结一致地战斗。人的心理状态不同，军队采取的攻守进退等战法自然也不同，如在散地则不要交战，在死地上则要力战。因此，在战争中，要将地理条件、人情与战法结合起来考虑，这样才易于取胜。对于这三者之间的关系，杜牧注得极好："言屈伸之利害，人情之常理，皆因九地之变化，今欲下文重举九地，故于此重言，发端张本也。""屈伸之利"与"人情之理"，都是根据"九地"的变化而变化。所以下文孙子对九地的变化又着重加以论述。

11.7　凡为客之道，深则专，浅则散[1]。去国越境而师者[2]，绝地也；四达者，衢地也；入深者，重地也；入浅者，轻地也；背固前隘[3]者，围地也；无所往者，死地也。是故散地，吾将一其志[4]；轻地，吾将使之属[5]；争地，吾将趋其后[6]；交地，吾将谨其守[7]；衢地，吾将固其结[8]；重地，吾将继其食[9]；圮地，吾将进其途[10]；围地，吾将塞其阙[11]；死地，吾将示之以不活[12]。故兵之情，围则御[13]，不得已则斗，过则从[14]。

【注释】

[1]深则专，浅则散：进入敌境越深，军心越专一；进入敌境浅，士卒就容易离散。

[2]去国越境而师者：离开本国，越过边界进行作战。

[3]背固前隘：背后地势险要，前面道路狭窄。

[4]一其志：统一军队的意志。

[5]使之属：使部队保持连续。属，连接。

[6]趋其后：使后续部队迅速跟上。

[7]谨其守：谨慎防守。

[8]固其结：巩固与诸侯国的结盟。

[9]继其食：保证军粮的供应。

[10]进其途：迅速通过。

[11]塞其阙：堵塞缺口。这样士卒不得不拼死作战。

[12]示之以不活：表示决一死战的决心。

[13]围则御：被包围就要奋起抵抗。

[14]过则从：身陷绝境士卒就会听从指挥。过，甚，此指身陷绝境。

【品读】

本段孙子再次论述了“九地之变”。从表面看，本段是对本篇开始一段的重复，但仔细分析，两段虽然都在谈论“九地”，但侧重点不一样，第一段主要谈论九种地形的特点及其利弊，本段则侧重于论述不同地形上将领的作战指导问题。本段开始时提到的地形名称与第一段有所不同，缺少了散地、争地、交地、圮地，而多了绝地。所谓绝地就是“去国越境而师者”，即进入敌境作战的地方，实际上包括“轻地”和“重地”。其他对地形的定义基本相同。关于对不同地形上战法的论述，两段无太多差异。对于在“围地”上的战法，两者稍有区别，下面稍作解释。前面提到“围地”，即入口狭窄，进出不便，里面道路迂回，难以退出，敌人容易以寡击众的地区，如果不幸陷入这种地形，将帅一定要用智谋同敌人周旋，争取突围。本段孙子又提出“围地吾将堵其阙”，对于“塞其阙”，许多版本只是简单解释为堵住缺口，对于此举的作战意图则没有解释。其实，杜牧对此有较为合理的解释，他从“围师必阙”的角度进行了注释：“兵法：围师必阙，示以生路，令无死志，因而击之。今若我在围地，敌开生路以诱我卒，我返自塞之，令士卒有必死之心。”如果敌军被我方逼进围地，我方要给敌人留以生路，以免将敌人逼上绝境。反之，我军陷入“围地”，敌人据守进出的道路，也可能会故意留出缺口，以削弱我军反抗的斗志。所以将帅应该堵塞敌人让出的让士卒逃生的道路，激励我方士卒拼死战斗，这样才有可能转败为胜。两段关于在“围地”的战法并不矛盾。

在本段，孙子还总结出了一些规律性的认识，如“深则专，浅则散”。“深”“浅”是指与敌国距离的远近，“专”“散”是指军心的稳固或涣散。军队能否团结一心，协同作战，跟军队与敌国距离的远近有直接的联系。一般说来，进入敌国境内越深，军队的凝聚力就越强；进入敌国境内越浅，军队就越容易涣散。将帅指挥作战必须对此有深刻的把握，才能采取正确的战略战术，以争取作战的胜利。

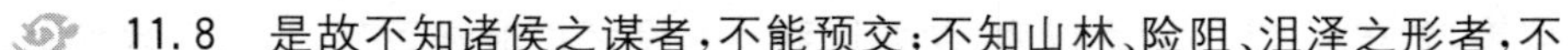

11.8　是故不知诸侯之谋者，不能预交；不知山林、险阻、沮泽之形者，不

能行军;不用乡导者,不能得地利[1]。四五者[2],不知一,非霸王之兵也。夫霸王之兵,伐大国,则其众不得聚[3];威加于敌,则其交不得合[4]。是故不争天下之交[5],不养天下之权[6],信己之私[7],威加于敌,故其城可拔,其国可隳[8]。

【注释】

[1]从“是故”至“不能得地利”,已见于《军争篇》,此处疑为衍文。

[2]四五者:古今注解说法不一。曹操注、张预注、清夏振翼《武经体注大全会解》等认为,“四五”即指“九地”,九地之中,四项为主兵,五项为客兵,四加五为九。茅元仪《武备志·孙子兵法诀评》、陆懋德《孙子兵法集解》、刘邦骥《孙子浅说》等则认为,这是“此三者”之误,因为“此”字声近“四”,“三”字形近“五”,用“此三者”,与上文贯通,指上述“不知诸侯之谋”“不知山林、险阻、沮泽之形”和“不用乡导”。这里取第一种说法,认为“四五者”之前一句当为衍文,“四五者”应该是承接上文的论述,指九种不同类型的地形。

[3]其众不得聚:敌国军民来不及调动和集结。

[4]威加于敌,则其交不得合:以强大的兵威加之于敌人,使其无法与各诸侯国结交。

[5]不争天下之交:不用争着和其他诸侯国结交。

[6]不养天下之权:不必在其他国家培植自己的权势。养,培养、培植。

[7]信己之私:伸展自己的意图。信,通“伸”,伸展。私,自己的意图、意志。

[8]隳(huī):毁坏,摧毁。

【品读】

本段孙子着重阐述如何处理与诸侯国的外交关系问题。孙子认为,不必争着同别的诸侯国结交,也不必争着在其他国家培植自己的势力,关键要强化自己的国力,培养“霸王之兵”。“霸王之兵”实力雄厚,兵力强盛,懂得在不同地形条件下运用兵力的方法,如果指挥这种军队去攻打敌国,会造成一种迅雷不及掩耳之势,使敌军猝不及防,来不及动员和调度。在强大的威力之下,敌国的盟友也会望风而逃,不敢公开支持和救援它。这样很容易就可以拔取敌人的城池,毁灭敌人的国都。因此,处理与诸侯国关系的关键在于强化自己的国力,国力强大了,自己的战略意图就可以实现,别人自会来主动结交你。孙子这一思想可以说是抓住了战略外交的实质,即弱国无外交,如果实力弱小,就无法在国际交往中占据主导和优势,无法实现自己的战略意图,因此国家必须以强化自身实力为要务,国力强大,自会威加于敌,无往不利。这可以说是孙子一贯强调的“不可胜在己”“恃吾有以待”思想的具体体现。

11.9 施无法之赏[1],悬无政之令[2],犯[3]三军之众,若使一人。犯之以事,勿告以言[4];犯之以害,勿告以利[5]。投之亡地然后存;陷之死地然后生。夫众陷于害,然后能为胜败[6]。

【注释】

[1]施无法之赏:施行超出常规的奖赏。无法,不合惯例、超出规定。

[2]悬无政之令:颁布打破常规的命令。悬,挂、颁布。

[3]犯:使用,此指驱使、指挥。

[4]犯之以事,勿告以言:指挥士卒做事情,不要告诉他们任务的意图。之,代指士卒。言,实情、谋虑。

[5]犯之以害,勿告以利:各传世诸本皆为“犯之以利,勿告以害”,而汉简本相反,作“犯之以害,勿告以利”。吴九龙《孙子校释》认为:“按汉简本义长,今从之。‘犯之以害’,即后文‘陷之死地然后生’,‘勿告以利’,是使士卒有必死拼斗的决心,不存侥幸心理。”吴如嵩《孙子兵法新说》从此说。本书从《孙子校释》,从汉简本,这句话的意思是使之完成危险的任务,但不指明有利的条件。

[6]夫众陷于害,然后能为胜败:只有把军队置于危险的境地,才能取胜。胜败,胜利、取胜,偏正结构用法。

【品读】

本段孙子具体谈论了将帅如何统兵作战的问题。孙子认为,要想使军队奋勇作战,“如使一人”,就需要采取一些超常规的做法,比如实施破格的奖赏、颁布一些打破常规的号令,以鼓励士兵冲锋陷阵。对此,有学者质疑,孙子崇尚法制,他怎么会主张“施无法之赏,悬无政之令”?把指挥军队比作“若驱群羊”,则更是拟之不伦,难免愚兵主义之讥。① 其实,这两者之间并不矛盾。一般来说,军队都有自己的赏罚规定,将帅应该按照相应规定实施赏罚。但是在一些超常规的作战环境中,或军队生死存亡的危急关头,如果不采取一些特殊的措施去激励士卒,就无法调动士卒作战的积极性。

历代军事家都提倡利用重赏去激励三军。《黄石公三略》引《军谶》曰:“香饵之下,必有悬鱼。重赏之下,必有死夫。”《百战奇法·赏战》云:“凡高城深池,矢石繁下,士卒争先登;白刃始合,士卒争先赴者,必诱之以重赏,则敌无不克焉。”从《孙子》十三篇内容来看,孙子本人也特别强调“因势制权”“践墨随敌”“兵因敌而制胜”,要顺应敌情的变化来不断调整作战计划。所以,在一些非常规的作战环境中采取超常规的奖赏和政令,与孙子尚法的思想并不矛盾。

这里孙子还提出了一个具有普遍指导性意义的观点:“众陷于害,然后能为胜败。”如前所述,士兵的心理状态是,境内作战,就容易斗志涣散,深入敌境,处境危殆,就容易团结一致,拼死战斗。因此,将领要善于制造险恶的态势,尤其是在自己处于劣势的情况下,不要将军队的真实状况告诉士兵,

① 参见钮先钟:《孙子三论:从古兵法到新战略》,第99页。

以免影响士气，要敢于把部队置于险境，以激发军队作战的勇气和决心，增强军队的凝聚力，这样反而能化险为夷，转败为胜。

11.10 故为兵之事，在于顺详敌之意[1]，并敌一向[2]，千里杀将，此谓巧能成事者也。

【注释】

[1]顺详敌之意：谨慎地考察敌人的意图。顺，通“慎”，谨慎。详，审察、考察。

[2]并敌一向：集中兵力攻击敌人的一个主要方向。

【品读】

本段孙子继续谈论将帅统兵作战的方法。孙子强调，将帅统兵作战，要在察明敌人意图的基础上，集中兵力进攻敌人的某一个主要方向，这样才容易克敌制胜。此可谓孙子用兵思想的精髓，也是古今中外军事家的普遍认识。19世纪瑞士军事理论家约米尼在其《战争艺术》一书中就提到，要“使部队保有最大可能的机动性和活力，使他们能够连续地使用在不同的重点上，并且用优势兵力以企图把敌军各个击破”①。

具体而言，要想达到“千里杀将”的目的，关键要做好三点：一是谨慎地观察敌情，了解敌军兵力的虚实，掌控敌军的动向，这样才能确定恰当的作战时机和进攻方向；二是集中兵力，设法造成“我专敌分”“以镒称铢”的局面，对敌形成局部或全局的兵力优势；三是选择敌人的某一点作为进攻方向，这一点应该是敌人的要害且防备空虚之处，如果进攻方向过多，必然会分散己方兵力。如果做到这三点，即便千里奔袭也能杀敌斩将。

这里我们还要理解一下孙子所说的“巧能成事”的“巧”字。“巧”也可以说是孙子主张灵活用兵的一种表达形式。从《孙子》十三篇内容来看，孙子不主张两军交锋时同敌人硬碰硬，同时提倡要巧妙运用自己的兵力，善于借势，以谋略制敌，巧妙借助天时、地利等条件，这样就可以取得“四两拨千斤”的效果。

11.11 是故政举之日[1]，夷关折符[2]，无通其使[3]，厉于廊庙之上，以诛其事[4]。敌人开阖[5]，必亟入之。先其所爱[6]，微与之期[7]。践墨随敌[8]，以决战事。是故始如处女，敌人开户[9]，后如脱兔，敌不及拒[10]。

---

① [瑞士]约米尼：《战争艺术》，第116页。

【注释】

[1]政举之日：决定战争之日。政，战争。举，实施、决定。

[2]夷关折符：封锁关卡，废除通行证。夷，封锁。关，关卡、关口。折，折断，此指废除。符，通行证，古代朝廷传达命令或征调兵将所用的凭证。

[3]无通其使：与敌国停止使节的往来。

[4]厉于廊庙之上，以诛其事：在庙堂上反复推敲谋划，以决定战争行动的相关事宜。厉，通“砺”，磨砺，此指反复推敲。廊庙，庙堂。诛，决定。

[5]开阖：打开门扇，此指敌人有隙可乘之时。阖，门扇。

[6]先其所爱：先占领敌人的要害之处。爱，珍爱，此指要害、关键之处。

[7]微与之期：不要与敌人约定交战日期。微，无、不要。期，约期。

[8]践墨随敌：执行既定的作战计划，又要根据敌情的变化来灵活决定自己的行动。践，践履、实践。墨，绳墨，引申为准则、法度。一说，践，通“划”，铲除。墨，墨守成规。意思是避免墨守成规，而要随着敌情的变化来决定作战行动。两者均通。

[9]始如处女，敌人开户：展开军事行动前，军队要做到如同处女一样沉静稳定，诱使敌人放松戒备。开户，指放松戒备。

[10]后如脱兔，敌不及拒：行动起来就像逃跑的兔子一样迅速，使敌人来不及抗拒。

【品读】

本段集中论述了实施突袭作战的原则和方法。孙子认为，要想顺利实现突然袭击、一战而胜的目标，需要做好以下几点：第一，战前决策要保密。战前的“庙算”要秘密进行，军事行动展开的时间、范围等都要严格保密，不能走漏一点风声。为了确保军事机密不外泄，决定军事行动的时候，要封锁关口，销毁通行证件，以防敌国间谍人员窃取符证，潜入侦察，也不许敌国使者来往，防止敌国的使臣察觉我方的军事意图，走漏消息。第二，选择适当的作战时机和进攻方向。“敌人开阖，必亟入之”，要密切注意敌军的动向，一旦有可乘之机，就要不失时机地展开行动，打敌人一个措手不及。在进攻方向上，“先其所爱”，打击敌人的要害之处，防止进攻方向太多导致自己力量分散而被削弱。第三，灵活用兵。在战斗过程中，要“践墨随敌”，根据敌情的变化灵活指挥，不能墨守成规。第四，军事行动过程中注意“静”和“动”的结合。“静”就是强调军事行动的隐蔽性。在战前决策之时，在没有出现有利战机的时候，军事行动的准备工作要隐蔽进行，要做到如同处女一样沉静稳定，以诱使敌人放松戒备。“动”就是强调军事行动的突然性。一旦发现可乘之机，就要果断行动，如同逃跑的兔子一样迅速，使敌人来不及抗拒。总之，在战争中，要将进攻的隐蔽性和突然性结合起来，这样才能取得攻其不备、出其不意的作战效果。

火攻篇第十二

12.1　孙子曰：凡火攻有五：一曰火人[1]，二曰火积[2]，三曰火辎[3]，四曰火库[4]，五曰火队[5]。行火必有因[6]，烟火必素具[7]。发火有时，起火有日。时者，天之燥也[8]；日者，月在箕、壁、翼、轸[9]也。凡此四宿者，风起之日也。

【注释】

[1]火人：火烧敌军人马。火，动词，焚烧。

[2]火积：火烧敌人的粮草。积，积蓄、积聚，此指粮草。

[3]火辎：火烧敌人的辎重。

[4]火库：火烧敌人的军械仓库。古棣的《孙子兵法大辞典》具体分析了“辎”与“库”的区别，认为辎重指前方(包括运送途中)之用重车装载的衣服、营帐、兵器、军用器材等随时补给的军用物资。库藏则指后方贮藏军用军备物资，如兵器、兵车、军用器材，以备必要时补给前方。①

[5]火队：火烧敌人的军事交通及转运设施。队，通“隧”，道路，此指交通运输设施。

[6]行火必有因：实施火攻必须具备一定的条件。因，凭借、依据。

[7]烟火必素具：实施火攻所用的器材必须于战前就准备好。烟火，火攻用的器具、燃料等。素，平常、平素。具，准备。

[8]时者，天之燥也：实施火攻要在气候干燥的时候进行。

[9]箕、壁、翼、轸：二十八星宿中的四个星宿名。中国古代天文学家认为，当月亮运行经过这四个星宿时，就会起风。因此，火攻要选择在这些日子里实施。

【品读】

在冷兵器时代，两军交战的方式多为士兵之间近距离的肉搏战，即便有弓弩等远射兵器，其威力也十分有限。为了更好地杀伤敌人，扩大作战效果，也为了尽量减少自己军队的伤亡，高明的将帅常常会借助自然力为战争服务，火是经常用到的自然力。古代战争中，人们经常借助于放火燃烧的方式，配合军队作战，达到歼敌目的。据文献记载，在春秋中后期战场上火攻

① 参见古棣主编：《孙子兵法大辞典》，上海科学普及出版社1994年版，第232页。

的使用已经较为常见。如《左传·成公十三年》记载，晋国使臣提到秦国军队曾“焚我箕、郜”；《左传·襄公十八年》载，晋国等诸侯国军队追击齐军，“焚雍门及西郊、南郭”“焚申池之竹木”“焚东郭、北郭”；《左传·定公九年》，鲁国季孙氏的家臣阳虎发动叛乱时“焚莱门”，等等。本篇可谓是孙子对当时条件下火攻战争实践的总结。

本段孙子具体阐述了火攻的类型及其实施的条件。孙子根据打击对象的不同，将火攻归纳为五类，即火人、火积、火辎、火库、火队。这五类也可以概括为两类，一类是消灭敌人的有生力量，三国时期孙刘联军火烧赤壁、夷陵之战中陆逊火烧连营等均属此类；一类是摧毁敌人赖以支持战争的物质资源，官渡之战中曹操率军火烧袁绍乌巢粮仓即为其例。

虽然火攻这一作战手段杀伤力较大，作战效果较为明显，但是其实施也不能随意而为，要受到许多因素的制约。冷兵器时代的火攻不同于后世火器时代的火攻，其实施主要是靠柴草、动植物油脂等易燃物，借助于风力的作用，纵火烧伤敌人。因此，放火用的烟火器具必须于战前就准备好，不能临时抱佛脚，而且要选择气候干燥、风向适宜的日子，这样才能将火攻的威力发挥到极致。如果不注意火攻条件而盲目纵火，不但达不到预定作战目标，反而可能会带来灾难性后果。

历史上有许多将领因不注意火攻的条件而盲目纵火反致战败的例子。譬如《梁书·王僧辩传》记载，南朝萧梁时期侯景之乱时，侯景攻打巴陵，他想用火攻的方式烧掉对方的水栅，谁知“风势不利”，大火转而烧到自己的兵马，损失惨重，“自焚而退”。无独有偶，南朝陈时王琳在反陈的战争中也犯了同样的错误。《资治通鉴》卷一六八《陈纪二》载，陈霸先建立陈朝以后，原梁朝的镇南将军王琳不承认这个新建政权，在559年冬天陈霸先去世后，起兵攻陈，双方在芜湖相持。次年二月的一天，西南风起，处于顺风的王琳自谓得天助，引兵直驱建康，陈朝军队从芜湖出兵跟随王琳军后。王琳派军士掷火攻陈朝水军，结果被风一吹，反而烧了自己的战船，陈军乘机进攻，王琳军大败。

因此，高明的将领必须懂得灵活运用五种火攻的方式，根据实际情况仔细分析，等到具备放火条件的时候再实施火攻，然后针对敌情的变化，灵活地加以处置，绝对不能像侯景、王琳那样“玩火自焚”。

12.2 凡火攻，必因五火之变而应之[1]。火发于内，则早应之于外[2]。火发兵静者[3]，待而勿攻。极其火力[4]，可从[5]而从之，不可从而止。火可发于外，无待于内[6]，以时发之[7]。火发上风，无攻下风[8]。昼风久，夜风止[9]。

凡军必知有五火之变，以数守之[10]。

【注释】

[1]必因五火之变而应之：必须根据下述五种不同情况灵活处置。五火之变，指下文所云"火发于内"至"昼风久，夜风止"等五种情况，非一般注家所说的"火人"等五种火攻方式。因，根据，利用。

[2]火发于内，则早应之于外：火从敌军内部引发，要及早派兵在外面策应。

[3]火发兵静者：火烧起来而敌军镇静不慌。

[4]极其火力：等到火势烧到最旺的时候。

[5]从：跟从，这里指进攻。

[6]无待于内：不必等待内应。

[7]以时发之：等到时机成熟再实施火攻。

[8]火发上风，无攻下风：火从上风点起，就不要在下风进攻。

[9]昼风久，夜风止：白天风刮得时间长了，夜晚就会停止。

[10]以数守之：要等待火攻的条件。数，星宿运行的方位等实施火攻的条件。

【品读】

本段孙子主要论述如何根据火攻的情况灵活运用兵力。火攻不是简单地纵火去烧伤敌人，它只是一种作战的辅助手段，正如下文中所提到的"以火佐攻"。要想发挥火攻的最大威力，必须将它和军队的进攻配合起来，以军队进攻为主导，以火攻为辅助，这样才能增强作战的效能。因此孙子提出"必因五火之变而应之"，即纵火之后，要观察敌方军营的变化，然后灵活采取配套行动。如果我们是从敌营内部放的火，就要及早派兵策应，里应外合，内外夹击；否则敌人把火扑灭，火攻就没有什么效果了。火烧起来以后，要耐心观察，根据敌人的反应决定是否进攻，可以进攻就进攻，不可以进攻就停止，千万不能强求。一定不要在条件不成熟和自己没有把握的时候，强求某件事，否则会得不偿失。

12.3 故以火佐攻者明[1]，以水佐攻者强。水可以绝[2]，不可以夺[3]。

【注释】

[1]以火佐攻者明：用火来辅助进攻，效果较为显著。佐，辅助。明，明显，指效果显著。

[2]水可以绝：水可以隔绝敌军。

[3]不可以夺：不能夺取敌人的物资积蓄。

【品读】

水攻也是战争中一种常用的辅助手段。水攻的方式多种多样，主要是利用洪水去浸灌敌人城池，或趁敌人半渡之时攻击敌人，也可设法截断敌人的水源，其作战效果也较为明显。孙子对于如何进行水攻多有论述。如《军争篇》曰："不知山林、险阻、沮泽之形者，不能行军。"《行军篇》曰："丘陵堤防，必处其阳，而右备之。""绝水必远水。客绝水而来，勿迎之于水内，令半济而击之，利；欲战者，无附于水而迎客；视生处高，无迎水流，此处水上之军也。""上雨，水沫至，欲涉者，待其定也。"

自古以来有许多水攻的战例。楚汉之争时，韩信在潍水之战中水淹楚军就是典型的例子。公元前204年，韩信率军攻占齐都，齐王田广败走高密，向楚求救。项羽派将军龙且率军救援，两军夹潍水对峙。韩信趁夜命人用万余沙袋，拦截潍水上游之水，然后引军渡河去袭击龙且，随即假装战败退走，引诱龙且渡潍水来追。待龙且上当后，韩信派人撤去沙袋，大水立刻奔泻而下，大淹龙且军，韩信再回军反击，楚军大败。

水攻和火攻都是战争中普遍利用的辅助作战方式。但在孙子看来，两者相比较而言，火攻的威力更强。火攻一旦奏效，可以给敌人以毁灭性打击，敌人的城池、粮草、辎重可以在瞬间化为乌有，三军人马顷刻间毁伤殆尽。而水战虽然也可以溺杀敌军，淹没城池，却不如火攻的杀伤力强，杀伤速度快。对此，张预的注释较为明确，他说："水止能阻绝敌军，使前后不相及，取其一时之胜；然不若火能焚夺敌之积聚，使之灭亡。若韩信决水斩楚将龙且，是一时之胜也；曹公焚袁绍辎重，绍因以败，是使之灭亡也。水不若火，故详于火而略于水。"明代戚继光也说："夫五兵之中，惟火最烈。古今水陆之战，以火成功最多。"①

12.4 夫战胜攻取，而不修其功[1]者，凶[2]，命曰费留[3]。

【注释】

[1]修其功：巩固胜利成果。

[2]凶：危险。

[3]费留：费，耗费资财。留，滞留不归。

【品读】

本段孙子主要提出了战后"修其功"的思想。对于这句话，学界一直有不同的理解。对"战后修其功"较为普遍的理解是巩固胜利成果。但如何巩固胜利成果，则存在不同说法。有的理解为奖赏有功者，认为打了胜仗之后

① （明）戚继光撰，邱心田校释：《练兵实纪·杂集》卷二，中华书局2001年版，第236页。

如不能及时论功行赏，激扬士气，以巩固胜利成果，就会有祸患。张预注、吴九龙《孙子校释》、黄朴民《正说孙子兵法》等持此观点。有的理解为修战胜攻取之功。如钱基博《孙子章句训义》曰："不修其功，非谓有功之将士不赏也；谓徒有战胜攻取之事，而不修战胜攻取之功。"不过，他虽然对"奖赏有功"说提出异议，却对如何修战胜攻取之功没有详细说明。钮先钟先生对此有较为详细的论述："'战胜攻取而不修其功'就是赢得战争而未能赢得和平。诚如李德·哈特所云，大战略的眼界必须超越战争而看到战后的和平。换言之，战争目的不仅为赢得胜利而更是要获得较好的和平。假使不能在战后赢得较好的和平，则只是徒然浪费国力。"①以上解释，后一种理解更为合理，因为打了胜仗之后，首先考虑的是收拾好战后的混乱局面，安抚民心，巩固住已有的战果，其次才是论功行赏。

对于"费留"一词，历代各家注解更是大相径庭。有的认为"留"通"流"，胜利成果像流水一样逝去不复返，曹操注持此观点。有的认为是妄自耗费国家的兵力财力，使军队久留在外而不得归，张预、杜牧、李零等持此观点。有的认为是吝惜财费，留滞不用，如贾林注。有的认为"费留"通"赘瘤"，累赘、包袱之意，如杨丙安的《孙子会笺·火攻篇》注；也有的认为，"费留"即"费旒"的假借，如古棣主编《孙子兵法大辞典》、邱复兴主编《孙子兵学大典》等，但其具体解释又有所不同。《孙子兵法大辞典》认为"费旒"是装饰品、摆设之意，比喻国君徒具虚名而无实权，意思是兴师作战，攻城夺邑，而不讲求战争实际功效，那就是"凶"，那样的话，君权、将权要发生危险，失掉臣下将吏的拥护，以致有位而无权，形同虚设。而《孙子兵学大典》认为"费旒"是徒有虚名之意，意思是没有实际功效的胜仗是隐患，叫作徒有虚名。于汝波先生继承了张预等人的观点，认为"费"即《作战篇》中所说"日费千金"的"费"，意为费用，指财力上的支出；"留"意为"滞留"，指的是人力上的损耗。概言之，"费留"是指"战胜攻取"者因"不修其功"而滞留其地，致使在财力和人力上做出长期而巨大的无功付出。"修功"的含义应是攻取敌人的地盘以后，必须要迅速做好争取人心、巩固和扩大战果的工作；否则，其军队就要长期滞留在那里，国家要为此付出高昂代价，甚至会使胜利成果付之东流。② 其解释较为合理明确，其他解释均有牵强附会之感。

孙子在这里强调，发动一场战争，不仅要谋划如何战胜攻取，还要考虑如何巩固已有的胜利果实，确保战争的收益最大化。诚如李德·哈特所说：

① 钮先钟：《孙子三论：从古兵法到新战略》，第471页。

② 参见于汝波：《论〈孙子兵法〉的战后"修功"思想及其实现途径》，《军事历史研究》2005年第1期。

"假使你只是专心集中全力去追求胜利，而不想到它的后果，那么你就会过分的筋疲力竭，而得不到和平的实惠。这样的和平一定是一个不好的和平，蕴含着另一次新战争的细菌。"①因为经过交战双方的生死较量，无论胜败，战争都会给交战双方造成巨大的破坏，严重者国力耗竭，民穷财尽。面对这种情况，战胜方如果不认真考虑如何收拾战争残局，安抚民心，巩固住已有的战果，就可能会导致已有的战果付之东流。

孙子之所以会得出这样的结论，与其自身的战争实践不无关系。孙武亲自参加的历经三年的蔡、吴、唐联军攻楚入郢之战，就是一场"费留"式战争。据史书记载，吴军在攻占楚国都城郢之后，上下忘乎所以，纵暴楚国，君臣"以班处宫"②，伍子胥"鞭平王之尸以报父仇"③，吴军还焚烧府库，破坏宗庙，对于楚国的反击、越国可能的偷袭疏于防范，对吴国统治阶级内部之间的斗争也不加重视。最终在秦楚联军的反扑之下，吴军接连战败，吴王之弟夫概趁机逃回吴国自立为王，吴王阖闾最后不得不撤兵回国。孙子亲自参加了此次战争，对此肯定深有感触，经过深刻反思之后，他总结出了"战后修功"思想，希望人们引以为戒。

孙子的这一思想对于当今信息时代的战争也有重要指导意义。持续近九年的美伊战争就是一场"费留"式战争。战争不仅造成了大量美伊士兵和伊拉克平民的伤亡，而且美国为战争的花费也高达2万多亿美元。这充分表明，即使到了信息时代的今天，对待战争也要慎重，既要考虑战胜攻取，也要考虑"战后修功"，防止"费留"局面的出现。

12.5　故曰明主虑之[1]，良将修之[2]。非利不动[3]，非得不用[4]，非危不战[5]。主不可以怒而兴师，将不可愠而致战[6]。合于利而动，不合于利而止。怒可以复喜，愠可以复悦，亡国不可以复存，死者不可以复生。故明君慎之，良将警[7]之，此安国全军之道也。

【注释】

[1]明主虑之：明智的国君要慎重考虑用兵问题。

[2]良将修之：贤能的将帅要认真处理这个问题。修，治理、处理。

[3]非利不动：不是对国家有利，就不行动。

[4]非得不用：没有必胜的把握，就不要用兵。得，取胜。

---

① [英]李德·哈特著，钮先钟译：《战略论：间接路线》，第395页。

② 《左传·定公四年》。

③ 《史记·吴太伯世家》。

[5]非危不战：不是到了危机的时刻，就不要开战。

[6]将不可愠而致战：将军不能因一时怨愤而与敌开战。愠，恼怒、怨愤。

[7]警：警惕。

【品读】

本段体现了孙子的慎战思想。孙子强调，战争关系着国家的存亡、百姓的生死，君主和将帅必须慎重对待，做到以下三点：一是“非利不动”。是战是和，要根据是否符合国家的利益来决断，不能贸然行动，君主和将帅更不可凭个人喜怒逞一时意气而轻率动武，要以利害关系为准则，“合于利而动，不合于利而止”。而且争利要着眼于国家的长远利益、全局利益，否则就可能会出现争小利而失大利的现象。二是“非得不用”。出战之前，要综合对比敌我双方的情况，考虑胜算有多大，没有取胜的把握就不要出兵。三是“非危不战”。前面我们说过，孙子虽然重战，但并不主张穷兵黩武。从《作战篇》《用间篇》中他对战争可能会产生的耗费所列的一系列数据来看，他对战争给国家带来的损害有深刻的认识，因此他提出，不到危急关头不轻易开战。只有做到以上三点，才能达到“安国全军”的目的。

中国历史上不乏因盲目决策而导致战败的例子。三国时期刘备在夷陵之战中的失败，就是源于刘备没有对当时的形势进行客观的分析，不顾诸葛亮等人的劝谏，感情用事，违背了孙子的“主不可怒而兴师”的作战原则。相反，同样在三国时期，诸葛亮北伐时，为引诱魏军出战，故意派人送去女人衣服以羞辱司马懿，但司马懿不为所动，坚持不出战，最终蜀军无功而返。司马懿真正做到了孙子说的“将不可愠而致战”。

用间篇第十三

13.1　孙子曰：凡兴师十万，出征千里，百姓之费，公家之奉[1]，日费千金；内外骚动[2]，怠[3]于道路，不得操事[4]者，七十万家。相守数年，以争一日之胜[5]，而爱爵禄百金[6]，不知敌之情者，不仁之至也，非人[7]之将也，非主之佐也，非胜之主也[8]。故明君贤将，所以动而胜人[9]，成功出于众者，先知[10]也。先知者，不可取于鬼神[11]，不可象于事[12]，不可验于度[13]，必取于人，知敌之情者也[14]。

【注释】

[1]公家之奉：国家的军费开支。奉，同“俸”，指军费开支。

[2]内外骚动：举国混乱不安。内外，指前方与后方。

[3]怠：懈怠，疲惫。

[4]操事：操作农事。

[5]相守数年，以争一日之胜：双方相持数年，就是为了夺取最后一天的胜利。相守，相持。

[6]而爱爵禄百金：而吝惜爵位和俸禄。爱，吝惜。

[7]人：汉简本作“民”。传世本可能是唐人为避太宗李世民之讳而改字。

[8]非胜之主也：不是胜利的主宰者。主，主宰者。一说为君主。

[9]动而胜人：举兵就能战胜敌人。

[10]先知：预先了解敌情。

[11]鬼神：占卜、祭祀鬼神、祈祷等迷信方式。

[12]象于事：以相似的事情做类比推测。

[13]验于度：验算日月星辰的位置去判断敌情。验，验算、验证。度，度数，此指日月星辰运行的位置。

[14]必取于人，知敌之情者也：只能从人，从了解敌人情况的人那里去了解。

【品读】

《用间篇》主要是论述使用间谍的问题。字数不多，但内容十分丰富，吴如嵩先生称其为“一部微型的军事情报学著作”①。本段着重阐述了战争中用间的重要性。在《形篇》中孙子提出过一个重要的战略原则：“胜兵先胜而后求战”，即将帅在战前就要营造战胜敌人而不被敌人战胜的条件，然后才同敌人进行交战。要想“先胜”必须要做到“先知”，在战前就要对敌我双方的情况有充分的了解，这样才能灵活地运用兵力，有效地打击敌人。己方的情况比较容易掌握，而对手的情况如何“先知”呢？这里孙子摒弃了当时人们常用的求神问卜、主观臆断等推断敌情的方法，提出要通过“知敌之情”的人来了解，也就是要使用间谍来获取敌人的情报，了解敌人的动向，再作战争决策。正如后世兵书《百战奇法·间战》所云：“凡欲征战，先用间谍，观敌之众寡、虚实、动静，然后兴师，则大功可立，战无不胜。”

孙子之所以提倡用间谍搜集对手的军事情报，有着经济方面的考虑。他认识到，战争一旦爆发，不可避免会给国家的人力、物力带来巨大的消耗，即便最终能够战胜，获得一定的经济利益和回报，但是在战争中损失的将士却是不能复生的。如果不幸战败，其后果就会更加严重，不仅不能收回战争消耗，而且还要失去土地、人口等经济资源，甚至面临亡国的危险。因此，他主张以最小的代价来取得最大的战争成果。在他看来，用间就是一种投入少而收益高的活动。本篇一开始，孙子就对一场战争产生的种种耗费与使用间谍的花费进行了一番对比，认为对间谍虽然也要给予其爵禄、重金，但是相比战争的耗费和战败的损失来说，实在是微不足道。从这个角度来看，用间谍成本低、花销小、回报高，是一种费效比很高的行为，应该舍得金钱和爵位去使用或收买间谍。孙子特别指出，敌我双方征战于疆场之上，就是为了有朝一日能够获胜，如果将帅吝惜一些钱财，不重视谍报工作，导致“不知敌之情”，盲目开展军事行动而致战败，白白牺牲了将士的性命，浪费了国家财富，那就是“不仁之至”，就是国家的罪人。由此我们可以看出孙子对间谍情报工作的重视程度。

13.2　故用间有五：有因间，有内间，有反间，有死间，有生间。五间俱起，莫知其道[1]，是为神纪[2]，人君之宝也。因间者，因其乡人而用之[3]。内间者，因其官人而用之[4]。反间者，因其敌间而用之[5]。死间者，为诳事于外[6]，令吾间知之，而传于敌也[7]。生间者，反报也[8]。

【注释】

[1]五间俱起，莫知其道：五种间谍同时使用，没有人能摸清我们用间的行动规律。

---

① 吴如嵩：《孙子兵法新说》，第185页。

[2]神纪：神妙莫测之道。纪，方法、道理。

[3]因间者，因其乡人而用之：因间是利用敌国的乡野之民作间谍。因，凭借、根据，此指利用。乡人，敌国的普通民众。一说为敌国将帅的同乡之人。于鬯曰："乡人者，谓敌将之乡人也。敌将之乡人必与敌将亲密，故用以为间，可以知敌之情。若泛谓敌国之乡人，则彼且不能知将之所为，何足为用？"①可作参考。

[4]内间者，因其官人而用之：内间是利用敌国的官吏为间谍。官人，政府或军队中有一定职务的人。杜牧注曰："敌之官人，有贤而失职者，有过而被刑者，亦有宠嬖而贪财者，有屈在下位者，有不得任使者，有欲因败丧以求展己之材能者，有翻覆变诈、常持两端之心者，如此之官，皆可以潜通问遗，厚贶金帛而结之，因求其国中之情，察其谋我之事，复间其君臣，使不和同也。"

[5]反间者，因其敌间而用之：反间是利用或收买敌方间谍为我所用。杜牧注曰："敌有间来窥我，我必先知之，或厚赂诱之，反为我用；或佯为不觉，示以伪情而纵之，则敌人之间，反为我用也。"

[6]为诳(kuáng)事于外：向外散播假情况，以欺骗敌人。诳事，假情报。

[7]令吾间知之，而传于敌也："十一家注"本在"敌"字后面有"间"，孙星衍据《通典》《御览》删"间"字，今从其说。这句话的意思是，故意传播假情报，让我方间谍知道，并传给敌方，使敌人上当。一旦敌人发现上当，必然会处死间谍。杜牧注曰："吾间在敌，未知事情，我则诈立事迹，令吾间凭其诈迹，以输诚于敌，而得敌信也。若我进取，与诈迹不同，间者不能脱，则为敌所杀，故曰死间也。汉王使郦生说齐，下之。齐罢守备，韩信因而袭之。田横怒烹郦生。此事相近。"

[8]生间者，反报也：生间是在敌方了解到情况并能活着回来报告的人。反，同"返"，返回。

【品读】

本段孙子提出了五种用间的具体形式，即"因间""内间""反间""死间""生间"，并且对其方法进行了简要论述。

因间，是利用敌国普通的乡民做己方间谍，通过他们可以了解当地的山川形势、经济发展水平、军队的活动状况等，虽然这些不是军事核心机密，但也是战争中必须要了解的，如果不了解就可能会对战争产生重要影响。

因为因间社会地位不高，通过他们了解到的只是敌方下层的情报，对于敌方政治、军事核心决策层的情况则无法知晓，这些通常会通过内间来了解。内间是利用敌国的官吏为间谍。由于敌方内部统治阶级内部的一些矛盾，或者个别人的贪欲等原因，敌方某些官员常常能为我方策动收买，为我方提供情报信息。他们社会地位较高，影响力较大，多担任一定的职务，掌握一定的核心机密，可以通过他们获得一些价值较高的情报。战国时期，张

① (清)于鬯著，张华民点校：《香草续校书》(上)，第449页。

仪奉秦之命，以重金收买楚王宠臣靳尚和宠妃郑袖为秦内间，利用他们来接近楚王，达到了破坏齐楚联盟的目的，并且在他们的帮助之下多次在楚国化险为夷。靳尚和郑袖实际上就是充当了内间的角色。

在我方向对方派出间谍的同时，对方也无不处心积虑地想通过间谍刺探我方情报，如果被我方发现了，可以将其收买为我方效力，或者不惊动他，将计就计，故意向他提供虚假情报，间接让他为我方服务，这就是反间。由于反间身份特殊，迷惑性大，敌人很容易上当。东汉末年，赤壁之战前夕，周瑜借助蒋干巧用反间计，使曹操杀了精通水战的蔡瑁、张允，就是典型的事例。

战争中，为了诱使敌人上当受骗，有时不得不以牺牲自己方面间谍的性命为代价，这就是死间。通常的做法是先制造一项假情报让我方间谍知道，通过他传给敌方，引诱对方上当。敌人上当后通常会杀我方间谍以泄愤，所以称之为“死间”。历史上不乏这样的例子。秦末楚汉相争时，刘邦大将韩信攻无不克，接连攻破魏国和赵国，准备东进攻打齐国。这时刘邦谋士郦食其已经奉命出使齐国，成功说服齐国归汉。而韩信在谋士蒯通的建议下，没有停止进军，继续攻齐。由于齐王已经决计降汉，对汉军的戒备松懈，韩信大军很顺利地攻入齐国境内。齐王听说韩信大举进攻，认为郦食其欺骗了自己，十分恼火，于是命人烹杀了郦食其。韩信兵临临淄城下，大获全胜。在这次韩信攻齐战争中，郦食其便稀里糊涂地充当了“死间”的角色。

第五种是生间，就是在搜集到需要的情报后，能够巧妙脱身，安全返回的间谍。这种间谍一般比较精明强干，细致机警。

以上孙子对用间的五种划分较为合理准确，即便在现代环境中，用间的方式也超不出这五种。本段论述中，孙子一个更精彩之处在于，他提倡“五间俱起”，即不要局限于一种“用间”的方法，因为在春秋时期，用间是较为常用的一种获得敌方情报的方式，各诸侯国在刺探对方情报的同时，也会极力防范别国间谍的潜入。单纯使用一种方法很容易被敌人识破，所以要将各种“用间”方法相互配合使用，多方式、多渠道使用间谍，这样才能使敌人难以察觉我方用间的规律，防不胜防。

13.3　故三军之事，莫亲于间[1]，赏莫厚于间[2]，事莫密于间[3]。非圣智不能用间[4]，非仁义不能使间[5]，非微妙不能得间之实[6]。微哉微哉！无所不用间也。间事未发而先闻者，间与所告者皆死[7]。

【注释】

[1]莫亲于间：全军上下没有比间谍更亲信的。

[2]赏莫厚于间：军中的赏赐，没有比间谍更优厚的。

[3]事莫密于间：军中事务没有比间谍更机密的。

[4]非圣智不能用间：不是聪明睿智之人，不能使用间谍。

[5]非仁义不能使间：如果不具备仁义的德行，是不足以驱使间谍的。

[6]非微妙不能得间之实：如果不是用心精细，就不能从间谍那里得到准确真实的情报。微妙，用心精细。实，实情。

[7]间事未发而先闻者，间与所告者皆死：用间之事还没实施就先行暴露，间谍与知情者必须都杀掉以灭口。发，实施。先闻，暴露。

【品读】

本段孙子系统论述了用间的原则和条件。孙子认为，用间必须遵守三项基本原则："亲""厚""密"。"亲"，即选择最亲信的人做间谍。因间谍工作接触的是军国机密大事，其获得的情报是战略决策的依据，其本人又是对方策反的重要目标，所以间谍的人选，必须是将帅至亲至信之人，将帅对他们的性格、才能、生活习惯等十分了解，这样才能更好地牢牢掌控他们。"厚"，即必须对间谍在物质上给予优厚的奖赏。因为情报搜集是一项极其困难而又危险的工作，正如当今"谍报小说之王"麦家在其小说《刀尖》中所描绘的，间谍生活在"生死线上，刀尖上，地狱里"，随时随地都有牺牲生命的危险，所以对待他们，不能像对待一般人一样，要给予特殊的照顾，在奖赏方面应当是最优厚的，绝不能吝惜，这样他们才会心甘情愿去从事这项充满危险性的工作。"密"，即间谍工作一定要机密。使用间谍，最重要的就是一个"密"字，因为这不仅关系着间谍个人的生命安全，而且影响着战争的胜负、国家的安危，所以千万不能马虎，在整个用间过程中要严格保密，使敌人根本无法得知我方用间的动态。如果间谍工作还未开展，就出现秘密外泄的情况，那么对泄密者的处罚也是非常严厉的，出于对国家和军队安全的考虑，间谍和听到机密的人都要被处死。

孙子进一步指出，由于间谍工作的特殊性，没有特殊品德和才能的人是不能用好间谍的。要想做好用间工作，君主和将帅必须具备以下素质：圣智、仁义、微妙。道理很简单，只有具备超凡才智的君主统帅，才能做到知人善任，才能做到"五间俱起"；只有心怀仁义的君主统帅，才能做到对间谍抚之以仁，示之以义，从而赢得间谍的拥戴，使他们甘愿冒着生命危险去刺探敌方情报，宁可牺牲自己的性命也不会背叛自己的军队和国家；只有具备明察秋毫的洞察力、用心精细的君主统帅，才能辨别间谍所提供情报的可靠程度，从而对敌情做出正确的判断。东汉末年的曹操虽然雄才大略，颇通兵法，却因行事不够"微妙"，不能正确判断蒋干提供情报的真伪，从而中了周瑜的反间计，错杀了蔡瑁、张允。由此可以看出，用间的确是一种非常微妙的工作，需要超凡的智慧和高超的运用技巧，绝非一般人所能胜任。

13.4 凡军之所欲击，城之所欲攻，人之所欲杀，必先知其守将、左右、谒者、门者、舍人[1]之姓名，令吾间必索知[2]之。必索敌人之间来间我者，因而利之[3]，导而舍之[4]，故反间可得而用也。因是而知之[5]，故乡间、内间可得而使也；因是而知之，故死间为诳事，可使告敌[6]；因是而知之，故生间可使如期[7]。五间之事，主必知之，知之必在于反间，故反间不可不厚也[8]。

【注释】

[1]守将、左右、谒者、门者、舍人：守将，守城的将领。左右，守将身边的亲信。谒者，负责传达事务的人员。门者，把守城门的人。舍人，守将的门客、幕僚。

[2]索知：侦查了解。

[3]因而利之：根据情况利诱收买他。

[4]导而舍之：对敌间加以诱导，然后放其回去。导，诱导、引导。舍，释放。

[5]因是而知之：从反间那里了解敌人情况。

[6]死间为诳事，可使告敌：可以使死间将假情报传给敌人。

[7]生间可使如期：可以使生间按期返回报告敌情。

[8]反间不可不厚：不能不给予反间以优厚的待遇。

【品读】

本段孙子论述了间谍工作的任务，并强调了五间方法中对反间的利用。在孙子看来，要想争取战争的胜利，对情报信息不仅要“先知”，还要做到“全知”。在《计篇》《谋攻篇》《虚实篇》《军争篇》《九变篇》《地形篇》等篇中，孙子对战前要了解的信息内容都有零星论述，归纳起来就是要“知己知彼”“知天知地”。这里，孙子提出行间工作最起码的任务是要在战争发动前，调查清楚敌方守将及左右的姓名，这样才能根据对敌方守将的性格、作战特点等的了解采取正确的战略部署。正如杜牧所注：“凡欲攻战，先须知敌所用之人贤愚巧拙，则量材以应之。”三国时期蜀将关羽就是因为没有正确掌握镇守陆口的孙吴守将的真正人选，骄傲轻敌，以致被吕蒙钻了空子，夺取了荆州，最终落得兵败身亡的结局。

孙子还指出，“五间俱起”的关键是使用反间。孙子所处的春秋晚期，各诸侯国之间人员流动十分频繁，间谍人员也常常混迹其中，因此他建议，必须严格防范敌方间谍的潜入，一旦查出，或因势利导，或收买，或恐吓，或晓以利害，或间接利用，使之成为反间。因反间来自敌人的营垒，利用其身份的特殊性，可以推动其他用间方式的使用。一般来说，反间在敌国境内有大量的老乡和为官的朋友，通过反间，易于利用“乡间”，收买“内间”。因为反间是敌方派来的，所说之话，所做之事，容易取信于敌，所以在反间的配合下，“死间”可以将虚假情报传给敌人，并使敌军将帅深信不疑。同时，在反间的配合掩护之下，“生间”也可以在获得情报后，顺利返回。由此可见，“反间”在五间之中有着特殊地位和作用，在反间的推动之下，可以产生五种用间方式全盘皆活的效果。因此，应该给予反间最优厚的赏赐。

13.5 昔殷之兴也[1]，伊挚在夏[2]；周之兴也，吕牙[3]在殷。故惟明君贤将，能以上智[4]为间者，必成大功。此兵之要[5]，三军之所恃而动也[6]。

【注释】

[1]昔殷之兴也：公元前17世纪，商汤灭夏，建立商朝，建都亳(今河南商丘北)。公元前13世纪，商王盘庚将都城迁至殷(今河南安阳小屯村)，所以商又称“殷”。殷，商朝。兴，兴起。

[2]伊挚在夏：伊挚，即伊尹，原为夏桀的臣子，后来归附商汤。他熟悉夏朝内情，将之报告给商汤，在商汤灭夏的过程中他发挥了很大作用。商汤任其为相，委以国政。夏，夏朝。

[3]吕牙：即姜尚，字子牙，中国历史上最享盛名的政治家、军事家和谋略家。原为商纣之臣，熟悉商朝内情，后辅佐周武王灭商，因功被分封于齐，成为西周时期齐国的始祖。

[4]上智：智慧超群之人。

[5]要：要害，关键。

[6]三军之所恃而动也：这是三军一切行动的依据。恃，依靠、凭借。

【品读】

这里孙子引用伊挚、吕牙的事迹说明间谍必须以智慧超群之人来担任。银雀山汉简本此处记载与传世诸本不同，在“吕牙在殷”之后，多出了“率师比在陉；燕之兴也，苏秦在齐”这十三个字，学界多以衍文视之，而李零先生认为“率师比”前尚有一字，为“□率师比”，他与苏秦是东周时期的另外两大间谍。对此大家可作了解，我们不作详细讨论。关于伊挚、吕牙，大家较为熟悉，都是中国古代杰出上智之人，都曾在敌国生活过很长时间，熟悉敌国内情，后来归附新朝，帮助决策者取得胜利。但是历代注解兵法的学者，大都没有将其二人视为间谍。如何延锡注释道：“伊、吕，圣人之耦，岂为人间哉？今孙子引之者，言五间之用，须上智之人如伊、吕之才智者，可以用间，盖重之之辞耳。”也就是说，孙子并没有将伊挚、吕牙视为间谍，只是强调间谍应该以伊、吕之类的上智之人来担任。这种说法较为符合孙子的原意。

因为间谍担负着情报的搜集、分析、传送等工作，其所提供的信息是军队行动决策的依据，其工作的成效直接决定着战争的胜负，间谍工作的重要性毋庸置疑。大量的历史事实证明，间谍能否顺利取得敌方的情报信息、获得的情报信息是否有价值、价值的大小、能否顺利及时地传递给己方等，与间谍智慧的高低有直接的关系。不聪明的间谍，不仅可能搞不到情报，而且还可能搞到假情报，给己方造成重大损失。蒋干就是其例，不仅没有成功劝降周瑜，反而搞到了错误情报，致使曹操错杀了己方的得力将领。

聪明的间谍，不仅能获得最核心的有价值的情报，而且可以及时传递给己方，避免己方在决策方面出现失误。钱壮飞可以称得上是中共情报史上的聪明上智之人。钱壮飞是中共党员，在 1928 年打入敌人内部，得到中统局长徐恩曾的赏识，并担任其机要秘书。在敌特机关，他经过精心谋划、巧施计策，复制了徐从不离手的密电码，破译了蒋介石下达的指令及其内部往来文电，使党中央的安全和红军作战得到重要保障。1931 年 4 月下旬，中共特科负责人顾顺章叛变，党中央面临被敌人一网打尽的危险。钱壮飞凭着密码本，及时了解全部情况，将这一情报送到上海的李克农处，使中央机关抢在敌人的大搜捕前迅速转移，从而使中共中央免遭灭顶之灾。钱壮飞自知身份暴露，不得不离开南京，考虑到带子女不便行动，只好忍痛将他们留下。临走前他给徐恩曾留信，以所掌握的徐恩曾贪污特务经费、暗算同僚和生活上的一些隐私来要威胁徐，不要殃及子女。徐恩曾害怕被追究，设法向蒋介石隐瞒了自己的秘书是共产党以及密码已经泄露之事。因此，国民党当局长期未更改密码。直至红军长征时，对敌侦察仍主要依靠无线电侦听，使得红军长征中一次也未中埋伏，并总能选择敌人薄弱的部位跳出合围。中国革命的成功，钱壮飞功不可没！

主要参考文献

陈鼓应:《老子注译及评介》,中华书局1984年版。

吴九龙主编:《孙子校释》,军事科学出版社1990年版。

郭化若:《孙子译注》,上海古籍出版社2006年版。

赵国华注说:《孙子兵法》,河南大学出版社2008年版。

吴如嵩:《孙子兵法新说》,解放军出版社2008年版。

邓球柏:《孙子兵法通说》,湖南人民出版社2008年版。

杨伯峻:《论语译注》,中华书局1980年版。

杨伯峻:《春秋左传注》,中华书局1981年版。

杨伯峻:《孟子译注》,中华书局1960年版。

吴毓江撰,孙启治点校:《墨子》,《新编诸子集成》本,中华书局2006年版。

王先谦:《荀子集解》,《新编诸子集成》本,中华书局1988年版。

王琯撰:《公孙龙子悬解》,《新编诸子集成》本,中华书局1992年版。

徐元诰撰,王树民、沈长云点校:《国语集解》,中华书局2002年版。

(汉)司马迁:《史记》,中华书局1982年版。

(汉)班固:《汉书》,中华书局1962年版。

(汉)赵晔:《吴越春秋》,中华书局1985年版。

(春秋)孙武撰,(三国)曹操等注,杨丙安校理:《十一家注孙子校理》,《新编诸子集成》本,中华书局1999年版。

曾振注译:《唐太宗李卫公问对今注今译》,(台北)商务印书馆1975年版。

(明)赵本学:《孙子书校解引类》,(台北)中华书局1970年版。

(清)于鬯撰,张华民点校:《香草续校书》(上),中华书局1963年版。

银雀山汉墓竹简整理小组编:《银雀山汉墓竹简》(壹),文物出版社1985年版。

钱穆:《先秦诸子系年》,商务印书馆2005年版。
刘伯承:《刘伯承军事文选》,解放军出版社1992年版。
杨善群:《孙子评传》,南京大学出版社1992年版。
军事科学院主编:《中国军事通史》,军事科学出版社1998年版。
程素红主编:《中国历代兵书集成》,团结出版社1999年版。
于汝波主编:《孙子兵法研究史》,军事科学出版社2001年版。
钮先钟:《孙子三论:从古兵法到新战略》,广西师范大学出版社2003年版。
邱复兴主编:《孙子兵学大典》,北京大学出版社2004年版。
李零:《兵以诈立:我读〈孙子〉》,中华书局2006年版。
李零:《〈孙子〉十三篇综合研究》,中华书局2006年版。
张文儒:《中华兵学的魅力——中国兵学文化引论》,北京大学出版社2008年版。
李殿仁主编:《〈孙子兵法〉谋略新解》,国防大学出版社2009年版。
黄朴民:《正说孙子兵法》,中国人民大学出版社2010年版。
黄朴民:《先秦两汉兵学文化研究》,中国人民大学出版社2010年版。
张国浩:《孙子谋略:不战而胜》,蓝天出版社2012年版。
[德]克劳塞维茨著,中国人民解放军军事科学院译:《战争论》,解放军出版社1964年版。
[美]约翰·柯林斯著,中国人民解放军军事科学院译:《大战略》,战士出版社1978年版。
[美]小埃德加·普里尔著,吴水生等合译:《十九颗星——对美国四位名将之研究》,军事译文出版社1985年版。
[英]李德·哈特著,钮先钟译:《战略论:间接路线》,内蒙古文化出版社1997年版。
[瑞士]约米尼著,钮先钟译:《战争艺术》,广西师范大学出版社2003年版。

【孙膑兵法】品读

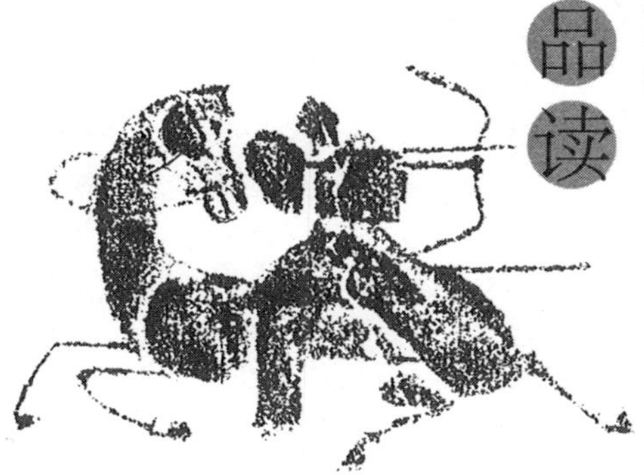

品读孙膑

一

孙武去世大约百余年后，在齐国大地上又诞生了一个军事奇才——孙膑。对于孙武与孙膑的关系，司马迁在《史记·孙子吴起列传》中是这样描述的："孙武既死，后百余岁有孙膑。膑生阿、鄄之间，膑亦孙武之后世子孙也。"也就是说，孙膑出生于山东境内的东阿、鄄城之间，也是齐国人，是孙武的后人，但尚不明确是哪一代后人。而据《新唐书·宰相世系表》，孙武有三子：驰、明、敌。孙明生孙膑。依此叙说，孙武、孙膑是祖孙关系。另外，在陆允昌搜集的《孙氏族谱》中，有说由武至膑四世者，也有说是六世者。虽然孙武、孙膑都没有明确的生卒年代，但我们可以根据他们指挥的战争对此作一个大致推测，孙武指挥的柏举之战发生在公元前506年，而孙膑指挥的桂陵之战发生在公元前354年，也就是说，两人的活动年代大约相隔一百五十年。按中国人的生育年龄，隔代的差距大约在二十多岁。按这个代差来算，孙武与孙膑应该相隔五六代，而绝不止两代、三代或四代。因此，对两人的关系，应以太史公之说为宜。

至于孙武的后人是什么时候从吴国回到齐国的，史书没有记载。我们推测，返齐的时间大概是在吴国灭亡之后。公元前473年，吴国在与越国交战中失败，吴王夫差自杀，吴国灭亡。而此时，齐国的政局已经发生重大变化，公元前481年，田恒杀掉齐简公，拥立齐简公之弟齐平公，自任相国。之后又诛杀了齐国诸多公族，进一步把持朝政，齐国卿大夫之前长时期的内耗斗争以田氏的胜利宣告结束。孙氏本是田氏的分支，原本出于同一宗族。因此，在吴国灭亡后，孙武后人返回齐国，在齐国的阿（山东阳谷东北）、鄄（山东鄄城）一带定居下来。

囿于史料，孙膑的家世背景和早年的生活状况我们一无所知。不过，可以确定的是，孙膑大约与“亚圣”孟子是同一时代人，而且二人都曾经当过魏惠王的座上宾。孙膑所生活的时代较之孙武时期已经发生了重大变化。当时，历史的车轮已经驶入战国时期。经过春秋时期无数次的兼并战争，战国初期诸侯国的数量已经减少到二十余个，其中以齐、楚、燕、韩、赵、魏、秦七国最强。各诸侯大国已不仅仅满足于争霸，大并小、强兼弱的大规模兼并战争愈演愈烈。《孟子·离娄上》描绘当时的战争场面是：“争地以战，杀人盈野；争城以战，杀人盈城。”各国为了谋求生存与发展，都在极力谋求改革或变法，以期达到富国强兵的目的。其中魏国变法最早，实力最强，战国初期，魏联赵和韩并三晋之力，向外扩张。魏惠王时，自恃强大，四面出击，不惜打破与韩、赵两国的联盟，企图吞韩灭赵，独占中原。与此同时，其他各国也都纷纷实行了变法改革。齐、秦两国相继崛起，对魏国构成东西夹击之势。楚国也伺机北上。当时，“天下方务于合从连横，以攻伐为贤”[①]，正是纵横家、兵家大显身手的时代。

受社会大环境的影响，青少年时期的孙膑大概也想在乱世中成就一番事业，于是离开家乡，跟随一位名叫鬼谷子的人学习兵法。鬼谷子真名叫王诩，又名王禅、王通，是中国历史上一位极具神秘色彩的人物。他通天彻地，兼顾数家学问，因其隐居在清溪鬼谷（大约在今河南鹤壁淇县西部）这个地方，故称鬼谷子。与孙膑一起跟随鬼谷子学习兵法的还有一个人，叫庞涓。在学习中，庞涓自感才智不及孙膑，对其颇为嫉恨。

后来，魏惠王招揽人才。庞涓求取功名心切，就下山去了魏国，被魏惠王拜为将军。庞涓深知，自己的才学韬略不及孙膑，日后孙膑下山不论是来魏国还是去其他的国家，都将对自己构成威胁。于是他暗中将孙膑诓骗到魏国，企图伺机陷害孙膑。他先是假意向魏王推荐孙膑。当魏惠王欲拜孙膑为

---

① 《史记·孟子荀卿列传》。

副军师，与他共掌兵权时，他又建议先封孙膑为客卿，等孙膑立了军功，再做军师，自己甘愿当孙膑的副手。于是孙膑被封为徒有虚名而无实权的客卿。

孙膑才能的日益显露引起了庞涓的不安，于是庞涓暗中设下圈套，诬告孙膑私通齐国。惠王大怒，听从庞涓建议，对孙膑实施膑刑，将其膝盖骨剜去，使其变成残废；又对其实施墨刑，在其脸上刺字。庞涓企图以此手段，使孙膑埋没于世，不为人知。看清庞涓真面目的孙膑虽突遭横祸，却没有屈服。他一面装疯卖傻，使庞涓放松对他的监控，一面在寻找脱离虎口的机会。

后来，齐国使者淳于髡出使魏国。孙膑受人之助，偷偷拜见了他，诉说了自己的不幸。淳于髡同情他的遭遇，也觉察到他是一个真正有才能的人，于是偷偷用车把他运到齐国。

二

孙膑到达齐国之时，正是齐威王即位之初。此时的齐国已不是姜氏的天下，公元前 379 年田氏家族的田和已经夺取了姜氏政权，建立了田氏齐国。当时齐国的实力尚不及魏国。不过田和三传至其孙齐威王时，任用邹忌为相改革政治，齐国逐渐强大起来。齐威王不甘心依附于魏国，伺机同魏国一决雌雄，以争夺中原霸权。

到齐国后，孙膑得到了齐国大将田忌的赏识。田忌把他安置在自己家中，收为门客。当时，齐国王公贵族经常聚在一起以赛马取乐，并以重金赌输赢。田忌也特别喜欢赛马，常与齐国诸公子赛马，不过输多赢少。有次孙膑去看赛马，发现比赛双方的马的脚力无有悬殊，可分为上、中、下三等。于是孙膑建议田忌加大赌注，并且向他保证必能取胜。田忌于是与齐威王和诸公子下了千金的赌注，比试赛马。临赛前，孙膑对田忌面授机宜，让他用下等马与齐威王的上等马比赛，用上等马与齐威王的中等马比赛，用中等马与齐王的下等马比赛。田忌依计而行，结果两胜一负，最终赢得齐威王的千金赌注。

通过这次赛马，孙膑的才智初步得到显露。田忌对孙膑更加敬重，他寻机将孙膑推荐给齐威王。齐威王是一位具有雄才大志的国君，他正在为了振兴齐国而招贤纳士。当他听说孙膑的遭遇以及田忌赛马胜利的原委后，立即召见孙膑。《孙膑兵法·见威王篇》介绍了孙膑初次晋见威王时所陈述的对战争问题的看法，孙膑直言不讳地向威王提出了“战胜而强立”的观点。他认为，在当今战乱频仍的年代，战争是不可避免的，只有通过武力战胜别的国家，才能立国，才能使天下畏服。他还指出，历史上被称为圣贤的神农、黄帝、尧、舜、汤、武王、周公等人，无不是通过战争手段来解决问题。当然，也不能一味好战，穷兵黩武，所谓“乐兵者亡，而利胜者辱”，一定要谨慎对待战争。孙膑的回答十分合乎威王的想法。于是，威王拜孙膑为军师，让他为齐国出谋划策。

此后，威王、田忌、孙膑三人经常坐在一起讨论军事问题。《孙膑兵法·威王问篇》记载了三人关于用兵问题的问答，基本阐述了孙膑以“道”制胜、灵活用兵的战术原则与“必攻不守”的战略思想，其中涉及许多关于治军、地形、阵法等方面的问题。孙膑还特别向威王提出，“强兵之急者”在于“富国”[①]，强调只有国富才能兵强，发展经济是进行战争的基础。

三

孙膑一生的主要功绩是辅佐大将田忌，两次击败庞涓率领的魏军，取得了桂陵之战和马陵之战的胜利。

公元前354年，赵国进攻卫国，迫使卫国向其朝贡。卫原是魏的属国，魏惠王不能容忍赵国染指卫国，于是命大将庞涓领兵8万攻打赵国，包围了赵国都城邯郸。赵国危如累卵，求救于齐。对于是否救赵，大臣们意见不一，齐相邹忌反对救援，而段干朋则主张救，并提出了救援办法，建议齐威王分兵一路向南攻打襄陵来疲劳魏军，然后趁魏军攻破邯郸后救援赵国，这样既救援了赵国，又同时削弱了魏、赵两国。齐威王采纳段干朋的建议，兵分两路，一路齐军围攻魏国的襄陵，一路以田忌为统帅、孙膑为军师率兵援赵。

田忌本想挥师直入赵国，与赵内外夹击，以解邯郸之危。孙膑否定了这一战略决策，提出了“批亢捣虚”的策略，他说：

> 夫解杂乱纷纠者不控卷，救斗者不搏撠，批亢捣虚，形格势禁，则自为解耳。今梁赵相攻，轻兵锐卒必竭于外，老弱罢于内。君不若引兵疾走大梁，据其街路，冲其方虚，彼必释赵而自救。是我一举解赵之围而收弊于魏也。[②]

这段话的意思是要想解开杂乱缠绕在一起的乱丝，不能乱抓乱扯一气。要排解两国之间的争斗，不能直接参与他们的厮杀。只要扼住要害，打击空虚无备之处，争斗自然就解开了。目前魏国正全力进攻赵国，精锐部队全部出国

---

① 《孙膑兵法·强兵篇》。

② 《史记·孙子吴起列传》。

作战，国内必然空虚，不如直接进攻魏国都城大梁，魏军必定回师自救。这样，既解了赵国之围，又打击了魏国。田忌接受了这一建议，向魏国腹地进军。

《孙膑兵法·擒庞涓篇》具体记述了孙膑在桂陵之战中的用兵计谋。为了实现围魏救赵的策略，孙膑先是采取了一系列行动来迷惑庞涓。他建议田忌首先派兵佯攻平陵。平陵是魏国东阳地区的军事重镇，虽然城池小，但人口多，兵力强，而且魏国很容易从市丘出兵切断齐军粮道。攻击平陵会给庞涓造成一种齐军不谙军事的假象，促使庞涓继续留在邯郸同赵军拼杀，消耗实力。孙膑还故意派不懂军事的齐城、高唐两邑大夫出战，其战败自然是在意料之中。这样就进一步麻痹了庞涓，使庞涓深信齐军指挥无能，从而放松了对齐军的警惕，集中全力进攻邯郸。邯郸经不起魏军进攻，终于被攻破。此时，孙膑为了不使庞涓有休整的机会，派部分轻兵锐卒直扑大梁，而暗地将主力埋伏在桂陵。庞涓听说大梁被围，不顾疲劳，丢下辎重，率军昼夜兼程回救，在桂陵与齐军遭遇。齐军以逸待劳，大破魏军。

魏军虽然在桂陵之战中被齐军打败，元气大伤，但魏国毕竟是一个久霸中原的强国，经过几年休整，魏国逐渐恢复了对外进攻。桂陵战后的十三年（前341年）[①]，魏惠王派庞涓率军进攻韩国，企图一举灭韩，韩国向齐国告急。齐威王与大臣商议救韩问题，齐相邹忌害怕田忌、孙膑再立战功会威胁到自己的地位，于是以齐国需要治理内政为借口，反对救韩。而田忌主张立即救韩，认为韩国一旦为魏所灭，于齐不利。孙膑则提出了“深结韩之亲而晚承魏之弊”[②]的主张，即同意救韩，但不要急于出兵，应该等到魏、韩两败俱伤的时候再去救援。这样既救了韩国，又不至于过于损耗齐国的兵力。齐威王采纳了孙膑的建议。韩国在得到齐国答应救援的许诺后，竭力抵抗魏军进攻，但五战五败，只好再次向齐告急。齐威王抓住魏、韩久战俱疲的时机，任命田忌为将，孙膑为军师，率兵救韩。孙膑再次使用“围魏救赵”的策略，率军直扑魏国都城大梁。

魏惠王得知齐军攻打大梁的消息，十分恼怒，决心要好好教训一下齐国，以报桂陵之战失败之仇。于是命庞涓撤回围韩之军，命太子申为上将军，庞涓为将军，率领十万军队主动迎击齐军。孙膑分析了敌我情况后指出：“魏国军队素称彪悍勇猛，向来看不起齐军，而且齐军也早有胆怯的名声

---

① 关于马陵之战的时间，史书中有几种不同记载，《竹书纪年》称发生在魏惠王二十八年，即公元前342年；《史记·田敬仲完世家》《史记·孟尝君列传》称发生在齐宣王二年，即公元前318年；《史记·魏世家》称发生在魏惠王三十年，即公元前340年；《史记·孙子吴起列传》称发生在桂陵之战后的第十三年，即魏惠王二十九年，也就是公元前341年。本文从《史记·吴起孙子列传》之说。

② 《史记·田敬仲完世家》。

流传在外，可以利用这种情况智胜魏军。”他建议田忌不要正面迎击魏军，可以利用退兵减灶之计引诱魏军追击，再出其不意的攻击，设伏聚歼魏军。田忌采纳了这一建议。

齐军依孙膑之计行事，未与魏军接触就主动后撤，并以“减灶”之策诱敌。在退兵途中第一天造了十万人做饭用的灶，第二天减少至只够五万人用，第三天又减少至仅够三万人用，造成在魏军追击下齐军士卒四散逃走的假象。庞涓接连追击齐军三天，见齐军退却避战，做饭用的锅灶一天比一天少，以为齐军斗志涣散，逃亡严重。于是丢下步兵与辎重，只带一部分精锐骑兵，昼夜兼程，追击齐军。齐军退至马陵（今河南范县西南），马陵道狭地险，林木茂盛。孙膑计算魏军的行军速度，断定魏军将于天傍黑后追至马陵，于是选择一万名善射的弓箭手埋伏于道路两侧，与士兵约定到夜里以火光为号，一起射箭。并让士兵把路旁一棵大树的皮剥掉，在上面书写“庞涓死于此树之下”八个大字。果然如孙膑所料，庞涓率魏军天黑后到达马陵。庞涓看到有一棵树的树皮被剥掉，上面刻着字，于是命士兵点燃火把照明。还没等他读完，齐军伏兵四起，万箭齐发。魏军受到突然袭击，惊慌失措，大败溃乱。庞涓智穷力竭，见败局已定，只得大叹“遂成竖子之名”，然后愤愧自杀。齐军乘胜追击，俘虏了魏军统帅太子申，歼灭魏军十万余人。这就是历史上有名的马陵之战。

经过桂陵之战和马陵之战，魏国元气大伤，一蹶不振。次年，魏国又受齐、秦、赵三国三面围攻，从此丧失了与齐、秦两国争霸的能力。齐国则声威大震，威服诸侯，成为当时数一数二的强大国家。从此，孙膑名扬天下。

四

马陵大捷后，有关孙膑的直接记载很少。不过由于孙膑与田忌的关系十分密切，我们可以从田忌的遭际中大致推测一下战后孙膑的具体活动以及晚年的境遇。

齐国宰相邹忌同大将田忌一向不和。在桂陵之战前，邹忌最初反对救赵，唯恐田忌立了战功势力变大会危及自己的相位。后来齐威王锐意进取，坚决救赵。邹忌又在威王面前力荐田忌去伐魏，其真实意图是希望田忌在与魏军交锋中战败而死，或溃败而归，然后以其作战不力为名诛杀他。但事情没有按照他预料的方向发展，桂陵之战、马陵之战的胜利使田忌的权力和威望日益提高，这更加引起了他的嫉妒。孙膑早就察觉邹忌可能会对田忌不利，于是力劝田忌拥兵入朝，驱逐邹忌。但田忌没有意识到问题的严重性，没有采纳孙膑的建议。此时邹忌却在积极谋划要除掉田忌。他派人到市中找卖卜者算卦，声称是田忌派他去的，算算如果田忌要谋反，是吉还是凶，随即邹忌又派人将此人抓获，送到齐威王那里。威王遂对田忌产生怀疑，认为田忌有谋反的意图。田忌闻讯大为恐慌，被迫出奔至楚国。

既然田忌离开齐国，作为田忌重要谋士的孙膑自然也不会独自留下，很可能会随之远走楚国。东汉高诱在注《吕氏春秋·不二》时提到："孙膑，楚人。为齐臣。"王符《潜夫论·贤难》亦说："孙膑修能于楚。"之所以二人称孙膑为楚人，很可能是因孙膑曾跟随田忌流落到楚国的缘故。另外一则材料也说明了这个问题。《孙膑兵法·陈忌问垒篇》记述了田忌与孙膑之间关于筑垒和防守等战术问题的对话问答，孙膑论述了部队在来不及构筑营垒的情况下配置兵力以及各种兵器配合使用的具体方法，并称这是"取庞涓而擒太子申"的原因，而田忌回应说："善。事已往而形不见。"可见两人谈话时距马陵之战已经很长时间了，否则田忌作为马陵之战的亲自指挥者不可能对当时的兵力部署忘记得如此之快。由此也可以推知，马陵之战后的很长一段时间，孙膑是和田忌在一起的，这段对话应该就发生在二人出奔楚国这段期间。孙膑在楚国，远离了政治纠纷和军事活动的干扰，一方面与田忌根据战争实践探讨兵法问题，一方面与弟子一起潜心著述，《孙膑兵法》一书可能就是在此时完成的。

后来，齐宣王继位后得知田忌被陷害，将田忌召回国内，孙膑也跟随田忌返回齐国。杜佑《通典》卷一六一《兵典》中记载了这样一段话："战国齐将孙膑谓齐王曰：'凡伐国之道，攻心为上，务先服其心。今秦之所恃为心者，燕、赵之权。今说燕、赵之君，勿虚言空辞，必将以实利以回其心。所谓攻其心也。'"《太平御览》卷二八二也有大致相同的记载。这段话描述的是齐、秦两国争夺燕、赵的情形，秦国成为强大的国家而与齐形成对峙，应该是在齐宣王时期。因此，与孙膑谈话的齐王应该是宣王。可见回到齐国后的孙膑仍然在齐王面前为齐国的发展出谋划策。

至于孙膑最后是如何去世的，因受史料所限，我们已经无从考证了。

五

孙膑亦有兵书《孙膑兵法》传世。较之《孙子兵法》，《孙膑兵法》因长期失传而显得有些沉寂。其实，如同《孙子兵法》一样，《孙膑兵法》自面世以后，也在社会上广泛流传，为世人所研习。司马迁称，马陵之战后，"孙膑以

此名显天下，世传其兵法”[①]。《吕氏春秋·不二》也概括《孙膑兵法》的特点是“贵势”。至东汉，班固撰《汉书·艺文志》，在《兵书略》中明确著录：《吴孙子兵法》八十二篇，图九卷；《齐孙子》八十九篇，图四卷。这里的《吴孙子兵法》即《孙子兵法》，《齐孙子》即《孙膑兵法》。但是到了魏征等编撰《隋书·经籍志》时，《孙膑兵法》已不见著录。可见最晚在隋以前，这部兵书就已经失传。

由于《孙膑兵法》的失传以及《左传》《国语》等典籍中对孙武记载的缺乏，后人对孙武与孙膑的关系、《孙子兵法》与《孙膑兵法》的关系一度产生怀疑。比如：中国现代学者钱穆认为：“《孙子》十三篇，洵非春秋时书。其人则自齐之孙膑而误。”[②]还有学者认为，《孙子兵法》“导源于孙武，完成于孙膑”[③]。1972 年 4 月，山东临沂银雀山汉墓竹简出土，失传近两千年的《孙膑兵法》重新面世，同时出土的还有《孙子兵法》等一批兵书。《孙子兵法》与《孙膑兵法》的同时出土，以无可辩驳的事实证明了孙武和孙膑各有其人，两人各有兵法传世。

竹简本《孙膑兵法》自出土以来，受到学者的广泛关注，各种注本、解读本日益丰富。《孙膑兵法》在沉寂了近两千年以后，终于开始重放异彩。

① 《史记·孙子吴起列传》。

② 钱穆：《先秦诸子系年·孙武辨》，商务印书馆 2005 年版，第 15 页。

③ 任继愈主编：《中国哲学史》第 1 册，人民出版社 2003 年版，第 124 页。

凡例

一、《孙膑兵法》以银雀山汉墓竹简整理小组所整理并校释、文物出版社1985年出版的《银雀山汉墓竹简》第一辑中所录《孙膑兵法》为底本，同时参考张震泽《孙膑兵法校理》、邓宗泽《孙膑兵法注译》、霍印章《孙膑兵法浅说》等诸家研究成果，结合本人理解，作出注释。

二、凡底本正文衍夺误窜之处，均直接改正，以便阅读，但均在注释中加以说明。

三、《孙膑兵法》原文中凡银雀山汉墓竹简整理小组所补文字（包括篇题在内），用[]号标出，本书所补之字，用【】号标出；不能辨识的字以及由于竹简残断而缺失的字用□号表示，但字数超过五个或残缺字数不明时，则用……号表示，与……号相连的□号一般省去。

四、为了方便读者，《孙膑兵法》简文中的异体字和假借字等一般直接改为通行的简化字，不再注释。如“陈”改作“阵”，“埶”改作“势”，“適”改作“敌”，“請”改作“情”，“篹”改作“选”，“亓”改作“其”，“胃”改作“谓”，“弟”改作“悌”等。

五、对于《孙膑兵法》中似属某篇或虽确定属于某篇但不能确定它在篇中位置的简文，本书将其分别附于各篇之末，加五个“※”号与成段简文隔开，直录原文，不再注释。

六、《孙膑兵法》简文原来的各种标点符号，一律略去，另加标点符号。

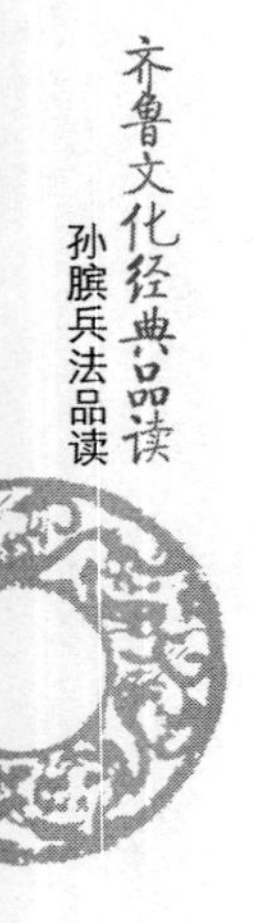

目录

擒庞涓[1]篇第一

1.1　昔者[2]，梁君[3]将攻邯郸[4]，使将军庞涓、带甲[5]八万至于茬丘[6]。齐君[7]闻之，使将军忌子[8]、带甲八万至……境[9]。庞子攻卫[10]□□□。将军忌[子]……□卫□□救与……救卫是失令[11]。田忌曰："若不救卫，将何为？"孙子曰："请南攻平陵[12]。平陵，其城小而县大，人众甲兵盛，东阳战邑[13]，难攻也。吾将示之疑。吾攻平陵，南有宋[14]，北有卫，当途有市丘[15]，是吾粮途[16]绝也，吾将示之不知事[17]。"于是徙舍[18]而走[19]平陵。

【注释】

[1]擒庞涓：擒，据张震泽撰《孙膑兵法校理》(以下简称《校理》)考证，擒有两种含义：一是俘获，二是制服，本篇取第二种含义。庞涓是战国时魏国大将，早年曾与孙膑同学兵法。简文中又称庞子。

[2]昔者：从前。据史书记载，周显王十五年(前354年)，魏大举攻赵，包围赵都邯郸，次年赵向齐求救，齐王命田忌、孙膑率军援救。本篇可能是孙膑弟子或门人的追述语。

[3]梁君：魏国国君惠王，公元前369年至前319年在位。魏国在惠王时将都城从安邑迁至大梁，故魏又称梁，《孟子》一书将魏惠王直接称为梁惠王。

[4]邯郸：赵国国都，今河北邯郸。

[5]带甲：身着铠甲的士兵，泛指军队。

[6]茬(chí)丘：地名，张震泽《校理》考证，"可能在今山东茌平境内"。

[7]齐君：齐国国君威王，公元前356～前320年在位。在位期间，任用邹忌为相，田忌为将，孙膑为军师，整顿内政，富国强兵，使得"诸侯东面朝齐"。

[8]忌子：即田忌，战国时齐国大将，曾向齐威王推荐孙膑。

[9]境：边境。这里简文残缺，不能明确是哪国边境，大概是齐、卫相交的边境地带。

[10]卫：国名，原建都朝歌(今河南淇县)，春秋时迁都帝丘(今河南濮阳)。位于魏、赵、齐之间，是各国争夺的对象。

[11]自"庞子攻卫"至"救卫是失令"：此句简文残缺。据文意推测，大概是说庞涓率军攻赵时，途经卫国，向卫国发起进攻。田忌问孙膑是否救卫，孙膑回答说："现在救卫不是上策。"失令，错误的做法。

[12]平陵：地名，确切地点不详。张震泽《校理》考证认为即是魏国东方门户襄陵，在

今河南睢县，是卫、魏、宋三国交界之处。

[13]东阳战邑：东阳，魏国的地区名，有大小城邑四十余座。战邑，军事重镇。意思是平陵是魏国东阳地区的军事重镇。

[14]宋：春秋时期的诸侯国，最初建都商丘（今河南商丘），战国初期迁至彭城（今江苏徐州）。

[15]市丘：地名或国名。《校理》认为应作"市丘"，即《竹书纪年》"梁惠成王十六年，邯郸伐魏，取漆、富丘，城之"中的"富丘"，卫国地。霍印章《孙膑兵法浅说》（以下简称《浅说》）认为，似乎是魏国的一个小附庸国。

[16]粮途：运粮时所经过的道路。

[17]不知事：不懂得用兵打仗的规律。

[18]徙舍：拔营前进。古代行军一天走三十里就要停下来住宿休息，因此古代称住宿为舍，或三十里为一舍。

[19]走：奔赴，前往。

【品读】

本篇是《孙膑兵法》的首篇，全篇以故事的形式记载了孙膑在桂陵之战中的用兵计谋。桂陵之战是春秋战国时期齐、魏之间的一次著名战役。在这次战役中，孙膑运用"示之疑""示之败""避实击虚""以逸待劳"等方法，在桂陵大败魏军，创造了"围魏救赵"的光辉战例。本篇较为全面地展示了孙膑用兵的特点，"是提挈全书的总纲。其余十五篇都是它的延伸、扩展和深化"①。《史记·孙子吴起列传》对本次战役也有记载，但侧重于记述孙膑的军事思想，对战争过程的描述则过于简略。将本篇与《史记·孙子吴起列传》中有关记载合而观之，可以看出孙膑"围魏救赵"战法的整个施展过程。

这一段主要体现了孙膑让威避敌的思想。在《威王问篇》中，孙膑在回答威王"敌众我寡，敌强我弱，用之奈何"之问时，提出了"让威"的思想。"让威"就是说，当敌人力量强于我方时，不要同敌人硬打硬拼，要避开敌人的锋芒，然后设法削弱敌人的力量，等到敌人精疲力竭时，再与之交战。在桂陵之战前，从齐、魏兵力上来看，双方都是八万人，似乎势均力敌，但实际上士卒的战斗力是不可同日而语的。《史记·孙子吴起列传》称，魏军"素悍勇而轻齐，齐号为怯"，《荀子·议兵》也说，"齐之技击不可以遇魏氏之武卒；魏氏之武卒，不可以遇秦王之锐士"。可见，魏国士卒较之齐国士卒更加凶悍勇猛是当时人们的一种普遍看法。而且魏国是战国初期率先在诸侯国中进行改革的国家，从综合国力上来讲，盛于齐国。在这种敌强我弱的不利形势

① 杜汝波：《〈孙膑兵法〉谋虑指要》，吴如嵩主编：《大智慧：中国十大兵书谋略指要》，中国工人出版社 1996 年版，第 293 页。

下，如果齐军同魏军正面交锋，自然没有取胜的把握，不但救不了赵国，而且自己也可能会招致“削地而危社稷”的后果。因此，孙膑建议，一方面要避敌锋芒，避免陷入被动的局面；另一方面要设法削弱魏军实力，具体做法是南攻平陵。平陵是魏国东阳地区的战略要地，其城虽小，却人口众多，兵力很强，不易攻打，而且攻打的话又很容易断绝自己的粮道，因此，攻打平陵纯属于“不知事”的举动。庞涓见齐军攻打平陵必定会认为齐军将领不善于用兵，从而产生麻痹心理而放手攻打卫、赵。当魏军实力消耗到一定程度后，再寻找机会与之交战，这样就可以以最小的代价获得最多的利益。

……

1.2 [□□]陵，忌子召孙子而问曰：“事将何为？”孙子曰：“都大夫孰为不识事[1]？”曰：“齐城、高唐[2]。”孙子曰：“请取所……二大夫，□以□□□臧□□都横卷，四达环涂[3]，□横卷所□阵也[4]，环涂铍甲之所处也[5]。吾末甲劲，本甲不断[6]。环涂击柀[7]其后，二大夫可杀也[8]。”于是断齐城、高唐为两[9]，直将蚁附[10]平陵。挟苲环涂夹击其后[11]，齐城、高唐当术[12]而大败。

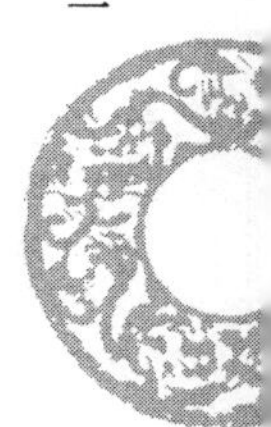

【注释】

[1]都大夫孰为不识事：我们的都大夫中有谁不懂得作战的规律？都大夫，治理都的长官，古称大都邑为都，非指都城。孰，谁、哪个。不识事，意思同上文的“不知事”。

[2]齐城、高唐：齐国的两个城邑。齐城，大概是指齐国临淄。高唐，在今山东高唐、禹城之间。这里指这两个城邑的都大夫。

[3]自“请取所”至“四达环涂”：此句简文残缺过多，具体含义不详。横、卷，张震泽《校理》认为是魏国的两个城邑，即黄邑和卷邑，各距大梁百里。四达，四通八达。环涂，诸家解释多存歧义：一说是魏军驻地之一；一说是魏国将军“钻荼”；一说即“环途”，迂回之意；一说是环城大道，据国都二百里内为环涂。本文取最后一种说法。《周礼·冬官·考工记·匠人》：“经涂九轨，环涂七轨，野涂五轨。”郑玄注引杜子春云：“环涂，谓环城之道。”贾公彦疏认为，距离国都二百里为环涂，三百里为野涂。环涂，即环绕魏都大梁外围的环形道路，此处当指联结黄、卷两邑的这一段道路。这句话的意思可能是说，请派齐城、高唐两个城邑的都大夫分别带所属部队去攻打平陵，沿途要经过黄、卷两邑，两邑之间有四通八达的环城大道。

[4]□横卷所□阵也：简文残缺，具体含义不详。邓宗泽《孙子兵法注译》认为，应为“□横卷所以阵也”，即我方要将阵势的侧背对着环涂。

[5]环涂铍甲之所处也：黄、卷两邑之间的环城大道，是敌军驻地。铍甲，即被甲，指兵士。一说为“彼甲”。

[6]末甲劲，本甲不断：前锋部队要猛攻平陵，后续部队要不断增援。末甲，前锋部队，即把力量不是很强的齐城、高唐两部充当精锐去做前锋。本甲，后续部队。

[7]柀：借为“破”。

[8]二大夫可杀也:齐城、高唐两大夫必定会兵败受挫。孙膑此举是要牺牲齐城、高唐两位大夫,使魏军产生齐军软弱无能的错觉,从而达到骄敌的目的。

[9]断齐城、高唐为两:将齐城、高唐两大夫带领的部队分成两路。断,原作"段"。

[10]蚁附:简文原作"蚁傅"。军队攻城时士卒凭借云梯如同蚂蚁般攀援而上。《孙子兵法·谋攻篇》有"将不胜其忿而蚁附之"之语。

[11]挟莅(jiā dié)环涂夹击其后:魏军从环涂大道连续不断的进攻齐城、高唐二大夫的军队。挟莅,连续不断的意思。

[12]术:道路。

【品读】

孙膑在提出南攻平陵的作战计划后,又建议由"不识事"的齐城、高唐两邑的大夫带所属部队去攻打平陵。孙膑之所以采取这种未战而先杀己将的行动,其目的就在于故意牺牲齐城、高唐两大夫及所属部队,以进一步迷惑庞涓。因为孙膑深知,平陵乃魏国东阳地区的军事重镇,庞涓在北上邯郸的同时,必定也会关注战局的发展,如果齐国军队真的占领了平陵,肯定会引起庞涓对齐军的重视,庞涓很有可能会停止北上,调头回师与齐军决战。这时魏军实力还没有经过太多消耗,战争形势对齐军来说仍然不利。因此,只有齐军攻打平陵失败,才能促使庞涓真正相信齐军不堪一击,从而毫无顾忌地围攻邯郸。战事的发展果如孙膑所预料,齐城、高唐二都邑大夫兵分两路去攻打平陵,黄、卷二邑的魏军从环涂大道连续不断地进攻齐军,齐城、高唐二部未及攻城,就被魏军杀得大败。庞涓进一步放松对齐军的警惕,北上围攻邯郸,而当时赵国已经得到了齐国救赵的许诺,坚决抗魏,死死地拖住了魏军,使魏军实力消耗很大,这就为齐军后来的胜利创造了有利的条件。

《墨子·大取》说:"断指以存腕,利之中取大,害之中取小也。"也就是说,做事情一定要权衡利弊得失,必要时要牺牲小利以得大利。如果说断指是为了保存手腕而迫不得已采取的一种手段,那么孙膑主动牺牲自己的大将和部属以迷惑敌人,用较小的代价来换取战争全局的利益,其勇气则更甚于断指。古今中外的战争史上,这样的壮举也不鲜见。《韩非子·说难》中记载了这样一个故事,郑武公想攻打胡国,攻胡之前,为了麻痹胡国国君,他故意把自己的女儿嫁给胡国君主,后又杀掉了建议攻伐胡国的大臣关其思,并且散布谣言说:"胡国与我们郑国是兄弟国家,关思其却说要攻打胡国,实在是罪不可赦。"胡国国君听到郑武公这番话,又看到主战的关其思被杀,就放松了对郑国的警惕。结果,郑武公突袭胡国,将其灭亡。郑武公为了消灭胡国,不惜牺牲女儿的幸福、大将关其思的性命,以迷惑胡国国君,其壮举不亚于孙膑。

1.3 将军忌子召孙子问曰："吾攻平陵不得而亡齐城、高唐，当术而蹶[1]。事将何为？"孙子曰："请遣轻车西驰梁郊，以怒其气。分卒而从之，示之寡[2]。"于是为之。庞子果弃其辎重[3]，兼取舍而至[4]。孙子弗息[5]而击之桂陵[6]，而擒庞涓。故曰，孙子之所以为者尽[7]矣。

【注释】

[1]蹶：失败。

[2]分卒而从之，示之寡：分散士兵以跟从轻车，以显示我方兵力的单薄。从，随行。

[3]辎重：军用物资器材。

[4]兼取舍而至：庞涓日夜兼程地赶路，欲回救大梁。取，趋。取舍，昼夜不停。至，回师救大梁。

[5]弗息：不停顿。

[6]桂陵：地名，其位置诸家说法不一，张震泽《校理》认为在今山东菏泽。

[7]尽：极、至，尽善尽美之意。

【品读】

齐城、高唐二部攻打平陵的失败进一步滋长了庞涓的轻敌心理，庞涓集中兵力围攻邯郸，到了公元前353年7月，在魏军与赵军鏖战一年之后，邯郸终于被攻克。经过长期的激战，魏军已经精疲力竭。齐军与之交战的时机已到，为了诱使庞涓回师，孙膑再次施展诱敌之计，建议田忌派少数兵力直攻魏国都城大梁。当时，魏国主力部队在赵国，大梁城内空虚，进攻大梁可以激怒庞涓，迫使其回师自救。孙膑之所以派少数兵力进攻大梁，是故意向魏军"示之寡"，其意图是要进一步麻痹庞涓，使庞涓确信齐军将领不会带兵，齐军不堪一击，与齐军交战根本不需要重兵。果然，庞涓听说齐军攻打大梁的消息后，怒不可遏，积极准备回师大梁。他见围攻大梁的齐军人数不多，就没有将齐军放在眼里，丢下辎重车辆，只率轻骑锐卒，日夜兼程，直奔大梁而来。而此时孙膑悄悄将主力部队埋伏在庞涓回师必经的要道桂陵。当庞涓率魏军进入齐军的埋伏圈后，齐军四面出击。此时魏军由于长期在外作战，再加上长途跋涉，急速行军，士兵已疲惫不堪，而齐军则是以逸待劳。于是，齐、魏一交战，魏军大败。

综观战争的整个过程，从齐国出兵救赵到在桂陵大败魏军，齐军的每次行动与部署都展现着孙膑卓越的才智和谋略。首先在救赵问题上，孙膑提出了"批亢捣虚"的正确策略，反对直接出兵救赵，主张避实击虚，攻其必救，攻打内虚之魏都大梁，邯郸之围必定会自动解除；其次，让威避敌，示弱骄敌，避开敌人的锋芒，同时通过进攻平陵以及齐城、高唐二部的战败等一系

列“不知事”的行动，迷惑庞涓，坚定其攻赵之心。再次，等魏军实力消耗殆尽时，再派少数兵力进攻大梁，激庞涓率少数兵力回师自救。齐军以逸待劳，趁机歼敌。在整场战役中，孙膑始终掌握着战争的主动权，他通过环环相扣的部署，一步步将庞涓引向失败的结局。

“围魏救赵”的战法，已经成为两千多年来军事上诱敌就范的常用手段。太平天国后期，李秀成就曾成功运用“围魏救赵”之法解除了清军对天京的围困。1860 年，清军数十万人围困了太平天国都城天京，李秀成向洪秀全建议，由自己分兵偷袭杭州，吸引敌人分兵救援，然后自己再回师天京，与天王两面夹击清军，以解天京之围，洪秀全最终同意这一计谋。李秀成和石达开各率一部人马突围出去，兵分两路分别进攻杭州和湖州。李秀成攻下杭州，焚烧了清军粮仓，成功吸引了围困天京的清军分兵解救杭州。之后，李秀成火速回师天京。此时，石达开也率师回撤天京，两军兵马与天京城内的太平军对清军形成夹击之势，清军始料未及，阵势大乱，一败涂地，天京之围解除。毛泽东同志也充分肯定了“围魏救赵”这一战法在抗日战争中的现实意义。他说，“如果敌在根据地内久踞不去……即以一部留在根据地内围困该敌，而用主力进攻敌所从来之一带地方，在那里大肆活动，引致久踞之敌撤退出去打我主力；这就是‘围魏救赵’的办法”[①]。

① 毛泽东：《抗日游击战争的战略问题》，中共中央文献研究室、中央档案馆编：《建党以来重要文献选编（一九二一—一九四九）》第 15 册，中央文献出版社 2011 年版，第 374 页。

见威王篇第二

2.1 孙子见威王，曰：夫兵者，非士恒势也[1]，此先王之傅道也[2]。战胜，则所以存亡国而继绝世[3]也。战不胜，则所以削地而危社稷[4]也。是故兵者不可不察。然夫乐兵者亡，而利胜者辱[5]。兵非所乐也，而胜非所利也，事备而后动。故城小而守固者，有委[6]也；卒寡而兵强者，有义[7]也。夫守而无委，战而无义，天下无能以固且强者。

【注释】

[1]夫兵者，非士恒势也：战争不是军队可以经常进行的事情。兵，本义为兵器，此处引申为战争。士，军队。恒，经常。势，形势，此处指事情。

[2]此先王之傅道也：这是先王所传布的道理。傅，借为"敷"，布、施。道，道理。

[3]存亡国而继绝世：存，原作"在"，应为误写。意思是使濒于灭亡的国家继续存活下去，使将要灭绝的宗族世系得以延续下去。孙膑在这里强调，战争的胜负关系着国家的存亡，与《孙子兵法·计篇》"兵者，国之大事，死生之地，存亡之道，不可不察也"意思相同，不同于儒家提倡的"兴灭国，继绝世"的政治思想。

[4]社稷：国家。社，土神。稷，谷神。

[5]乐兵者亡，而利胜者辱：轻率好战的，必将导致灭亡；而一味贪求胜利的，必将受挫被辱。乐兵，好战。利胜，贪求胜利。

[6]委：委积、物资储备。《孙子兵法·军争篇》曰："军队无委积则亡。"

[7]义：正义。此指进行战争有正义的理由。

【品读】

本篇为孙膑初次晋见齐威王时所陈述的对战争问题的基本看法，集中反映了他的战争观。孙膑继承了乃祖孙武"兵者，国之大事，死生之地，存亡之道，不可不察也"①的战争认识论，进一步强调了战争的重要性。他认为，战争是关系到国家生死存亡的大事，如果一个国家取得了战争的胜利，就可以避免被其他诸侯国灭亡，从而使江山世代延续下去；如果打了败仗，就会割让土地，丧失领土，以致危及国家的生存。因此，对于战争必须详察明审。

---

① 《孙子兵法·计篇》。

不过，孙膑虽然重视战争的作用，但他并不是一味好战，专嗜攻伐的穷兵黩武之人。在强调战争重要性的同时，他也指出“乐兵者亡，利胜者辱”，认为如果轻率好战，就可能有亡国的危险，一味贪求胜利，就可能会受挫被辱。《选卒篇》中孙膑也告诫齐威王，“其伤在于数战”，频繁的战争会损伤国家的元气。同一时期的吴起也曾这样说：“天下战国五胜者祸，四胜者弊，三胜者霸，二胜者王，一胜者帝。是以数胜得天下者稀，以亡者众。”①认为多次取得战争的胜利而能取得天下的少，由此亡国的却很多。孙、吴二人的说法可谓如出一辙，他们都看到了无节制的战争即便是屡战屡胜，也会使军队得不到必要的休整，严重影响军队的战斗力，而且会给国家的财力、物力造成巨大消耗，甚至有亡国的危险。所以他们郑重地告诫世人，一定不要草率用兵。

慎重对待战争，也是孙膑从无数战争事实中得出来的经验。春秋时期，楚灵王在位时期，不体恤民情，穷奢极欲，四处征伐，与诸侯战争不断，最终其统治被人民推翻，灵王也在流亡中死去。吴王夫差登位之初，励精图治，大败勾践，使吴国国力达到鼎盛。然而在位后期，生活奢华无度，对外穷兵黩武，后被勾践乘虚攻入，吴国溃灭，他也自刎而死。这些都是发生在孙膑之前的因好战、贪得无厌而导致国家覆亡的生动事例，因此孙膑提醒人们一定要谨慎地对待战争。

慎战不代表不战，在战国时期“争于气力”的大形势下，不战无异于坐以待毙。孙膑指出，要进行战争，必须做好各方面的准备，“事备而后动”，绝不打无准备之仗。具体来说，要做到“有委”“有义”。“有委”就是有强大的经济基础，有充足的物资储备。只有国家富强了，物资充足了，才能保证战争的顺利进行；相反，如果物资储备不充足，军心就会动摇，军队的战斗力就会受影响，必然会导致覆亡的结果。正如《孙子兵法·军争篇》所说：“军无辎重则亡，无粮食则亡，无委积则亡。”“有义”就是进行正义的战争。战争历来分为正义战争和非正义战争。进行“义战”是先秦思想家对战争的一致主张。儒、墨、道各家虽然均持“非战”立场，但他们并非反对所有战争，对于攻伐掠夺、以强凌弱的非正义战争深恶痛绝，而对吊民伐罪、诛暴讨乱的正义战争则坚决拥护。比如孟子鼓励齐宣王伐燕，他说：“今燕虐其民，王往而征之，民以为将拯己于水火之中也。”②荀子也称：“彼兵者，所以禁暴除害也，非争夺也。故仁人之兵，所存者神，所过者化，若时雨之降，莫不说喜。是以尧伐驩兜，舜伐有苗，禹伐共工，汤伐有夏，文王伐崇，武王伐纣，此四帝两王，皆

---

① 《吴子·图国》。

② 《孟子·梁惠王下》。

以仁义之兵行于天下也。”[①]墨子把战争分为“诛”(诛无道)和“攻”(攻有罪)两类,认为“诛”是正义的,值得肯定。战国时期的兵书也多强调战争的正义性。《吴子》对战争进行分类,提倡“禁暴救乱”的义兵。《尉缭子·武议》说:“兵者,所以诛暴乱,禁不义也。”可见,义战是先秦思想家普遍的主张。这里孙膑也以“义”为尺度判断战争的胜负,认为只要修明政治,进行正义的战争,就可以取得人民的支持,即便是兵力少,也会保持强大的战斗力。

总之,孙膑强调,对战争一定要慎重,既不要穷兵黩武,以征战为乐事,也不要放弃战备。《威王问篇》中孙膑说,“用兵无备者伤,穷兵者亡”,正可以用来说明他对战争的态度。

....

2.2 尧有天下之时,黜王命而弗行者七[1],夷有二[2],中国四[3]。故尧伐负海之国而后北方民得不苛[4],伐共工而后兵寝而不起[5],弛[6]而不用。其间数年,尧身衰而治屈[7],胥[8]天下而传舜。舜击讙兜,放之崇[9];击鲧,放之羽[10];击三苗[11],放之危[12];亡有扈氏[13]中国。有苗民存,独为弘[14]。舜身衰而治屈,胥天下而传之禹。禹凿孟门而通大夏[15],斩八林而焚九□[16]。西面而屏[17]三苗,□□……素佚而致利[18]也。战胜而强立[19],故天下服矣。

【注释】

[1]黜王命而弗行者七:违抗而不执行尧帝命令的有七个部落。黜,废弃。

[2]夷有二:东方地区部族有两个。夷,中国古代东部地区诸部族的统称。

[3]中国四:中原地区部族有四个。中国,指中原地区。

[4]尧伐负海之国而后北方民得不苛:尧讨伐了远方靠海之国以后,居住在北方地区的民众才免受骚扰。负海之国,背海之国,即燕、齐等沿海国家。《商君书·兵守》曰:“四战之国贵守战,负海之国贵攻战。”苛,骚扰。

[5]伐共工而后兵寝而不起:尧帝讨伐了共工以后,战争得以止息,废弛武备不再使用。文中所说的“共工”“尧”“讙兜”“神农”“斧遂”“黄帝”“舜”“[illegible]管”等皆为传说中的中国古代部落首领。相传共工族为争夺部落盟主之位与其他各族发生过激烈的冲突,其最终为谁所杀,史书记载有异。《淮南子·兵略训》称:“颛顼诛之。”《荀子·议兵》云:“禹伐共工。”《史记·楚世家》说:“共工氏作乱,帝喾使重黎诛之而不尽。”《逸周书·史记解》记载与本篇相似:“唐氏伐之,共工以亡。”寝,休止。

[6]弛:废除。

[7]治屈:无力治理国家。屈,穷尽。

[8]胥:全部、皆。

[9]崇:崇山,位于今湖南张家界西南。

---

① 《荀子·议兵》。

[10]羽：羽山，位于今江苏东海和山东临沭交界处。

[11]三苗：古代南方氏族部落名，主要分布于今湖南岳阳、湖北武昌、江西九江一带。与灌兜、共工、稣合称为“四罪”。

[12]危：地名，即三危，位于今甘肃敦煌东南三十里。《尚书・舜典》载：“窜三苗于三危。”

[13]有扈氏：古部落名，居于今陕西户县附近。《尚书・甘誓》记载，有扈氏对启破坏禅让制度的做法十分不满，拒绝出席钧台之会。启以“恭行天之罚”的名义讨伐并灭掉有扈氏。

[14]弘：可能是“强”字的误写。

[15]凿孟门而通大夏：孟门，古地名。相传古时黄河由此横溢，大禹治水时开凿疏通之。大夏，即夏墟，地在晋南。

[16]九□：邵鸿《〈孙膑兵法〉通解》认为，“九”后面之字疑为“薮”，《尚书》说大禹治水“随山刊木”，开通道路，本句似即指此。[1]

[17]屏：原作“并”，放逐。

[18]素佚而致利：此句上文残缺，原意可能是说任何帝王都不可能无所作为靠安逸而取得胜利。佚，同“逸”。

[19]战胜而强立：只有用武力战胜敌人，才能使自己强大巩固起来。

【品读】

这段话孙膑提出了“战胜而强立”的思想。孙膑列举了传说中和历史上的一系列战争，如“尧伐共工”“舜击讙兜”“击稣”“亡有扈氏”、禹“并三苗”，以及下文中提到的“神农战斧遂”“黄帝战蜀禄”“舜伐劇管”“汤放桀”“武王伐纣”“帝奄反，故周公践之”等，来说明任何帝王都不可能靠安逸而取得胜利，只有通过战争的强制手段去平定反叛者，才能使天下人畏服，才能实现国家的统一。

孙膑这种以战止战思想的产生并不是偶然的，这是战国时期许多军事家、思想家、政治家的共识。《司马法・仁本》说：“以战止战，虽战可也。”《商君书・画策》也说：“以战去战，虽战可也。”《战国策・秦策一》记载苏秦在游说秦惠王时说：

> 昔者神农伐补遂，黄帝伐涿鹿而禽蚩尤，尧伐驩兜，舜伐三苗，禹伐共工，汤伐有夏，文王伐崇，武王伐纣，齐桓任战而伯天下。由此观之，恶有不战者乎？……夫徒处而致利，安坐而广地，虽古五帝、三王、五伯，明主贤君，常欲坐而致之，其势不能，故以战续之。宽则两军相攻，

① 参见邵鸿：《〈孙膑兵法〉通解》，徐勇主编：《先秦兵书通解》，天津人民出版社2002年版，第154页。

迫则杖戟相撞，然后可建大功。是故兵胜于外，义强于内；威立于上，民服于下。今欲并天下，凌万乘，诎敌国，制海内，子元元，臣诸侯，非兵不可！

苏秦之语与孙膑的说法惊人地相似。他们都意识到，在战乱纷纭的环境中，只有诉诸武力，才能立国，才能进而结束当时诸侯混战的局面。

孙膑、苏秦等人之所以如此推崇战争的作用，是基于战国时期的历史情况而得出的结论。如果说春秋时期各国争战的目的主要是争霸，那么到了战国时期，争战的目的已经变成兼并。许多小国家在战争中被兼并已经成为无情的现实。春秋时期，大大小小有数百个诸侯国，而到了战国时期，最终只剩下齐、楚、燕、韩、赵、魏、秦七个大国。这些小国的灭亡和七个大国的形成，无非是持续不断的兼并战争的结果。这些残酷的战争事实就发生在孙膑生活前后不久的时间内，孙膑对此自然是深有感触。所以他强调，战争是除暴乱、禁争夺，实现国家统一的重要手段，只有诉诸武力，才能有存身之地，才能制止战争，结束战争。

2.3　昔者，神农战斧遂；黄帝战蜀禄[1]；尧伐共工；舜伐劚管；汤放桀；武王伐纣；帝奄[2]反，故周公践之[3]。故曰，德不若五帝[4]，而能不及三王[5]，智不若周公，曰我将欲积仁义，式[6]礼乐，垂衣裳[7]，以禁争夺。此尧舜非弗欲也，不可得，故举兵绳之[8]。

【注释】

[1]蜀禄：即涿鹿。传说黄帝在此杀了蚩尤。

[2]帝奄：当作“商奄”，国名。在今山东曲阜境内。周灭商后，纣王之子武庚曾联合商奄、徐等国叛周。

[3]周公践之：周公，西周初年的政治家姬旦，周武王之弟。践，原作“浅”，镇压。

[4]五帝：历来说法不一，《史记·五帝本纪》指黄帝、颛顼、帝喾、尧、舜。

[5]三王：夏、商、周三代开国的君主，即夏禹、商汤、周文王、周武王。

[6]式：效法、使用。

[7]垂衣裳：比喻无为而治。《周易·系辞》曰：“黄帝、尧、舜垂衣裳而天下治。”《论衡·自然》曰：“垂衣裳者，垂拱无为也。”

[8]举兵绳之：用战争的办法制止战争。绳，约束、制裁。

【品读】

本段话孙膑抨击了儒家企图用“仁义”“礼乐”禁止争夺的思想。孙膑认为，历史上的尧、舜、禹、武王、周公等古代的圣贤之人都是用战争手段来解决问题的。而当今的君主，德行比不上五帝，才能不及三王，智略不如周公，却企图单纯以仁义感召、推崇礼乐、雍容礼让的办法来禁止争夺，是不可能达到目的的。孙膑之语实际上反映了战国时期儒、兵两学派在战争问题上冲突的一面。如前面所提到的，儒家也倡导拯民于水火的义战，但是儒家始终将仁义礼乐放在军事活动的前面，认为建立稳定的社会秩序，主要靠仁义德政，而不是“兵”。孔子在回答子贡问政的时候，曾提到“足食”“足兵”“民信”是为政需要注意的三个方面，但子贡问他，如果迫不得已要去掉一项的话，先去哪一项，孔子毫不犹豫地说“去兵”[①]。而兵家则是对战争采取了积极应对的态度，积极倡导通过战争来赢得生存，获得发展。与儒家相比，兵家更加关注战争能否获胜，能否从战争中获利。很显然，在弱肉强食的战国时期，兵家的态度更加符合当时的社会现实，而儒家则显得“迂远而阔于事情”[②]，其主张不能被各诸侯国接受也是必然的。

① 《论语·颜渊》。

② 《史记·孟子荀卿列传》。

威王问篇第三

3.1 齐威王问用兵孙子，曰："两军相当，两将相望，皆坚而固，莫敢先举[1]，为之奈何？"孙子答曰："以轻卒尝之[2]，贱而勇者将之[3]，期于北，毋期于得[4]。为之微阵以触其侧[5]，是谓大得[6]。"

【注释】

[1]举：行动。

[2]以轻卒尝之：以轻装便捷的小部队去试探着进攻对方。尝，试探、侦察。

[3]贱而勇者将之：由地位低下但作战勇敢的人去率领。贱，低下，这里指地位。将，率领。

[4]期于北，毋期于得：只许佯败，不许求胜。期，必须。北，败北。得，得胜。

[5]为之微阵以触其侧：用隐蔽的兵力去攻击敌人的侧翼。微，隐蔽。触，攻击。侧，侧翼。

[6]大得：取得重大胜利。

【品读】

本篇记述了孙膑与齐威王、田忌之间关于用兵问题的相互问答，以及孙膑与弟子的谈话，全面阐述了孙膑的战略战术思想。本段威王与孙膑主要谈论了"两军相当，两将相望，皆坚而固，莫敢先举"时的作战方法。孙膑认为，在两军旗鼓相当、双方将领相互观望、阵势都很坚固、双方形成对峙、谁也不敢率先攻击时，可以派作战勇敢而地位不高的人带领少数兵力去试探敌军，只许失败，不许得胜。这样做可以使敌人以为我军薄弱，不堪一击，从而前来追击，我方则派早就埋伏好的兵力去攻击敌人的侧翼，这样就能取得大胜。

《吴子·论将》中魏武侯与吴起也有大致相同的问答。这里不妨将其引录如下：

> 武侯问曰："两军相望，不知其将，我欲相之，其术如何？"
>
> 起对曰："令贱而勇者，将轻锐以尝之。务于北，无务于得，观敌之来，一坐一起，其政以理，其追北佯为不及，其见利佯为不知，如此将者，名为智将，勿与战矣。若其众谨哗，旌旗烦乱，其卒自行自止，其兵或纵

或横，其追北恐不及，见利恐不得，此为愚将，虽众可获。”

由引文可以看出，吴起在这个问题上的回答较之孙膑更加详细，他提出要认真观察敌军追击时的各种表现，然后采取相应的对策。比如，如果敌人每次前进和停止指挥都有条不紊，追击假装追不上，见到战利品装作没看见，就不要和他交战。如果敌人喧哗吵闹，旗帜纷乱，士卒自由行动，兵器横七竖八，追击唯恐追不上，见利唯恐得不到，即使敌军虽多也可以把他擒获。

总之，孙膑和吴起都建议在敌我双方形成对峙的情况下，可以用小部队去有意地挑动敌人，通过敌人的反应来观察敌情，然后制定相应的作战计划。其实这就是孙武所言的“作之而知动静之理”①。

3.2 威王曰：“用众用寡有道[1]乎？”孙子曰：“有。”威王曰：“我强敌弱，我众敌寡，用之奈何？”孙子再拜曰：“明王之问！夫众且强，犹问用之，则安国之道也。命[2]之曰赞师[3]。毁卒乱行[4]，以顺其志，则必战矣。”威王曰：“敌众我寡，敌强我弱，用之奈何？”孙子曰：“命曰让威[5]。必藏其尾，令之能归[6]。长兵[7]在前，短兵[8]在□，为之流弩[9]，以助其急者。□□毋动，以待敌能[10]。”

【注释】

[1]道：规律、原则。

[2]命：名、称作。

[3]赞师：与下文的“让威”“险成”，均是孙膑所使用的一种军事术语。赞，导、引。意思大概是诱使敌军出来作战。

[4]毁卒乱行：故意使自己部队的行列显得混乱。卒，古代军队的一种编制名称。《周礼·小司徒》曰：“五人为伍，五伍为两，四两为卒，五卒为旅，五旅为师，五师为军。”《周礼·夏官序》曰：“百人为卒。”行，队列。

[5]让威：避开敌军的锋芒。让，避让。

[6]必藏其尾，令之能归：隐蔽好后面的部队，使他们能随时撤退。藏，原作“臧”，隐蔽。尾，指后面的部队，即主力部队和后续部队。归，撤退。

[7]长兵：戈、矛之类的长柄兵器，此指持长柄兵器的士兵。

[8]短兵：刀、剑之类的短柄兵器，此指持短柄兵器的士兵。

[9]流弩：即游弩，机动的弩兵。弩，一种利用机械力量发箭的弓。

[10]以待敌能：能，一说通“疲”，等待敌人疲惫时再与之决战；一说“能力”，等待敌人暴露实际的作战能力。结合上文，第一种说法较符合文义。因为敌强我弱、敌众我寡的形势已明，在这种情况下不应该同敌军硬打硬拼。正如《孙子兵法·谋攻篇》所言：“不若则能避

① 《孙子兵法·虚实篇》。

之”“小敌之坚，大敌之擒也。”应设法避开敌军锋芒，等待敌军疲惫的时候再与之交战。

【品读】

本段威王与孙膑主要谈论了“用众用寡”之道。在战场上，交战双方兵力的不均衡是常见现象，兵力不同无非分“我众敌寡”“敌众我寡”两种情况。威王首先询问孙膑当“我强敌弱，我众敌寡”时该采取什么打法。孙膑对威王表示了高度敬意。因为在战场上，战争的胜利在很大程度上依靠人多势众，投入兵力多的一方获胜的可能性会更大，在冷兵器作战时代尤其如此。《孙子兵法·谋攻篇》就提到：“用兵之法，十则围之，五则攻之，倍则分之，敌则能战之，少则能逃之，不若则能避之。故小敌之坚，大敌之擒也。”可见，兵力的多少决定着采取什么样的打法，影响着战争的胜负。一般来说，敌众我寡、敌强我弱的情况会更加引起战争指挥者的重视，处于弱势一方的战争指挥者用兵会比较谨慎，更注意战争的打法。反之，我众敌寡、我强敌弱的情况常被战争指挥者忽视，强者一方往往自恃兵力强盛，自以为必然会取胜，因而放松警戒，不讲究战法战术的运用，最终反而可能会失败。在中国历史上那些数不清的战役中，以弱胜强、以少胜多的例子并不鲜见，比如吴楚柏举之战、楚汉战争时期的巨鹿之战、新汉昆阳之战、东汉末年的官渡之战、三国时期的夷陵之战、秦晋淝水之战、后金与明的萨尔浒之战等，都是以强者的失败宣告结束的。因此，在我众敌寡的情况下如何取胜，是军事理论中一个很重要的问题。所以，当威王提出这一问题后，孙膑称赞为“明王之问也”。他指出，即使是兵众而强，但并不自大，仍然谨慎筹谋，这样才是安国全军之道。

孙膑认为，在“我强敌弱，我众敌寡”时要“赞师”。“赞师”作为一个军事术语，在孙膑之前的典籍中没有出现过，应该是孙膑的独创。“赞师”是一种以强示弱、诱敌出战的战法。在我强敌弱的情况下，敌人一般会坚守城池，拒不出战，以拖延时间，消磨我军士气。我军应对的方法是隐蔽自己的力量，故意使自己的部队显得混乱，队形不整，以迎合敌军希望我军自乱的心理。敌军见我方混乱，必趁机出战，我方可一举歼敌。这实际上也就是孙武所说的“能而示之不能”[1]。孙膑在这里是想说，即使是在占据优势的情况下，也要施展计谋，讲究战法，尽可能减少自己的损失，充分体现了以“道”制胜的思想。

对于“敌众我寡，敌强我弱”的形势，孙膑提出了一种带有普遍性意义的战法，即“让威”。孙膑强调，当自己的兵力少于敌人、弱于敌人时，一定不要

---

① 《孙子兵法·计篇》。

同敌人死打硬拼。正如孙子所言:“故小敌之坚,大敌之擒也。”①弱小的军队如果只知道一味硬拼,必定会被强大的敌人俘虏。相比较孙子提出的“少则能逃之,不若则能避之”的“逃”“避”做法而言,孙膑的“让威”措施更加具体而积极。“让威”,就是避敌锋芒,先让一步,争取后发制人。其做法是遇到强敌的时候,尽量避免同敌人进行决战,要把自己的主力部队隐蔽起来,使他们能随时撤退或转移。用一小部分兵力做好掩护工作,在兵力部署方面要注意将使用长兵器的士卒放在前面,使用短兵器的士卒放在后面,并配置一部分机动的弩兵,以应付紧急情况。我方军队不要轻易行动,要等敌人被削弱、疲惫的时候,再集中兵力,战胜敌人。孙膑参与指挥的桂陵之战、马陵之战等,都是先通过“让威”而获胜的著名战例。

3.3 威王曰:“我出敌出,未知众少,用之奈何?”孙子【曰】:“命曰险成[1]。险成,敌将为正[2],出为三阵,一□[□□□]能相助,可以止而止,可以行而行,毋求……[3]”威王曰:“击穷寇奈何?”孙子【曰】:“……可以待生计[4]矣。”威王曰:“击均[5]奈何?”孙子曰:“营而离之[6],我并卒而击之[7],毋令敌知之。然而不离,按而止[8]。毋击疑[9]。”

【注释】

[1]险成:形势虽然危险却能取得成功的战法。

[2]正:与“奇”相对,指一般的、常规的作战方式。

[3]自“敌将为正”至“毋求……”:句中有缺文。张震泽《校理》认为:“敌军出击,未知其众少,我分三阵,以其一迎敌,是以三分之一的兵力敌其大军,其势甚险,然有二阵为援,势又相成,故‘命曰险成’。在我出敌出,未知众少的情况下,此为最好的拒敌办法。”

[4]待生计:此处简文残损,具体含义不明。意思大概是对走投无路的敌人不要穷追猛打,等它寻求生路的时候再设法消灭之。

[5]击均:攻打势均力敌的敌人。

[6]营而离之:迷惑敌人,使之分散兵力。营,迷惑。

[7]并卒而击之:集中兵力攻打敌人。

[8]按而止:按兵不动。按,原作“案”,停止。

[9]毋击疑:不要攻打情况不明的敌人。

【品读】

本段威王与孙膑谈论了在“未知众少”“击穷寇”“击均”三种情况下的用兵之法。孙膑认为,在敌我双方同时出动,却不知道敌军兵力多少的情况

① 《孙子兵法·谋攻篇》。

下，可以采取“险成”的拒敌方法。对于什么是“险成”，因为此句有缺文，已不能详知其义。大概是说，当敌人以正兵出击时，我军可兵分三阵而出，一阵在前正面迎敌，另外两阵在后面配合为援，三阵相互策应，这可能就是后面《八阵篇》中所提到的“用阵三分”之法，是一种充满危险却容易取得成功的做法，故称“险成”。孙膑特别强调在这种情况下用兵一定要灵活，该停止就停止，该行进就行进，不能贪胜，要根据实际的战况和敌情的变化，决定是停还是战。

在对待“穷寇”的做法上，孙膑继承了孙武“穷寇勿迫”的思想，认为对处于穷途末路的敌人，不要过分逼迫，应该使敌人产生还有活路可以继续等待的想法，从而消解敌人抗战到底的决心，瓦解其战斗意志，然后伺机消灭敌人。如若逼得敌人走投无路，敌人必定会垂死挣扎，一支怀必死之心的军队，其爆发力是相当惊人的，在这种情况下，即便歼灭了敌军，自身的损耗也必然非常大，那就得不偿失了。

在敌我力量相当的情况下，要迷惑敌人使其分散兵力，敌人会因兵力分散而变得弱小，我军则集中兵力攻其一点，这样就会在局部形成我众敌寡的兵力优势，从而轻易战胜敌人，其实质就是《孙子兵法·虚实篇》中“我专而敌分”的思想。当然，计划的实施一定要保密，不能让敌人知道我军的作战意图。需要注意的是，如果敌人不分散兵力，我军就按兵不动，不要去攻击敌人的疑兵。因为，在我方试图分散敌军的同时，敌军必定也会设法分散我方，敌人派出的很有可能是引诱我方出击的饵兵，我军切勿中了敌人的疑兵之计，盲目出击。

3.4　威王曰：“以一击十，有道乎？”孙子曰：“有。攻其无备，出其不意。”威王曰：“地平卒齐[1]，合而北[2]者，何也？”孙子曰：“其阵无锋[3]也。”威王曰：“令民素听[4]，奈何？”孙子曰：“素信[5]。”威王曰：“善哉！言兵势不穷[6]。”

【注释】

[1]地平卒齐：地势平坦，卒伍整齐。

[2]合而北：一交战就失败。合，交战。

[3]锋：精锐士兵组成的突击队。《孙子兵法·地形篇》：“兵无选锋，曰北。”

[4]素听：平时一直服从命令。素，平素、一贯。《孙子兵法·行军篇》：“令素行以教其民，则民服；令不素行以教其民，则民不服。”

[5]素信：一贯严守信用。

[6]言兵势不穷：所讲的用兵打仗的道理真是奥妙无穷。

【品读】

本段威王与孙膑继续谈论军事问题。前面威王和孙膑已经探讨了“敌强我弱，敌众我寡”，我方处于相对弱势情况下的战法，这里威王继续询问，如果敌我力量悬殊极大，我军与敌军兵力为1∶10，我军处于极度弱势的情况下，该如何去打。孙膑提出可以用“攻其无备，出其不意”的战术，对敌军采取突然袭击。“攻其无备，出其不意”这一千古流传的军事名言，最早出自《孙子兵法·计篇》。“无备”，就是防御中的薄弱环节，或疏于防范处。“不意”，是指战争指挥者思想的麻痹大意或者对敌情的判断失误，对战争中可能会发生的某些情况估计不足，疏于考虑。如果军队“无备”“不意”，就会丧失优势，陷入被动。正如诸葛亮所云：“无备，虽众不可恃也。”[①]毛泽东同志在《论持久战》中也指出：“优势而无准备，不是真正的优势，也没有主动。懂得这一点，劣势而有准备之军，常可对敌举行不意的攻势，把优势者打败。”[②]也就是说，在我方处于极度劣势的情况下，要注意密切观察敌情，一旦发现敌人在防务上或思想上的疏漏之处，要迅速展开疾风迅雷般的军事行动，使敌人措手不及，敌人人数虽多，也无法抗拒我军的进攻。

威王继续询问，为什么在地形和士卒条件都很好的情况下，军队会打败仗。孙膑指出是军队没有由精锐士兵组成的先锋部队的缘故。自古兵家认为，军队要想取胜，必须得有精锐的先锋部队。《六韬·犬韬·武锋》曰：“凡用兵之要，必有武车、骁骑、驰阵、选锋。”《孙子兵法·地形篇》云：“将不能料敌，以少合众，以弱击强，兵无选锋，曰北。”《吴子·图国》也说：“简募良材，以备不虞。”《孙子十家注》中何氏在注释“选锋”时说：“昔齐以伎击强，魏以武卒奋，秦以锐士胜。汉有三河侠士剑客奇材，吴谓之解烦，齐谓之决命，唐谓之跳荡，是皆选锋之别名也。兵之胜术，无先于此。”由于组成选锋的士卒，大都矫健出众，骁勇异常，在战场上可以对敌人形成强大的冲击力，很容易打乱敌人的阵势，挫伤敌人士气，故历代兵家都十分重视搞好“选锋”的选拔和训练工作。孙膑也十分重视“选锋”在战争中的作用，在《孙膑兵法》中屡屡强调“选锋”的重要。《选卒篇》曰：“兵之胜在于选卒。”《势备篇》曰：“阵无锋，非孟贲之勇也敢将而进者，不知兵之至也。”军阵如果没有精锐的先锋部队，又没有古代勇士孟贲那样的勇气，还硬要向敌人发动进攻，这样的指挥者是最不懂得用兵之道的。因此，如果“其阵无锋”，即便是“地平卒齐”，

---

① （三国）诸葛亮著，段熙仲、闻旭初编校：《诸葛亮集·将苑·戒备》，中华书局1960年版，第86页。

② 中共中央文献研究室、中央档案馆编：《建党以来重要文献选编（一九二一—一九四九）》第15册，第428页。

也将会“合而北”。

战争中，士卒是作战的主力，士卒能否听从将帅的命令和指挥，直接关系着战争的胜败。因此，如何使士卒听从指挥，是军事上的重要问题，也是国君和将帅十分关心的问题。威王也向孙膑询问如何“令民素听”，孙膑的回答是“素信”，即将帅平时一定要严守信用。“素信”实际上包含了两层意思：一是“信”。国君和将帅凡事必须以身作则，身为表率，言出必行，言而有信，赏罚分明，这样才能树立自己的威望，取得士卒的信任。历代兵家十分重视这一点。《韩非子·外储说左上》：“赏罚不信，则禁令不行。”《诸葛亮集·便宜十六策·赏罚》：“赏罚不明，教令有不从。”《三略·上略》：“将无还令，赏罚必信。如天如地，乃可御人。”东汉末年曹操发兵宛城时曾下令严禁士兵践踏麦田，如有违反，一律斩首，可曹操的马却因受惊而践踏了麦田，最后为了严明军纪，曹操割发代首，从而更加为士卒所信任。二是“素”。“素”就是平时、一贯的意思。“信”必须建立在“素”的基础上。只有平时讲信，赏罚分明，习惯成自然，才能得到士卒的信任，才会使士卒听从命令，在战场上为了立功而奋勇杀敌，惧怕受罚而不敢退却。如果平时无信，到了关键时刻，无论悬出多重的赏金，士卒也不会听从。因此，要想“令民素听”，国君和将帅就要做到“素信”。

以上威王向孙膑共提出了九个问题，前面八个属于战术问题，都是以敌我双方兵力对比的不同为前提，最后一个属“治军”问题。孙膑对此一一作了解答，其回答虽然简练，却切中要害。由其解答来看，孙膑特别重视用兵的灵活性，认为战争中一定要根据敌我兵力的众寡强弱、地理条件的不同、对敌情了解的多少，采取相应的战法，灵活用兵，因敌制变。齐威王对孙膑的回答表示高度赞许：“善哉！言兵势不穷。”

3.5 田忌问孙子曰：“患兵[1]者何也？困敌[2]者何也？壁延[3]不得者何也？失天者何也？失地者何也？失人者何也？请问此六者有道乎？”孙子曰：“有。患兵者地也，困敌者险也。故曰，三里沮洳将患军[4]……涉将留大甲[5]。故曰，患兵者地也，困敌者险也，壁延不得者寁寒[6]也。□……奈何？[7]”孙子曰：“鼓而坐之，十而揄之[8]。”田忌曰：“行阵已定，动而令士必听，奈何？”孙子曰：“严而示之利[9]。”

【注释】

[1]患兵：妨碍军队行动的原因。患，妨碍。

[2]困敌：使敌军陷入困境的原因。困，困阻。

[3]壁延：壁垒沟堑。壁，城墙壁垒。延，隧道。杜预注《左传·隐公元年》“隧而相

见”曰:“隧,若今延道。”这里指沟堑或护城壕。

[4]三里沮(jù)洳(rù)将患军:方圆三里的泥泞沼泽地带就会给部队的行动造成妨碍。沮洳,泥泞沼泽地带。

[5]涉将留大甲:大甲,一说是全副武装、铠甲坚厚的步卒;一说是重型装备;《校理》《浅说》则认为,大甲是兵车上的众多甲士,认为甲士是军中主要的战斗力,战车数量又多,故以“大甲”称之。这里取后说,意思是部队通过泥泞沼泽地段或渡河时会遇到障碍,大批的战车甲士将被迫留下。

[6]蘧寒:众注家说法不一:一说即渠幨、渠答,一种张在城上遮蔽矢石的设备;一说当为渠塞,沟渠隘塞之意;一说即蒺藜,一种用木或金属制成的布在地上阻碍敌军人马通过的障碍物。未详孰是。

[7]□……奈何:因简文残缺,此处文意不明。不过,其中应有田忌所提的问题。

[8]鼓而坐之,十而揄(yú)之:因上文残缺,此处文意不明。一说,坐借为挫,揄,牵引、引诱,意思是击鼓进军,挫败敌人,以多种办法引诱敌人。一说,坐为坐阵,意思是击鼓进军,却令士兵坐阵不前,以此来迷惑、消耗敌人的力量,通过多种方式调动敌人。这里取后说。《尉缭子·兵令上》说“有立阵,有坐阵……立阵所以行也,坐阵所以止也”。

[9]严而示之利:对士卒既要严明军纪,也要让他们看到有利之处。

【品读】

本段是齐将田忌与孙膑的问答。田忌一上来就提出了一连串的问题:“妨碍军队行动的是什么?陷敌于困境的是什么?壁垒沟堑不能攻克的原因是什么?不得天时的原因是什么?不得地利的原因是什么?不得人心的原因是什么?”孙膑回答说:“妨碍军队行动的是地形不利,陷敌于困境的是险阻要隘。”由孙膑的回答可以看出,他特别重视地形条件在战争中的作用。

对于地形对战争胜负的影响,历代兵家都十分重视。如《孙子兵法·地形篇》说:“夫地形者,兵之助也。”相同条件下,若具备地利条件,就容易取胜,反之就可能失败。孙膑也认为:“患兵者,地也。”把不得地利看成妨碍军队行动的首要因素。在后面的《地葆篇》中,他还具体列举了几种容易导致军队作战失败甚至全军覆没的地形:“五地之败曰:溪、川、泽、斥。五地之杀曰:天井、地宛、天离、天隙、天柖。五墓,杀地也。”

在此孙膑特别指出,沼泽地带是容易导致军队行动失败的地形之一,大批战车甲士将被困其中,无法行军,军队战斗力会大大减弱。英法百年战争期间阿金库尔战役中法军的失败就说明了这一点。在这次战役中,从英、法两军的兵力对比看,英国军队大约有两千五百名骑士和八千名长弓手,法国拥有四千余名出身贵族阶层的骑士、一万六千名侍从武士,另外约五千名弓箭手和数千长矛兵,法军实力远胜英军。但是由于连日降雨,使得英军和法军之间的田地变成一片泥潭,法国骑兵的冲锋在泥泞的沼泽地带大为受阻,步兵也因身负重甲而在泥潭中难于行进,最终英军以少胜多,大败法军。

自古兵家认为，用兵打仗，只有具备了天时、地利、人和等条件，才能取得胜利。《荀子·富国》曰："上失天时，下失地利，中失人和，天下敖然，若烧若焦。"《诸葛亮集·将苑·兵势》曰："夫行兵之事有三焉：一曰天，二曰地，三曰人。……善将者，因天之时，就地之势，依人之利，则所向者无敌，所击者万全矣。"对此，田忌也十分重视，故而询问孙膑丧失"天时、地利、人和"的原因是什么。由于此处有缺文，孙膑的回答我们已经无从推测，不过从《月战篇》中孙膑所言"天时、地利、人和，三者不得，虽胜有殃"可以看出，孙膑对天时、地利、人和三个条件十分重视，认为三个条件如果不完全具备，即便是取得胜利，也可能会留有后患或付出代价。

这里孙膑还提出了一种"鼓而坐之"的疲敌之计。古代用兵作战，一般以击鼓作为进攻的信号。《尉缭子·勒卒令》曰："鼓之则进，重鼓则击。金之则止，重金则退。铃传令也。旗，麾之左则左，麾之右则右。奇兵则反是。"如果我军击鼓，敌人必定以为我军要发动进攻，因而会积极做应战准备，而我方却鼓而不击。这样反复几次，敌人会士气大减，并且对我方的行动意图会深感迷惑。我方却按兵不动，养精蓄锐，等到时机成熟后再出其不意地发动进攻，一举胜敌。孙膑谈的这种"鼓而坐之"的方法，实际上就是齐鲁长勺之战中曹刿所说的"一鼓作气，再而衰，三而竭"的作战原理，先设法削弱敌人的力量（包括士气），等敌军疲惫后再与之交战。

此处田忌还向孙膑询问："作战的部署确定之后，如何在行动时确保士卒绝对听从命令？"其实，上文威王与孙膑也谈到过这一问题。威王问："如何使士卒一贯听从命令？"由上可以看出，二人的问题虽然内容一致，都是问如何使士卒听从命令，但是由于二人身份不同，问题的侧重点也不一样。威王所问较为笼统，而田忌作为齐国大将，多次带兵打仗，更注重战争展开过程中具体的战术问题。对二人的询问，孙膑的回答也有差异。回答威王之问时，孙膑仅说："要靠国君和将帅一贯遵守信用。"回答田忌之问时，孙膑的回答则更加详细、具体，他说："对士卒既要严明法令，又要让他们看到有利之处而去奋勇作战。"由此，我们可以看出孙膑言谈、处事之灵活。

3.6　田忌曰："赏罚者，兵之急者[1]耶？"孙子曰："非。夫赏者，所以喜众，令士忘死也。罚者，所以正乱，令民畏上也。可以益胜，非其急者也。"田忌曰："权、势、谋、诈，兵之急者耶？"孙子曰："非也。夫权者，所以聚众也。势者，所以令士必斗也。谋者，所以令敌无备也。诈者，所以困敌也。可以益胜，非其急者也。"田忌忿然作色："此六者，皆善者[2]所用，而子大夫[3]曰其非急者也。然则其急者何也？"孙子曰："料敌计险[4]，必察远近……将之道也。必攻不守[5],兵之急者也。□……骨也。”

【注释】

[1]急者:最要紧的事情。

[2]善者:善战者。

[3]子大夫:这里指孙膑。子,古代对男子的尊称。

[4]料敌计险:估料、分析敌人情况,考察、审计地形险易。《孙子兵法·地形篇》曰:“料敌制胜,计险厄远近,上将之道也。”与之同意。

[5]必攻不守:坚决打击敌人的空虚且要害之处。不守,没有防守或防守薄弱之处。《孙子兵法·虚实篇》曰:“攻而必取者,攻其所不守也。”与之同意。

【品读】

本段孙膑主要阐述了“必攻不守”的作战思想。在孙膑看来,田忌所提到的赏、罚、权、势、谋、诈都很重要。赏赐可以提高士气,激励士卒奋勇杀敌;惩罚可以整饬军纪,让士兵敬畏将帅;权力可以用来调集军队,指挥作战;险峻的形势可以迫使士卒不得不拼死战斗;计谋可以使敌人无从防备,我方占据主动;诡诈可以使敌人陷入困境,我方占据主动。但是这六项对克敌制胜只是起到辅助作用,都不是用兵最要紧的事项,只有“必攻不守”才是“兵之急者”。

对于“必攻不守”,学界存在两种解释:一种是必须进攻敌人没有防守或防守薄弱之处;一种是应采取以进攻为主而不是防御为主的战略,可称之为“攻势战略”。两种解释从理论上都能讲通,不过结合桂陵之战来看,第一种说法更符合文义。在桂陵之战中,孙膑提出了“批亢捣虚”的作战方针,正可以作为“必攻不守”思想的说明。“批亢捣虚”是扼住敌人的要害,攻击敌人的虚弱无备之处。而“不守”之地,就是既“亢”又“虚”之处。桂陵之战中,孙膑选择的进攻地点大梁就是这样的地方。作为都城,大梁是要害之处,而魏军主力在外,它又是空虚薄弱之地。正确作战方针的制定,使得实力较弱的齐军最终获胜。

有学者指出,如果按第一种解释,则“必攻不守”同于“乘虚而入”,这恐怕难以提到战略高度。① 其实不然,战争中对战略打击方向的选择,是关系到战争全局的大事,选择正确了就能在战争中占据主动,容易克敌制胜;而选择错误就会陷入被动,有失败的危险。桂陵之战的胜利就充分显示了孙膑战略进攻方向选择的正确性。斯大林曾经说过:“规定基本打击方向就是预先决定整个战争时期各次战役的性质,因而也就是预先决定整个战争十

① 参见张文儒:《中华兵学的魅力——中国兵学文化引论》,北京大学出版社 2008 年版,第 116 页。

分之九的命运。战略的任务就在于此。”①因此,“把‘必攻不守’释为攻其所不守并没有降低对孙膑这一原则的评价”②。

在此,孙膑还谈到了“将之道”,认为作为将帅,必须要深入了解并分析敌情,谨慎考察地形的险易,这是用兵取胜的先决条件。只有做到“知己知彼”“知天知地”,才能灵活用兵,克敌制胜,否则可能就会导致“患兵”“失地”“失天”等严重后果,甚至于导致战争的彻底失败。

……………………………………

3.7 田忌问孙子曰:“张军[1]毋战有道?”孙子曰:“有。倅险增垒[2],诤戒毋动[3],毋可□前,毋可怒。”田忌曰:“敌众且武,必战有道乎?”孙子曰:“有。埤垒广志[4],严正辑众[5],避而骄之,引而劳之,攻其无备,出其不意,必以为久。”

【注释】

[1]张军:摆开阵势。

[2]倅(cuì)险增垒:聚军于险阻之处,增高防护壁垒。倅,通“萃”,聚。

[3]诤戒毋动:警戒士兵,不要行动。诤,止。

[4]埤(pí)垒广志:加固壁垒,广思谋略。埤,增高、加厚。

[5]严正辑众:严明军政法令,团结士卒。正,通“政”,法令。辑,和睦。

【品读】

本段田忌与孙膑谈论了“张军毋战”“敌众且武”两种情况下的作战方法。孙膑认为,把军队开到前线而不想与敌交战,关键是要做到聚军于险阻之处,增高壁垒,按兵不动,一定不要为眼前利益所诱惑,不要为敌人的挑战所激怒而贸然行动。《孙子兵法·火攻篇》说“主不可怒而兴师,将不可愠而致战”,说的就是这个意思。

在敌军人数众多且战斗力较强的情况下,要想战胜敌人,孙膑认为必须要团结士卒,加强守卫,不要同敌人正面交锋,要暂时避开敌人的锋芒,故意示弱以麻痹敌人。同时,要设法削弱敌军的力量,等到敌军疲惫不堪,敌强我弱的形势发生转化后,再“攻其无备,出其不意”,一举歼灭敌人。其实质就是先“让威”,再设法歼敌。

这里孙膑有一个特别重要的思想,即在敌强我弱的战场形势下,转化战场形势,取得战争胜利,要经历一个持久的阶段。历来兵家重视的是速决

---

① 斯大林:《论俄国共产党人的战略和策略问题》,《斯大林全集》第5卷,人民出版社1957年版,第135页。

② 黄朴民:《先秦两汉兵学文化研究》,中国人民大学出版社2010年版,第180页。

战，鲜有人提持久战。如孙武强调“兵贵胜，不贵久”①，“兵之情主速，乘人之不及”②，认为久战会带来一系列社会问题。而这里孙膑却提出“必以为久”。孙武和孙膑的战争指导原则看似相反，但实际上并不矛盾，孙武是站在进攻者的立场上来谈军事问题，故强调战争要速战速决，以避免战争给己方带来过多的消耗；而孙膑则是站在弱者、防御者的立场上，强调战争必须要有一个持久的阶段，在这个阶段，弱方要设法削弱敌人的力量，转化战场形势，然后再去出其不意地打击敌人以取胜。

持久作战，可以说是弱者战胜强者的一条重要规律。马陵之战中，孙膑正是在这种作战思想的指导下取得了胜利。这场战役中，魏军可谓是“众且武”，孙膑率领齐军没有与之进行正面交锋，而是采取“避而骄之”的方法，通过主动撤退促使敌军更加骄纵。在撤退途中，孙膑又通过减灶之计，引诱庞涓只率精兵追击，成功转化了齐、魏力量的对比；然后“攻其无备，出其不意”，在马陵设伏，一举歼敌。如果没有中间孙膑设计分化魏军兵力这一持久作战的过程，战争结果就很难预料了。中国的抗日战争也是经过了战略防御、战略相持、战略反攻三个阶段后，最终取得了胜利，进一步佐证了孙膑军事思想的高明。

3.8　田忌问孙子曰：“锥行[1]者何也，雁行[2]者何也？选卒力士[3]者何也？劲弩趋发者何也？飘风之阵[4]者何也？众卒[5]者何也？”孙子曰：“锥行者，所以冲坚毁锐[6]也。雁行者，所以触侧应□[也]。选卒力士者，所以绝阵取将[7]也。劲弩趋发者，所以甘战[8]持久也。飘风之阵者，所以回□[□□也][9]。众卒者，所以分功有胜[10]也。”孙子曰：“明主、知道之将[11]，不以众卒几功[12]。”

【注释】

[1]锥行：古代军阵名，指前尖如锥的阵形。

[2]雁行：古代军阵名，指形如飞雁展开的阵形。

[3]选卒力士：经过挑选的精锐士卒。与下文的“众卒”相对。

[4]飘风之阵：古代军阵名，具体阵形不详。

[5]众卒：一般士卒。

[6]冲坚毁锐：冲击敌人的坚固阵地，摧毁敌人的精锐部队。

[7]绝阵取将：突破敌阵，擒杀敌将。绝，断绝、攻破。

① 《孙子兵法·作战篇》。

② 《孙子兵法·九地篇》。

[8]甘战：激战。甘，通"酣"。

[9]所以回□[□□也]：此处有缺文。李京《齐孙子兵法解》据文义推断，意思大概是飘风之阵是用来迂回围歼敌军的。

[10]分功有胜：分担作战任务，争取胜利。分，分担。功，工作。

[11]知道之将：通晓作战规律的将帅。

[12]不以众卒几功：不指望靠一般的士卒来取胜。几，期望、希冀。

【品读】

讲究阵法是中国古代战术思想中一项十分重要的内容。《宋史·岳飞传》说："阵而后战，兵法之常。"在将军队投入战斗之前，将帅常根据地形条件、敌我双方实力对比等情况将兵力布置成一定的队形，以之去冲击敌人或去应对敌人的阵式，这就是军阵。在战斗中布置军阵，可以使各种兵种、各种武器相互配合，最大限度地发挥军队的整体作战优势。阵法在春秋战国时期十分流行，《六韬》《吴子》均有记载。《孙子兵法·军争篇》特别指出"勿击堂堂之阵"，告诫人们不要去攻击阵形严整的敌军。先秦时期记载阵法最多的兵书当属《孙膑兵法》，其中的《威王问篇》《八阵篇》《官一篇》对阵法都有探讨。文物出版社1975年版《孙膑兵法》下编中的《十阵篇》《十问篇》，更是专门讨论了阵法。本段孙膑与田忌讨论了"锥形之阵""雁行之阵""飘风之阵"的具体作用。孙膑认为，每种阵法用途不同，锥行之阵用来冲破敌人的坚固军阵，摧毁敌人的精锐部队，雁行之阵用来攻击敌军的侧翼，飘风之阵用来迂回围歼敌军。

在此，孙膑还明确区分了"选卒"与"众卒"的任务。士卒是战争中作战的主体，其素质的高低和战斗力的强弱直接关系着战争的成败。但春秋时期的兵书中对选练士卒的重要性还没有充分的认识，《孙子兵法》中也仅是提到"兵无选锋"可能要打败仗。其原因在于春秋时期战争规模相对较小，作战方式以车战为主，军队的兵员来源主要是"国人"，"国人"平时接受过严格的军事训练，因此对"选卒"的需求并不强烈。而在春秋后期，随着战争规模的扩大，征兵范围也扩大到一般的"野人"（即"庶人"），他们平时缺乏军事训练，作战时只能充当步兵。于是，到了战国时期，作战方式由车战为主转变为步战为主。军队人数的增加、兵员的复杂，使得士兵的挑选及训练问题逐渐受到重视，《选卒篇》专门讨论了这个问题，认为"兵之胜在于选卒"。在孙膑看来，经过挑选的精锐士卒战斗力强，可以用来突破敌阵，擒杀敌将，承担较为重要的作战任务；而普通士卒没有特长，可以用来分担一般的作战任务，配合精锐士卒夺取胜利，却不能依靠他们完成关键的任务。

3.9　孙子出而弟子问曰:"威王、田忌,臣主之问何如?"孙子曰:"威王问九[1],田忌问七,几[2]知兵矣,而未达于道也。吾闻素信者昌,立义……用兵无备者伤,穷兵[3]者亡。齐三世其忧矣[4]。"

【注释】

[1]九:与下文的"七"分别指威王与田忌所问问题的数目。

[2]几:差不多、接近。

[3]穷兵:穷兵黩武。

[4]齐三世其忧矣:齐国三代以后的命运很值得忧虑。

【品读】

本段孙膑在同弟子的谈话中指出,威王所问的九个问题与田忌所问的七个问题都只是接近于会用兵,还没有达到掌握战争规律的境地,即"未达于道也"。"道"是孙膑兵学思想中一个很重要的概念,《孙膑兵法》中多次谈到"道"。例如:本篇曰:"明主、知道之将,不以众卒几功。"《陈忌问垒篇》曰:"先知胜不胜之谓知道。"《选卒篇》曰:"知道胜。""不知道,不胜。"《八阵篇》曰:"不知道,数战,不足将兵,幸也。"孙膑所说的"道",显然是指用兵之道,即掌握用兵的规律。《八阵篇》中还对"道"的内容进行了具体的解释:"知道者,上知天之道,下知地之理,内得其民之心,外知敌之情,阵则知八阵之经,见胜而战,弗见而诤。此王者之将也。"也就是说,道包括天时、地利、民心、士气、敌情、战法等诸多方面内容。总之,在《孙膑兵法》"原定的三十篇里,几乎篇篇均有'道'字,而且大多是指规律或规则"①。

《孙子兵法》也常讲"道",但与孙膑所言之"道"在内容上有差异。如《计篇》中位居五事之首的"道"、《形篇》强调"修道而保法",等,其含义大都是指政治、民心。《地形篇》中虽然提到了"战道"的问题,认为"战道必胜,主曰无战,必战可也;战道不胜,主曰必战,无战可也"。但这里的"战道"更倾向于指战场的状况,还未提高到战争规律的高度。意思是根据对战场状况的分析,具备了必胜的把握,即便国君不主张打,坚持打也是可以的。如果分析战场状况,没有必胜的把握,即便国君命令去打,也不要去打。因此有学者称,孙膑可以说是"中国兵学思想史上第一个自觉地提出战争有自己规律的思想家"②。

在这里,孙膑还根据威王与田忌在用兵问题上认识的不足,对战争的过

① 张文儒:《中华兵学的魅力——中国兵学文化引论》,第110页。

② 张文儒:《中华兵学的魅力——中国兵学文化引论》,第109页。

于热衷，以及“素信者昌”“用兵无备者伤，穷兵者亡”等客观规律，对齐国的命运表示担忧，预言“齐三世其忧矣”。根据《史记》的记载，齐国自威王，经宣王，至湣王，逐渐由盛转衰。齐湣王在位期间，攻伐不断，南攻楚国，西击三晋，灭掉宋国，与各国合纵攻秦，既消耗了国力，也引起了其他诸侯国的反抗。至公元前284年，燕国大将乐毅率燕、赵、韩、魏、秦五国合纵攻齐，连下七十余城，齐国几近灭亡。后来田单组织反攻，才重新收复失地。但齐国已经元气大伤，再也无力与秦抗衡。历史事实有力地证明了孙膑预言的准确。

※　※　※　※　※

……善则敌为之备矣。”孙子曰……

……孙子曰：“八阵已陈……

……□孙子曰：“毋侍三日□……

……也。孙子曰：“战……

……□威王曰……

……道也。”田忌……

陈忌[1]问垒[2]篇第四

田忌问孙子曰："吾卒少不相见[3]，处此若何？"曰："传令趣弩舒弓[4]，弩□□□□□……不禁，为之奈何？[5]"孙子曰："明将之问也。此者人之所过而不急[6]也。此□之所以疾……志也[7]。"田忌曰："可得闻乎？"曰："可。用此者，所以应猝窘处隘塞死地之中也[8]。是吾所以取庞[□][9]而擒太子申[10]也。"田忌曰："善。事已往而形不见[11]。"孙子曰："蒺藜[12]者，所以当沟池[13]也。车者，所以当垒[也]。[□□者]，所以当堞[14]也。发[15]者，所以当俾堄[16]也。长兵[17]次之，所以救其隋[18]也。钬[19]次之者，所以为长兵[□]也。短兵次之者，所以难其归而邀其衰也[20]。弩次之者，所以当投机[21]也。中央无人，故盈之以□……卒已定，乃具其法[22]。制曰：以弩次蒺藜，然后以其法射之。垒上弩戟分[23]。法[24]曰：见使谍来言而动[25]□……□去守五里置候[26]，令相见也[27]。高则方之，下则圆之[28]。夜则举鼓，昼则举旗。"

※ ※ ※ ※ ※

……田忌问孙子曰："子言晋邦之将荀息、孙轸之于兵也，未□……

……无以军恐不守。"忌子曰："善。"田忌问孙子曰："子言晋邦之将荀息、孙……

……轸为晋要秦于殽，溃秦军，获三帅□……

……强晋，终秦缪公之身，秦不敢与……

……也，劲将之阵也。"孙子曰："士卒……

……田忌曰："善。独行之将也。……

……人。"田忌请问兵情奈何？……

……言而后中。"田忌请问……

……兵情奈何。孙子……

……请问兵伤□……

……见弗取。"田忌服问孙……

……橐□□□焉。"孙子曰："兵之□……

……□应之。"孙子曰："伍□……

……□孙子曰：……

……□见之。"孙子……

……以也。"孙……

……□孙子……

……明之吴越，言之于齐。曰知孙氏之道者，必合于天地。孙氏者……

……求其道，国故长久。"孙子……

……田忌请问知道奈何。孙子……

……而先知胜不胜之谓知道。已战而知其所……

……所以知敌，所以曰智，故兵无……

【注释】

[1]陈忌：即前文所说的田忌。古代陈、田二字音近通用。

[2]垒：本指古代军营四周所筑的防御工事，此处引申为防守，泛指部队在野战情况下的阵地设施、兵力以及兵器的配置等。

[3]少不相见：兵力少且彼此接应不上。

[4]趣弩舒弓：迅速引弩开弓，即让弓箭手和弩机手做好战斗准备。趣，迅速。舒，展开、拉开。

[5]……不禁，为之奈何？：此句前半部分简文残缺。据上下文推测，残缺处既有孙膑对田忌前面所问的回答，也有田忌所提的第二个问题。田忌大概是询问在野战情况下如何防御。如何部署阵地的问题。

[6]过而不急：容易忽略而不认为是急迫的事情。过，忽略。急，紧要、急迫。

[7]此□之所以疾……志也：此处简文残缺。霍印章《浅说》认为："从下文孙膑所谈内容看，此处可能指要迅速部署阵地和鼓舞斗志。"

[8]所以应猝窘处隘塞死地之中也：这是应付突发事变和处于山隘险阻等不利地形时的办法。猝窘，仓猝急迫的状况。隘塞，狭隘的险地。死地，力战则生、不力战则亡的地形。

[9]庞[□]：后应为"涓"或"子"。

[10]太子申：魏惠王之子，马陵之战中被俘。

[11]事已往而形不见：马陵之战已经过去，当时军事布置的情况已经无法再见到。事，具体指马陵之战。形，军事布置的情况。

[12]蒺藜：用木或金属制成的有刺的障碍物，散布在地上以阻碍敌人行进，因形状像植物中的蒺藜，故名。

[13]沟池：护城河之类的设施。

[14]堞(dié)：城上的矮墙。亦称"女垣"或"女墙"。

[15]发：疑借为"瞂"(fá)，即盾。

[16]俾埤：即"埤堄"(pì nì)。城墙上有孔的矮墙，俗称"城垛"，用以掩护身体和观察敌情。这里是说盾的作用相当于城垛。

[17]长兵：长柄的兵器。

[18]隋：疑借为"隳"(huī)，毁坏。此指危急。

[19]钑(cōng)：古兵器，一种短柄的矛。

[20]难其归而邀其衰也：阻拦敌人的退路，截击疲惫的敌人。难，困难，此指阻拦。邀，截击。衰，疲惫。

[21]投机：投石机，古代的一种攻城武器，可把巨石投进敌方的城墙和城内，造成破坏。这里是说，弩的作用相当于投石机。

[22]具其法：确定具体的战法。具，准备、备办，引申为确定、制定。法，战法、打法。

[23]弩戟分：弩兵和戟兵各占一半。

[24]法：兵法。

[25]见使谍来言而动：等派出去的间谍回来报告了敌人行动的确实状况后再采取行动。谍，己方派出去的间谍。

[26]去守五里置候：在距离部队驻地五里左右的地方设置哨兵。守，驻守之地。候，即斥候，侦察敌情的哨兵。

[27]令相见也：使传送信号时能够相互见到或听到。

[28]高则方之，下则圆之：观察哨所，位于高处的筑成方形，位于低处的筑成圆形。

【品读】

本篇记载的是齐将田忌向孙膑询问在兵力缺乏的情况下布阵设垒的方法，孙膑利用马陵之战的战术部署情况进行了详细的解答。桂陵之战和马陵之战是孙膑一生中亲自指挥的两大战役，史书对此均有记载，但都过于简略。比如，《史记·孙子吴起列传》详细记载了桂陵之战中孙膑"批亢捣虚""围魏救赵"和马陵之战中"因势利导""减灶诱敌"的战略思想，对具体的战术部署没有涉及。简文《擒庞涓篇》记录了桂陵之战中孙膑用计的整个过程，填补了史书记载的不足。本篇则是通过田忌与孙膑的谈话，展示了马陵之战中齐军的战术部署情况，结合《史记》的记载，人们可以了解马陵之战的全貌。本篇同《擒庞涓篇》一样，具有重要的史料价值。

所谓"垒"，是古代军营四周构筑的城墙或建筑物等防御工事。春秋时期盛行车战，一般在平原旷野，交战双方将战车排列成整齐的车阵，然后向对方发起攻击，以决胜负。一般情况下，在野外交战不需要筑垒，筑垒仅用于守城防御。比如《左传·文公十二年》称，公元前615年，秦国进攻晋国。晋国上军佐将臾骈建议："秦不能久，请深垒固军以待之。"主将赵盾听从他的建议，不久秦军退去。到了战国时期，情况开始发生变化，步兵代替车兵成为主要兵种，形成以步兵为主导，步、车、骑、弩协同作战的方式，战争场所也从平原旷野扩展到山林、沮泽、狭隘险要之地，布阵方式也更加机动灵活，战争不再受地形条件、时间、气候的制约。这一切变化要求战场部署和战场指挥也要随之变化，垒不再是单纯进行守城防御时所用，在任何条件下交战都是必不可少的。因此,田忌向孙膑问"垒",孙膑称之为"明将之问也"。

孙膑结合马陵之战的实战经验及地理环境回答了田忌的询问。孙膑认为,在野战情况下,如果兵力不多,情况紧急,来不及构筑防御工事,要尽量选择险阻地形作为战场,可以利用险要的地形作为抵御敌人的天然壁垒。马陵之战时,孙膑就利用了"马陵道狭,而旁多阻隘,可伏兵"的有利地形,设伏兵伏击魏军。同时,还要配合地形情况,利用部队现有的装备、器材,构筑临时的壁垒。具体来说,可以用蒺藜当作沟堑和护城河,阻碍敌军进攻;将战车排列在一起,当作城墙;把大盾牌连接安放,当作城上有孔的矮墙,用来掩护自己和观察敌情。这样无垒就会变成有垒,可以有效抵御敌军的进攻。在兵器配置上,要根据长、中、短兵器的不同特点和性能,合理安排,持戈、矛等长柄兵器的士卒排在最前面,以冲刺和抵挡敌人;持钒等稍短兵器的士卒排列其后,用来配合持长兵器的士卒,救援危急之处;持刀、剑等短兵器的士卒又排在其次,他们主要是近距离与敌交战,断敌归路,阻击疲惫之敌;持弩机的士卒排在最后,用以远距离射杀敌人。各种兵器各有所用,互相配合,有攻有守,可以在不同情况下不同距离内有效杀伤敌人,充分体现了"所用之器,必长短相杂,刺卫兼合"①、"长兵以卫,短兵以守"②、"长以卫短,短以救长"③等用兵之法。在兵力部署上,要"中央无人",三面设伏,等待敌军的到来。同时派出间谍去刺探敌情,等到间谍回来报告敌情,时机成熟再行动。在距离防守之地五里远的地方,设置观察哨,以侦察敌情,如有情况要通过夜间击鼓、白天举旗的方式进行联络。等到敌人进入我军包围圈后,就全面出击,全歼敌军。在马陵之战中,孙膑就是按照这种部署打败了魏军,"取庞涓而擒太子申"。

从马陵之战中齐军的战术部署来看,孙膑不仅擅长作战指导,而且深谙阵法,他能够根据兵器、兵种的特点,合理安排,使之各尽所长,相互配合;兵力部署上,有防御者,有击敌堕归者,有刺探敌情的间谍,有加强警戒的观察哨。整个作战部署巧妙周密,达到了人力、武器、装备的高度统一,终于在马陵大败魏军,创造了中国战争史上山地伏击战的典范。

本篇附简部分虽然文字残缺,但也有两点需要注意:其一,孙膑在同田忌谈论兵法时多次提及荀息和孙轸。荀息是春秋时期晋国的大夫,颇具谋略,曾用计谋灭掉虢、虞两国。孙轸,古书中常作"先轸""原轸",是春秋时期晋国的著名将领,擅长兵法,曾以中军主将身份参与指挥城濮之战和殽之

---

① (明)戚继光:《纪效新书》卷一《束伍·原授器》,中华书局1996年版,第25页。

② (春秋)司马穰苴撰,钱熙祚辑:《司马法·天子之义》,中华书局1991年版,第4页。

③ (春秋)司马穰苴撰,钱熙祚辑:《司马法·定爵》,第7页。

战,《汉书·艺文志》提到东汉时已失传的兵书中有《孙轸》五篇,图二卷,可能是孙轸的著作。孙膑多次提及二人的用兵之法,可见对其推崇之至。由此可以看出,孙膑的兵学思想是在广泛吸收包括孙武在内的广大兵学家优秀思想的基础上而形成的。其二,附简中提到"明之吴越,言之于齐,知孙氏之道者,必合于天地"。这句话极有可能是孙膑弟子对孙膑兵法的赞扬。这里的"孙氏",显然是指孙武和孙膑,孙武一生主要活动在吴国,主要的战绩、兵法的成书都是在吴国完成的,故其兵法"明之吴越"。而孙膑指挥的两次战争都在齐国,故"言之于齐"。由此可以看出,在孙膑弟子看来,孙膑与孙武在兵学理论上是一脉相承的,两位孙子的兵法乃是一家之学,懂得了孙氏之道,就掌握了用兵规律,带兵打仗就能克敌制胜。

选卒篇第五

5.1 孙子曰："兵之胜在于选卒[1]，其勇在于制[2]，其巧在于势[3]，其利在于信[4]，其德在于道[5]，其富在于亟归[6]，其强在于休民[7]，其伤在于数战[8]。"孙子曰："德行者，兵之厚积[9]也。信者，兵【之】明赏也。恶战[10]者，兵之王器[11]也。取众[12]者，胜□□□也[13]。"

【注释】

[1]选卒：精选士卒。

[2]制：法规和法令的严格。

[3]其巧在于势：军队作战机动灵活在于将帅能审时度势，因势利导。巧，机巧、灵活。

[4]其利在于信：军队战斗力强在于将帅赏罚有信。利，锐利，此指军队战斗力强。

[5]其德在于道：军队素质优良在于将帅的引导。德，品德，此指军队素质。道，引导。

[6]其富在于亟归：军需充足在于速战速决。富，富裕、充足，这里指军队的物资供应充足。亟归，速归，即速战速决。

[7]休民：使部队及时得到休整。民，指士兵。

[8]数(shuò)战：频繁征战。

[9]厚积：丰厚的储备。这里指良好的素质，是军队建设的深厚基础。

[10]恶(wù)战：不好战。

[11]王器：象征王权的某种器物，如鼎、玉玺等。这里指十分重要的东西，根本、原则等。

[12]取众：取得士卒的拥护。

[13]胜□□□也：此处残缺三个字，张震泽《校理》认为本句话应为"胜之胜者也"。

【品读】

本段主要论述了治军的八项原则。军队是国家力量的重要组成部分，军队的强弱尤其士卒素质的高低，直接决定着战争的胜负，影响着国家的安危。因此，历代统治者、兵学家无不重视对军队的训练和治理。在此，孙膑列举了治军需要注意的八个方面：

第一，建军要精选士卒。历代兵家主张兵贵精不贵多。《孙子兵法·行军篇》曰："兵非多益。"《吴子·图国》云："简募良材。"《尉缭子·战威》曰："武士不选，则众不强。"历代战争实践也证明，用兵打仗不是简单的兵力的投入。军队人数虽多，但如果都是没有经过挑选的乌合之众，也将无益于取胜。反之，军队人数虽少，但如果都是经过挑选的精锐士卒，素质高，战斗力强，也可以以少胜多。在孙膑生活的战国时期，战争的规模日益扩大，军队人数不断增加，动辄出兵几十万，兵员的来源也很复杂，兵员的素质也难免会良莠不齐。因此，孙膑提倡要精选士卒，组成一支素质高、战斗力强的队伍，以完成"绝阵取将"①等重要的作战任务，对于战争的胜利至关重要。

第二，严明的军纪是军队勇敢作战的前提。诸葛亮曾经说过："有制之兵，无能之将，不可以败；无制之兵，有能之将，不可以胜。"②意思是说，平时训练有素、军纪严明的军队，即使将领无能，也不会被打败；相反，如果平时军队缺乏训练，如同一盘散沙，即使将领再有才能，也打不了胜仗。因为军队不是凭借个别士卒或将帅的"勇"来作战的，而是凭借军队的整体之"勇"来交战。只有用"制"即严明的军纪来统一士卒的行动，做到令行禁止，步调一致，"勇者不敢独进，怯者不敢独退"，军队的整体威力才能发挥出来，才能克敌制胜。

第三，军队作战能否灵活巧妙关键在于将帅能否审时度势，因势利导。自古军队作战讲究灵活巧妙。孙子曰："巧能成事。"③军队作战灵巧就容易取胜，笨拙就可能失败。用兵能否灵巧，关键要看将帅能否根据战场作战态势的变化随机应变地制订相应的作战方案。正所谓："兵无常势，水无常形，能因敌变化而取胜者，谓之神。"④，将帅只有审时度势，因势利导，才能做到用兵的灵活巧妙。

第四，将帅赏罚有信，军队才会形成强大的战斗力。《三略·上略》曰："将无还令，赏罚必信。如天如地，乃可御人。士卒用命，乃可越境。"《吴子·治兵》曰："若法令不明，赏罚不信，金之不止，鼓之不进，虽有百万何益于用？"只有赏罚有信，令出必行，士卒对赏罚信而不疑，赏罚才能发挥应有的效力，军队才会奋勇作战。如果赏罚不讲信用，法令禁规也就无法推行，军队的战斗力也就无从谈起。因此，孙膑屡屡强调信的重要性，并特别指出"信者，兵之明赏也"，认为君主言而有信是军队赏罚严明的保证。

① 《孙膑兵法·威王问篇》。
② 《诸葛亮集·兵要》。
③ 《孙子兵法·九地篇》。
④ 《孙子兵法·虚实篇》。

第五，军队素质的优良关键在于将帅的引导。“德行者，兵之厚积也。”良好的道德素质是军队建设的深厚基础。古今中外，大凡有远见的兵学家无不重视通过进行道德教育来提高军队的道德素质，进一步增强军队的战斗力。《吴子·图国》云：“凡制图治军，必教之以礼，励之以义，使有耻也。夫人有耻，在大足以战，在小足以守。”近代德国著名军事家克劳塞维茨在其《战争论》一书中专门有一章论述“军队的武德”。他认为，“军队的武德是战争中最重要的精神力量之一”[①]，“武德同军队各部分的关系就像统帅的天才同军队的整体的关系一样。统帅只能指挥军队整体，不能指挥军队的各个单独的部分。统帅指挥不到的部分，就必须依靠武德”[②]。军队素质的优劣关键在于将帅的引导。宋代岳飞以“精忠报国”的思想来教育部队，其所率“岳家军”纪律严明，兵精将强，人称“撼山易，撼岳家军难”。明代抗倭将领戚继光也注重对军队进行道德教育，他要求全体将士要“正心术”“立志向”“习武艺”，“以保民为职，以安国为念”，他领导训练的“戚家军”纪律严明，英勇善战，在抗倭保边斗争中屡建奇功。

第六，军需充足在于速战速决。大凡军队作战，贵在用兵神速，力求以迅雷不及掩耳之势，给敌人以出其不意的打击；否则，战事一旦久拖不决，必将对国家的财力、物力、人力造成过度的消耗，于国、于家、于民都将十分不利。所以，《孙子兵法·作战篇》中曾强调：“久暴师则国用不足。……故兵闻拙速，未睹巧之久也。夫兵久而国利者，未之有也。”这里，孙膑也强调军队打仗要速战速决速归，这样才能保证军需的充足。

第七，要想使军队始终保持坚强的战斗力，必须使部队得到及时的休整。孙膑认为，一支军队即使战斗力再强，如果得不到休整，其威力也会大减，只有及时得到休整，才能保持战斗力强盛不衰。楚汉战争时韩信灭赵就说明了这一点。韩信在井陉之战中灭赵之后，没有立即攻打燕国，而是听从谋士李左车的建议，按甲休兵，镇赵安民，然后派人以兵威说降，最终顺利降服了燕国。可以设想，如果韩信攻赵后，不休整军队，而是率疲惫之卒去攻燕，燕国为了自保必定发动百姓坚守，那战争的胜负就很难预料了。

第八，频繁作战会使军队战斗力受到削弱。自古兵家讲求“一战定天下”，反对穷兵黩武，屡屡出兵。《管子·幼官图》曰：“数战则士疲，数胜则君骄。”《吴子·图国》曰：“五胜者祸，四胜者弊，三胜者霸，二胜者王，一胜者帝。是以数胜得天下者稀，以亡者众。”《诸葛亮集·便宜十六策·治军》：“攻不可

① [德]克劳塞维茨著，中国人民解放军军事科学院译：《战争论》第1卷，解放军出版社1964年版，第157页。

② [德]克劳塞维茨著，中国人民解放军军事科学院译：《战争论》第1卷，第156页。

再，战不可三，量力而用，用多则费。”军队数战同久战一样，必将导致军队“钝兵挫锐”，甚至自我灭亡，严重者会影响到国家的安危。所以孙膑强调“其伤在于数战”，又指出“恶战者，兵之王器也”，把不好战视为用兵的根本。

5.2 孙子曰：“恒胜有五[1]：得主专制[2]，胜。知道[3]，胜。得众，胜。左右和，胜。量敌计险[4]，胜。”孙子曰：“恒不胜有五：御将[5]，不胜。不知道，不胜。乖将[6]，不胜。不用间，不胜。不得众，不胜。”孙子曰：“胜在尽□[7]，明赏，选卒，乘敌之□[8]。是谓泰武之葆[9]。”孙子曰：“不得主弗将也[10]。……”

【注释】

[1]恒胜有五：恒胜，经常打胜仗。五，下文所述的五个条件。

[2]得主专制：得到君主的信任，有指挥作战的自主权。

[3]知道：懂得用兵规律。

[4]量敌计险：分析敌情，研究地形的险易。

[5]御将：将帅在战场上受君主的牵制。御，驾驭、控制。

[6]乖将：将帅之间不和。乖，离异、不协调。

[7]胜在尽□：张震泽《校理》据本篇所附残简推测，“尽”下面残缺之字应为“忠”字。意思是胜利的取得在于将帅能够忠于国家和君主。

[8]乘敌之□：张震泽《校理》认为，“之”下面残缺之字应为“弊”字。句意与“乘敌之危”“乘敌之隙”相近。

[9]泰武之葆：军队强大的法宝。泰，同“太”，大。葆，同“宝”。

[10]不得主弗将也：得不到君主的信任就不要领兵打仗。

【品读】

本段孙膑从正、反两个方面论述了决定战争胜负的五个因素：

第一，“得主专制，胜”，反之，“御将，不胜”。这一条专门谈论了君主与将帅之间的关系。战场上情况瞬息万变，将帅只有得到君主的信任，拥有独立指挥、临机决断之权，才能根据战场的情况，临机应变，实施正确的作战指挥。否则，君主不信任将帅，从中掣肘，那就会如同诸葛亮所说“是犹束猿猱之手，而责之以腾捷，胶离娄之目，而使之辨青黄，不可得也”①。因此，孙膑同中国古代众兵家一样，强调君主必须保证将帅有独立专断之权，而不要横加干预，甚至主张“不得主，弗将也”，如果将帅得不到君主的信任，就干脆不要领兵打仗了。

---

① 《诸葛亮集·将苑·假权》。

第二,“知道,胜”,反之,“不知道,不胜”。这一条是讲指挥战争必须遵循战争的规律。在《威王问篇》我们谈到过,孙膑特别重视“道”,《孙膑兵法》中多次谈到“道”,其含义主要指战争的规律。孙膑强调,在用兵打仗的时候,将帅必须通晓战争的客观规律,遵循规律指导战争,如果不懂得作战规律瞎指挥,就会导致失败。

第三,“得众,胜”,反之,“不得众,不胜”。这一条主要是讲官兵关系。战争中,将帅的指挥固然重要,但士卒的作用也不应忽视。两军交战,将帅不能依靠单个人的力量与敌较量,而必须依靠士卒的集体力量与敌厮杀。正如戚继光所说:“将诚勇,以力相敌,不过数人,极矣。数十万之众,非一人可当,必赖士卒,誓同生死,奋勇当锋。”[①]在此,孙膑继承了孙武“令民与上同意”的思想,认为君主要想取得战争的胜利,必须“得众”“取众”,只有得到士卒的支持和拥护,全国上下才能勠力同心,团结一致,共同对敌。相反,如果得不到士卒的拥护,作战时士卒不听从指挥,不肯效死,将帅就会孤掌难鸣,战争注定要失败。因此,“取众”“得众”是取得战争利胜的根本保证。

第四,“左右和,胜”,反之,“乖将,不胜”。这一条是讲将帅之间的关系。将帅之间能否团结和睦,直接关系着战争的胜负。将帅如果能识大体,顾大局,不计较个人的恩怨得失,一切以国事为重,就能够做到团结协作,齐心御敌,作战就容易胜利。相反,将帅之间不和,各自为战,甚至相互倾轧、掣肘,士卒就会无所适从,战斗力就会变弱,敌人也可能会趁机施展离间之计,作战就容易失败。《诸葛亮集·将苑·人和》说得好:“夫用兵之道,在于人和,人和则不劝而自战矣。若将吏相猜,士卒不服,忠谋不用,群下谤议,谗慝互生,虽有汤、武之智,而不能取胜于匹夫,况众人乎?”因此,孙膑强调将帅之间一定要团结协作,一致对外。

第五,“量敌计险,胜”,反之,“不用间,不胜”。这一条是强调作战前将帅必须对敌情、地形条件有准确的把握。《孙子兵法·地形篇》曰:“料敌制胜,计险厄远近,上将之道也。”作为一名将帅,必须深知敌情,熟悉交战一带地区的地形条件,这样才能制订正确的作战方案,充分利用地形条件以辅助战争取胜。马陵之战之所以取胜,关键就在于孙膑做到了“量敌计险”。在战前孙膑就对庞涓的个性特点、魏军的性格等有充分的了解,故而能成功施展诱敌之计将庞涓引诱至地形险阻的马陵,然后将其一举歼灭。了解己方情况容易,了解敌情却很难。在此,孙膑继承了孙武重视“用间”的思想,也强调使用间谍去深入了解敌情,认为不用间就不能取得胜利。

① (明)戚继光撰,邱心田校释:《练兵实纪·练将》,第187页。

※　　※　　※　　※　　※

……令，一曰信，二曰忠，三曰敢。安忠？忠王。安信？信赏。安敢？敢去不善。不忠于王，不敢用其兵。不信于赏，百姓弗德。不敢去不善，百姓弗畏。

【品读】

本段孙子提出将帅必须具备"忠""信""敢"三种品德。关于"信"，孙膑屡次提及，《威王问篇》中他指出，要想"令民素听"，必须做到"素信"。又强调"素信者昌"。本篇又提到军队"其利在于信"，"信者，兵[之]明赏也"。将帅只有做到赏罚有信，言而有信，才能令士卒信服，才能得到他们的支持和拥护。

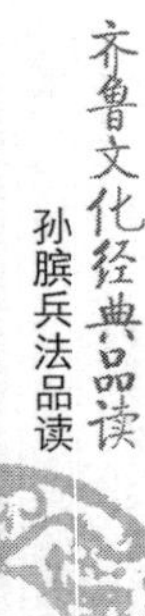

"忠"就是忠心耿耿，没有二心。"忠"是起源于春秋时期的一个道德观念，其早期的含义只是诚心诚意的为人谋事，恪尽职守，做好分内之事。在君臣关系方面，强调"君使臣以礼，臣事君以忠"[①]，将臣子的"事君以忠"建立在"君使臣以礼"的基础上，还没有完全形成对国君的绝对忠诚这一含义。到了战国时期，随着君权的集中与加强，"忠"的内涵也发生了很大变化，忠君观念得到空前的强调与突出，"忠"侧重于强调臣子对国君的绝对忠诚。受时代的影响，孙膑也认为将帅必须"忠于王"。孙膑这一主张虽然带有浓厚的封建意识，但是也有一定的积极意义。可以设想，如果一个将帅心怀二心，投机背叛，必然带不好兵，打不赢仗，更严重者会危及君权，影响到社会的稳定。因此，将帅必须要忠于君主，否则就不能用其来指挥军队。

"敢"，就是敢于惩处违反军规军纪之人。将帅不仅要"信赏"，还要明罚。违反军规军纪之人身份地位不一，有可能是普通的士卒，也有可能是位高权重的权贵。对于普通士卒自然好处置，而对于位高权重之人，那就存在一个敢不敢的问题了。《六韬·龙韬·将威》中提到"将以诛大为威"，"杀及当路贵重之臣"，就是强调将帅要敢于"诛大"。在此，孙膑强调将帅要敢于"去不善"，要不畏权势，秉公执法，这样才能在百姓中树立起自己的威信，得到他们的拥护和支持。中国历史上不乏"敢去不善"的将帅。春秋末年，司马穰苴敢于惩处违反军纪的齐景公的宠臣庄贾，孙武敢于诛杀不服从军令的吴王的宠姬，都是典型的例子。

① 《论语·八佾》。

月战[1]篇第六

孙子曰："间于[2]天地之间，莫贵于人。战□□□人不战[3]。天时、地利、人和，三者不得，虽胜有殃[4]。是以必付与而□战[5]，不得已而后战。故抚时而战[6]，不复使其众[7]。无方而战者小胜以付磿者也[8]。"孙子曰："十战而六胜，以星[9]也。十战而七胜，以日者也。十战而八胜，以月者也。十战而九胜，月有……[十战]而十胜，将善而生过者也[10]。一单……

※ ※ ※ ※ ※

……所不胜者也五，五者有所壹，不胜。故战之道，有多杀人而不得将卒者，有得将卒而不得舍者，有得舍而不得将军者，有覆军杀将者。故得其道，则虽欲生不可得也。

【注释】

[1]月战：意指战争与天时的关系。月，表示天时，包括日、月、星、辰、四时等各种天象、天时的变化情况。

[2]间于：介于、处于。

[3]战□□□人不战：本句残缺三字。意思大概是说，如果得不到人民的支持，就不能进行战争。

[4]殃：祸害、后患。

[5]是以必付与而□战：张震泽《校理》认为，原简"战"字上缺文，似"以"字。付，通"附"，依倚。与，相与。意思是说天时、地利、人和三者相附于我，乃可战。

[6]抚时而战：遵循天时来作战。抚，遵循。

[7]不复使其众：不反复用兵。

[8]无方而战者小胜以付磿者也：不凭借天时、地利、人和三个方面的有利条件去作战，有时还能取得小的胜利，是因为符合历数的缘故。方，借为"旁"，通"傍"，依附之意。付，通"附"。磿，同"历"，天时方面的历数。

[9]星：星德。指借助于星德的有利条件。下面"日""月"同。对于何谓"星德""日德""月德"，可参考《管子》一书的说法，《管子·四时》曰："东方曰星，其时曰春，其气曰风，风生木与骨。其德喜嬴，而发出节时。其事：号令修除神位，谨祷弊梗，宗正阳，治堤防，耕芸树艺，正津梁，修沟渎，甃屋行水，解怨赦罪，通四方。然则柔风甘雨乃至，百姓乃寿，百虫乃蕃，此谓星德。""南方曰日，其时曰夏，其气曰阳，阳生火与气。其德施舍修乐。

其事：号令赏赐赋爵，受禄顺乡，谨修神祀，量功赏贤，以动阳气。九暑乃至，时雨乃降，五谷百果乃登，此谓日德。""北方曰月，其时曰冬，其气曰寒，寒生水与血。其德淳越、温怒、周密。其事：号令修禁徙民，令静止，地乃不泄，断刑致罚，无赦有罪，以符阴气。大寒乃至，甲兵乃强，五谷乃熟，国家乃昌，四方乃备，此谓月德。"

[10]将善而生过者也：这是因为将领的善于指挥而产生了超越星德、日德、月德作用的缘故。善，善于指挥。生，产生。过，超过。一说，"过"当读为"祸"。将善而生祸，此说于文义不通。

【品读】

本篇主要论述了战争胜败与日月星辰的运行等天时条件的关系。战国时期，社会上非常流行阴阳五行学说，受其影响，兵家也出现了兵阴阳家一派，这一派主张"顺时而发，推刑德，随斗击，因五胜，假鬼神以为助"，也就是要借助历日干支、阴阳五行、日月星辰的运行、鬼神等来预测战争的胜负吉凶，指导自己的军事行动。《孙膑兵法》虽然在汉代所划分的兵家四大流派中被归为"兵权谋家"这一派，但是这一派"兼形势，包阴阳，用技巧"，综合了其他三大流派的特点，因此《孙膑兵法》中出现了一些兵阴阳家的观念，并不奇怪。

在兵阴阳家看来，战争的胜败与日月星辰的运行密切相关。《淮南子·兵略训》说："明于星辰日月之运……此战之助也。"按照当时人们的看法，月主阴，象征刑杀，用兵宜在月盛之时。《左传·成公十六年》有"陈不违晦，……以犯天忌"之语。孔颖达疏："日为阳精，月为阴精。兵尚杀害，阴之道也。行兵贵月盛之时。晦是月终，阴之尽也，故兵家以晦为忌，不用晦日陈兵也。"《史记·匈奴列传》曰："举事而候星月，月盛壮则攻战，月亏则退兵。"所以，孙膑以"月战"为题命名本篇，来阐述其对战争与日月星辰运行关系的看法。

孙膑认为，日月星辰的运行有助于战争取胜。他说，"抚时而战"，即遵循天时而战，可以一战而胜，不必反复用兵；在没有得到天时、地利、人和全部条件的时候，如果作战符合历数，也可以取得一些小的胜利。他又指出，依靠星象的变化来确定战机可以"十战而六胜"，依靠日象的变化来确定战机可以"十战而七胜"，根据月象的变化来确定战机可以"十战而八胜"。这都是典型的兵阴阳家的说法。

不可否认，孙膑的上述思想带有一定的迷信色彩，较之春秋战国时期一些优秀兵学家的思想大为逊色。比如，孙武也重视"天"，在《孙子兵法·计篇》提出的"五事"中处于第二位的就是"天"，但他说的"天"是指"阴阳、寒暑、时至"，是纯自然现象，与孙膑对"天时"的认识显然不同。在《孙子兵法·用间篇》中孙武明确指出，要了解敌情，"不可取于鬼神，不可象于事，不可验于度，必取于人，知敌之情者也”。《尉缭子·天官》更是明确反对兵阴阳家散布的“天官、时日、阴阳、向背”等迷信说法，认为“天官时日不若人事也”。有学者认为：“《孙膑兵法》中大量充斥兵阴阳的内容，思想由此变得杂而不纯，甚至是荒诞不经，才是该书中道失传最为主要的原因。”[①]

不过，需要注意的是，孙膑思想中虽然掺杂着一些兵阴阳家的思想，承认天时条件对战争的影响，但是他更加注重人的因素对战争的决定作用。本篇首句孙膑就提出“间于天地之间，莫贵于人”，认为天地之间没有比人更宝贵的。在“民本”思想的基础上，他进一步指出，用兵作战必须把握好天时、地利、人和三个条件，才能取得完全的胜利。若这三个条件不完全具备，即使取得胜利，也会后患无穷，最终将导致失败。在这三个影响战争胜负的因素中，“人和”是最重要的。本篇虽然对此没有展开论述，但在上篇《选卒篇》孙膑论述的决定战争胜负的五个因素中，有三个方面是论述“人和”的，分别是君将和、将兵和、将将和。另外，孙膑指出，利用日月星辰的变化所带来的有利战机去交战，只能十战而六胜、七胜、八胜或九胜，要想达到“十战而十胜”，则有赖于将军通晓用兵之道，善于指挥。由此可以看出，相较于天时、地利，孙膑更注重人的价值和作用，更注重作战中人的主观能动性的发挥。这也是本篇的主旨及价值所在。

① 陆继鹏：《简本〈孙膑兵法〉兵阴阳思想探析》，《军事历史》2012年第2期。

八阵篇第七

7.1 孙子曰："智不足，将兵[1]，自恃[2]也。勇不足，将兵，自广[3]也。不知道、数战不足[4]，将兵，幸[5]也。夫安万乘国[6]，广万乘王[7]，全万乘之民命[8]者，唯知道。知道者，上知天之道[9]，下知地之理[10]，内得其民之心，外知敌之情，阵则知八阵之经[11]，见胜[12]而战，弗见而诤[13]。此王者之将也。"

【注释】

[1]将兵：率军作战。将，带领。

[2]自恃：自负。

[3]自广：盲目自大。

[4]数战不足：没有经过多次战争实践，缺乏实战经验。

[5]幸：侥幸。

[6]安万乘国：安，安定。万乘国，能够出动万辆兵车的国家，泛指大国。

[7]广万乘王：扩大万乘之国君主的声威。广，扩大。

[8]全万乘之民命：保全万乘之国人民的生命安全。

[9]天之道：天时的变化规律，包括阴阳、四时、日月星辰、气候等天象变化对战争的影响。

[10]地之理：地形的远近、险易、广狭、死生等知识。

[11]八阵之经：八阵，各种阵势的统称，并非仅指八种阵势。经，规则、要领。

[12]见胜：预见胜利，即有了胜利的把握。见，预见。

[13]弗见而诤：没有必胜的把握就按兵不动。诤，借为"静"，停止。

【品读】

本段孙膑论述了将帅必须具备的基本素质，即智、勇、知道。自古兵家皆认为，作为将帅必须要智勇兼备。《孙子兵法·计篇》提出为将必须具备的五德——"智、信、仁、勇、严"，《六韬·龙韬·选将》提出将帅需要具备"勇、智、仁、信、忠"五种才能，其中都包括"智"和"勇"。孙膑同样也认为将帅必须足智善谋，英勇善战，勇于决断，并指出将帅如果"智""勇"不足却去率兵打仗，是自作聪明、狂妄自大的表现，作战必定失败。

孙膑认为，除了具备"智""勇"之外，将帅还要"知道"。"知道"是选拔将帅的最高标准。只有“知道”，才能保证万乘之国的安全，扩大万乘之国国君的声威，保全万乘之国人民的生命。前面我们曾经提到过，“道”是孙膑兵学思想中的一个重要概念，“道”就是用兵之道。那么，怎样才能算“知道”呢？在此孙膑提出了几个标准：一是“上知天之道，下知地之理”，即要有丰富的天文、地理方面的知识，在战争中懂得利用天时、地利条件辅助作战；二是“内得其民之心”，即有很高的威望，能得到民众的拥护；三是“外知敌之情”，即能通过用间等方式洞悉敌情，做到知己知彼；四是“阵则知八阵之经”，即要精通各种阵法战术；五是“见胜而战，弗见而诤”，即能灵活作战，做到有胜利的把握就出战，没有胜利的把握就按兵不动。如果做到了以上几点就可以称得上“知道”了。

除此以外，身为将帅，还要有“数战”的经验，即将帅要通过具体的战争实践去提高自己的军事才能。将帅如果既不懂得用兵之道，又缺乏实战经验，要想取得战争的胜利，那就全凭侥幸了。战国时期赵括虽熟读兵书，却只会“纸上谈兵”，缺乏作战经验，最终导致长平之战中赵国的大败，就说明了“数战”的重要性。

通过以上叙述，可以看出孙膑对将帅素质的要求：要智勇双全，还要有丰富的实战经验，更重要的是精通用兵之道，真正掌握战争的规律。做到这些，才能称得上是“王者之将”。

7.2　孙子曰：“用八阵战者，因地之利，用八阵之宜[1]。用阵三分[2]，诲阵有锋，诲锋有后[3]，皆待令而动。斗一，守二[4]。以一侵[5]敌，以二收[6]。敌弱以乱，先其选卒以乘之[7]。敌强以治，先其下卒以诱之[8]。车骑与战者[9]，分以为三，一在于右，一在于左，一在于后。易[10]则多其车，险则多其骑，厄[11]则多其弩。险易必知生地、死地，居生击死[12]。”

【注释】

[1]用八阵之宜：采取各种阵法中最适宜的阵法。

[2]用阵三分：布阵时，兵力分成三部分。

[3]诲阵有锋，诲锋有后：每阵都有前锋，每个前锋都有后续接应部队。诲，通“每”。锋，前锋部队。后，后续接应部队。

[4]斗一，守二：斗，战斗。斗一，以三分之一的兵力与敌交战，即下文的“以一侵敌”。守，留守、待机行动。守二，以三分之二的兵力待机行动，即下文的“以二收”。

[5]侵：进攻。

[6]收：歼灭。

[7]先其选卒以乘之：先用精锐部队去攻击它。其，己方。乘，进攻、凌犯。

[8]先其下卒以诱之：先用战斗力弱的士卒引诱它。下卒，与选卒相对，指战斗力弱的士卒。

[9]车骑与战者：有车兵和骑兵参与作战时。与，参与。

[10]易：宽阔平坦的地形。

[11]厄：两边高峻中间狭窄的地形。

[12]居生击死：占据有利地形，攻击处于不利地形的敌人。居，占据。生，生地、有路可走的有利地形。死，死地、无路可走的不利地形。

【品读】

上文提到，作为将帅的一项重要素质是要"知八阵之经"，即懂得各种阵法的使用原则和方法，但对于如何布阵并没有论述。本段孙膑指出，在实际交战中要想运用好阵法，应注意以下几点：

首先，布设军阵一定要根据地形条件的不同，采取最适宜的阵法。《阵纪·因势》曰："因地而作势也，因情而措形也。"① 排兵布阵需要依托于地形地势，而地形条件千差万别，将帅必须根据实际的地形条件，因地制宜，灵活布阵，千万不能生搬硬套。宋代岳飞所说的"阵而后战，兵法之常，运用之妙，存乎一心"②，可谓是对孙膑这种重军阵而不拘泥于阵法思想的进一步发展。

其次，布阵时兵力部署要遵循"用阵三分""斗一，守二""以一侵敌，以二收"的原则，即要用三分之一的兵力做前锋部队去冲锋陷阵，三分之二的兵力做后卫待令而动，伺机接应救援。前锋部队和后卫部队相互配合，协调统一，共同完成歼敌任务。在《陈忌问垒篇》中，孙膑也曾提出御敌时要以持长兵器的士卒在最前面接敌，而持短兵器的士卒断敌归路。由此可以看出，在孙膑的战术思想中已经有了预备队的思想，有学者称，"在先秦兵学中，孙膑是最早明确提出要留有充足预备队的"③。

孙膑的这一思想对后世兵家影响极为深远。在楚汉相争时著名的垓下决战中，韩信就是采用"以一侵敌，以二收"的战术大败项羽的。据《史记·高祖本纪》记载，在与项羽决战前，韩信将汉军兵力排成这样一个阵形：他亲率三十万大军居中，为前锋主力；将军孔熙率军数万在韩信军左方；陈贺率军数万在韩信军右方；刘邦率本部主力尾随韩信军跟进，将军周勃率军断后。韩信率本部军先行向项羽的楚军发动挑衅性进攻，项羽率骑兵在前迎击，步兵在后随其冲锋。韩信军与项羽军接战后随即佯败，掩护刘邦军队后

---

① (明)何良臣：《阵纪》，中华书局1985年版，第55页。

② 《宋史·岳飞传》。

③ 邵鸿：《〈孙膑兵法〉通解》，徐勇主编：《先秦兵书通解》，第175页。

退，吸引项羽率骑兵追击，从而使楚军的骑兵、步兵两军之间逐渐拉开距离，失去配合。而此时，孔熙、陈贺所率的左、右两军自楚军左右两侧进行迂回机动，直插楚军骑、步两军之间的空地，将楚军拦腰截断，迫使项羽不得不率骑兵回师救援步兵。此时，孔熙军顶住前方项羽骑兵的回撤，以便使韩信率军回转反击，陈贺军则以迅雷不及掩耳之势，进攻并打败楚军步兵。最终，韩信、孔熙、陈贺三军前后夹击，大败楚军。垓下决战的战例表明，“用兵三分”“以一侵敌，以二收”的战术原则之所以重要，就在于它能够使军队保持进攻的连续性和防御的有效性，从而形成强大的战斗力，同时也可以使军队更加机动灵活，便于出奇制胜。

再次，对敌作战，要因敌制胜。要根据敌我双方的实力对比情况，灵活采取战法。对于“弱以乱”的敌人，要“先其选卒以乘之”；对于“强以治”的敌人，要“先其下卒以诱之”。《威王问篇》孙膑对此分别提出了“赞师”和“让威”的策略。综合起来就是说，当敌人战斗力弱且阵势混乱的时候，要用“毁卒乱形”的方式引诱敌军出战，然后用精锐的选卒趁机进攻，一举击败敌人；当敌人战斗力强且阵势严整的时候，要先用下卒即战斗力弱的部队去引诱敌军，与之周旋，等敌人疲惫后，再以精锐的选卒发动反击。桂陵之战中，孙膑即是用此战术大败了魏军。

最后，要根据地形条件的变化调配作战的兵种。历代兵家都十分重视地形条件对战争的影响，《孙子兵法》的《地形篇》《九地篇》《行军篇》《九战篇》等都对不同地形条件下的战术应用有详细的论述。孙膑继承了孙武重视地形的传统，强调将帅要懂“地利”“知地之理”，作战时要占据有利地形，使我军占据生地而置敌军于死地；要根据地形条件调配兵种，在地形平坦时就多用车兵作战，坑洼不平时就多用骑兵作战，阻塞狭窄的地方就多用步兵作战。这样就可以更好地发挥各兵种的优势，达到克敌制胜的目的。据《陈忌问垒篇》的记载，在马陵之战中，孙膑就是根据马陵险隘狭窄的地形条件，对各兵种进行了合理的搭配，才最终大获全胜。

地葆[1]篇第八

孙子曰:"凡地之道,阳[2]为表,阴[3]为里,直者为纲[4],术者为纪[5]。纪纲则得,阵乃不惑。直者毛产[6],术者半死[7]。凡战地也,日其精也[8],八风将来,必勿忘也[9]。绝水[10]、迎陵[11]、逆流[12]、居杀地[13]、迎众树[14]者,均举也,五者皆不胜[15]。南阵之山,生山也。东阵之山,死山也[16]。东注之水,生水也。北注之水,死水[17]。不流,死水也。五地之胜[18]曰:山胜陵[19],陵胜阜[20],阜胜陈丘[21],陈丘胜林平地[22]。五草之胜曰:藩、棘、椐、茅、莎[23]。五壤之胜[24]:青胜黄,黄胜黑,黑胜赤,赤胜白,白胜青。五地之败[25]曰:溪、川、泽、斥[26]。五地之杀[27]曰:天井、天宛、天离、天隙、天柖[28]。五墓[29],杀地也,勿居也,勿□也。春毋降[30],秋毋登[31],军与阵皆毋政前右[32],右周毋左周[33]。"

【注释】

[1]地葆:葆,同"宝"。军队行军作战要以正确利用地形条件为宝。

[2]阳:高亢明敞向阳的地形。

[3]阴:低洼幽暗背阴的地形。

[4]直者为纲:直,平直宽广的地形。纲,提网的总绳,指主要地形。

[5]术者为纪:术,错综复杂的地形。纪,散丝的头绪,与"纲"相对,指次要地形。

[6]直者毛产:毛产,大地所生长的草木等植物。意思是平直宽广之地草木茂盛,易供部队人马食用。

[7]术者半死:与"毛产"相反,错综复杂的地形草木较少,难以满足部队人马食用。

[8]日其精也:阳光非常重要。精,精华,宝贵。

[9]八风将来,必勿忘也:对于八方之风,不要忘记观察。古人认为风的方向、大小、疾徐直接关系着战争的胜负。对于何为八风,《吕氏春秋·有始览》曰:"东北曰炎风,东方曰滔风,东南曰熏风,南方曰巨风,西南曰凄风,西方曰飕风,西北曰厉风,北方曰寒风。"《淮南子·地形训》《史记·律书》等均有记载,但风名各有异同。

[10]绝水:渡水。《孙子兵法·行军篇》:"客绝水而来,勿迎之于水内,令半济而击之,利。"

[11]迎陵:面向高山。《孙子兵法·军争篇》:"高陵勿向。"

[12]逆流:处于河流的下游。《孙子兵法·行军篇》:"无迎水流。"

[13]杀地：不利的地形。

[14]迎众树：面向树林。《孙子兵法·行军篇》："若交军于斥泽之中，必依水草而背众树。"

[15]均举也，五者皆不胜：在双方实力相当的情况下进行交战，凡是处于这五种情况的都会失败。均，双方实力相当、势均力敌。举，举动，此指作战。

[16]自"南阵之山"至"死山也"：诸家对"南阵""北阵"的理解多存歧义。此处采霍印章《浅说》之解释，"南阵"和"北阵"分别是位于阵地北面的山和位于阵地西面的山。本句意为，位于阵地北面的山，是有利的生山；位于阵地西面的山，是不利的死山。

[17]自"东注之水"至"死水"：向东流的河水是对作战有利的生水，向北流的河水是对作战不利的死水。

[18]五地之胜：五种地形的优劣比较。

[19]陵：大土山。

[20]阜：土山，比陵要低。

[21]陈丘：绵延起伏的小土山。

[22]林平地：平川之地。

[23]藩、棘、椐、茅、莎：藩，篱笆，这里指草木茂盛，如同篱笆一样。棘，带刺的草木。椐，又叫灵寿木，一种枝节肿大的小树，可以做拐杖，这里指灌木丛一类的草。茅，茅草。莎，草名，即香附子，这里指长势较低的草。

[24]五壤之胜：五种不同颜色的土的优劣。这里的"五壤之胜"与古代的五行相胜关系密切，其中的青、黄、黑、赤、白，即相当于木、土、水、火、金。

[25]五地之败：五种会导致作战失败的地形。这里只列举了四种，可能是原简有脱漏。

[26]溪、川、泽、斥：溪，山涧河沟。川，河流。泽，沼泽。斥，盐碱地。

[27]五地之杀：五种会导致覆军杀将的地形。杀，覆军杀将之意。

[28]天井、天宛、天离、天隙、天柖：天井，四边高中间低的地形。天宛，即《孙子兵法·行军》中的"天牢"，四周高山环绕、易进难出的地形。天离，即《孙子兵法·行军》中的"天罗"，草深林密，荆棘丛生，如同罗网的地形。天隙，高山之间的峡谷地带。天柖，即《孙子兵法·行军》中的"天陷"，道路泥泞、卑湿低下的地形。

[29]五墓：即上述五种杀地。

[30]春毋降：春季不要离开高处往低处安营。降，从高处降到低处。

[31]秋毋登：秋季不要离开低处到高处安营。登，登高。

[32]军与阵皆毋政前右：安营、布阵时不要让山陵高地挡在自己的右前方。政，通"正"，正面，相迎之意。

[33]右周毋左周：要使军队右后方有山陵高地依托，而不要使军队左前方被山陵高地依托。周，环绕，周匝，引申为依附、依托。古人认为军队右背山陵为有利，《孙子兵法·行军》曰"右背高，前生后死"，正是此意。

【品读】

古代战争大都是在地面上进行的，地形状况不可避免地会影响到作战行动和军队战斗力的发挥。孙膑同历代优秀的兵学家一样，十分重视地形条件对战争的影响，认为只有掌握了各种地形知识，列阵作战才不会迷惑，并将“知地之理”作为将帅必备的素质。本篇就是探讨“地之理”的专篇，集中讨论了各种不同的地形地物对战争的影响。

孙膑首先从部队给养、人马健康的角度出发，分析了“阴”“阳”“直”“术”四种地形的优劣。军队战斗力的强弱决定着战争的胜负，因此大凡军队行军布阵，无不考虑如何保证军队给养的充足，确保军队人员的身体健康，以利于军队战斗力的发挥。从这一角度出发，孙膑认为，“阴”与“阳”相比，“阳”地为佳，因为阴地低洼潮湿，不利于军队人员的身体健康，而阳地向阳干燥，不易生疾，有利于军队人员的身体健康；“直”与“术”相比，“直”地为佳，因为直地平直宽广，百草五谷多，容易供应部队食用，而“术”地错综复杂，百草五谷少，部队的给养容易缺乏。因此，行军布阵应该选择阳地、直地。这与《孙子兵法·行军篇》所说的“凡军好高而恶下，贵阳而贱阴，养生而处实。军无百疾，是谓必胜”很有些相似。

但是有一点需注意，向阳干燥之地虽利于养生，却不利于防火。如果气候干燥，再加上风向适合，是很适合发动火攻的。在古代，火攻战术的使用与风的大小、徐疾、方向有直接的关系。凡用火攻，必借助风力。因此，孙膑提醒人们，选择驻军之地时对八方之风要注意观察，注意避风，以防敌人乘风火攻。《吴子·治兵》中提到“将战之时，审候风所从来。风顺致呼而从之，风逆坚陈以待之”，也是提醒人们，临战时要注意观察风向，顺风而击，逆风而守。

孙膑还阐述了不同的山、水、地、草、木等地理条件对作战的影响，提出了“五地之败”“五地之杀”“五者皆不胜”等重要的规律，对作战有重要的指导意义。“五者皆不胜”是说有五种情况对作战来说是不利的，即“绝水、迎陵、逆流、居杀地、迎众树”；“五地之败”是说在此五种地形条件下作战必定要失败，即“溪、川、泽、斥”；“五地之杀”是说有五种地形会导致覆军杀将，即“天井、天宛、天离、天隙、天柖”。《孙子兵法》的《行军篇》《军争篇》等对此均有论述。由此可见，这些地形运用原则在先秦时期已经成为不少兵学家的共识。

此外，孙膑提出“五地之胜”“五草之胜”“春毋降，秋毋登”等规律。“五地之胜”，即指山地胜过高陵地，高陵地胜过土山地，土山地胜过小丘陵地，小丘陵地胜过平川地。因为占据地势高的军队容易观察敌情，在作战方面占据优势，所以容易制胜处于地势低的军队。“五草之胜”，即五种草地对作战的有利程度大小依次是：草木茂盛之地，荆棘丛生之地，灌木丛一类的草地，野草较高之地，野草较低之地。其优劣的划分主要是依据草木对军队行动的影响而定。“春毋降，秋毋登”，是说春季不要下到低处，因为春夏雨水多，低处容易为雨水所灌，对行军作战极为不利；秋季不要登到高处，因为高处雨水少，登到高处容易被断绝水源。孙膑这些观点虽说不尽完全正确，却有一定的合理性，也可以为用兵者所鉴。

当然，应该看到文中的一些观点也不尽合理。比如将“南阵之山”“东注之水”看成“生山”“生水”，将“东阵之山”“北注之水”看成“死山”“死水”，根据五行相生相克之说，认为五种颜色的土壤是“青胜黄，黄胜黑，黑胜赤，赤胜白，白胜青”，等等。这种依据山水的走向、土壤的颜色来判断战争胜负的观点，显然是不科学的。由此也可以看出阴阳五行学说对孙膑兵学思想所造成的重要影响。这也致使《孙膑兵法》的兵学价值较之《孙子兵法》逊色不少，这也可能是导致《孙膑兵法》较早失传的重要原因。

势备篇第九

9.1　孙子曰：夫含齿戴角，前爪后距[1]，喜而合，怒而斗，天之道[2]也，不可止也。故无天兵者自为备[3]，圣人之事也。黄帝作[4]剑，以阵象之[5]。羿[6]作弓弩，以势象之[7]。禹作舟车，以变象之[8]。汤、武作长兵[9]，以权象之[10]。凡此四者，兵之用也。

【注释】

[1]含齿戴角，前爪后距：长着锐利的牙齿、坚硬的头角、锋利的前爪和强劲的距的鸟兽。距，指雄鸡等禽类爪后突出的像脚趾的部分。

[2]天之道：天然的道理，即动物的天性。《淮南子·兵略训》说："凡有血气之虫，含牙带角，前爪后距。有角者触，有齿者噬，有毒者螫，有蹄者趹。喜而相戏，怒而相害，天之性也。"与本文意义相同，可相互参照理解。

[3]无天兵者自为备：人没有动物那种天然的武器，就必须自己制造武器。天兵，这里指动物天然生成的齿、角、爪、距等可以用来自卫和进攻的武器。

[4]作：制作、创造。

[5]以阵象之：可以用剑来比喻军阵。象，比喻。

[6]羿：即后羿。夏朝东夷族有穷氏首领，善于射箭，一度夺得了夏政权，后为其部下所杀。

[7]以势象之：可以用弓弩来比喻军势。势，杀敌之险势。

[8]以变象之：可以用舟车来比喻战争中的随机应变。

[9]汤、武作长兵：汤、武，商汤和周武王。长兵，戈矛一类的长柄兵器。

[10]以权象之：可以用它来比喻作战中的控制指挥权。

【品读】

巧妙地运用比喻的手法，生动形象地说明自己的军事思想，是《孙膑兵法》的一大特色。本篇孙膑以兽为喻，阐述了对战争问题的看法，以宝剑、弓弩、舟车、长兵器为比喻，说明阵、势、变、权四者在军事上的重要性。孙膑认为，人类战争的发生，如同"喜而合，怒而斗"是野兽的天性一样，是"天之道也"，不可制止。不同的是，人没有野兽天生具有的齿、角、爪、距，所以圣人发明了武器用来防御和进攻。孙膑对战争起源问题的这种看法其实并不正确。战争并不是人类的天性，而是人类社会发展到一定阶段的产物，其爆发的原因也是多种多样的。战国初期的吴起将战争的起因分为五种："凡兵之所起者有五：一曰争名，二曰争利，三曰积恶，四曰内乱，五曰因饥。"①以今日的观点来看，吴起对战争起源的认识虽然还很肤浅，但是较之孙膑的认识则深刻合理得多。另外，武器也不是黄帝、后羿、大禹等少数几个人发明的，从1963年在山西朔县峙峪村的旧石器时代晚期遗址中发现的箭镞来看，中国先民在距今约2.8万年时已经使用弓箭。不过，虽然孙膑的上述认识带有一定的局限性，但其目的并不在于考证武器的发明时期，而是着眼于利用武器的原理来排兵布阵，说明作战指挥中"阵""势""变""权"的重要性，这一认识则是当时那个时代难能可贵的精辟之论。

9.2 何以知剑之为阵也？旦暮服之[1]，未必用也，故曰，阵而不战[2]，剑之为阵也。剑无锋，虽孟贲[之勇]不敢□□□[3]。阵无锋[4]，非孟贲之勇也敢将而进者，不知兵之至也[5]。剑无首铤[6]，虽巧士不能进[□]□。阵无后[7]，非巧士敢将而进者，不知兵之情者。故有锋有后，相信不动[8]，敌人必走。无锋无后……□券不道[9]。

【注释】

[1]旦暮服之：早晚佩戴它。服，佩戴。

[2]阵而不战：布好阵势但并不真正交战。

[3]虽孟贲（bēn）[之勇]不敢□□□：杜汝波《〈孙膑兵法〉谋略指要》据下文判断，认为残缺之字可能是"将而进"②。此句意为，宝剑如果没有锋刃，即使像孟贲那样勇猛，也不敢用它去杀敌。孟贲，战国时期的勇士。

[4]锋：前锋。

[5]不知兵之至也：对用兵之道无知到了极点。

[6]首铤（tǐng）：剑的把柄。

[7]后：后续部队。

[8]相信不动：相互信任配合，阵势稳固。

[9]自"无锋"至"不道"：此句有缺文，具体文意不明。大概是说布阵如果既无前锋，也无后卫，阵势就会混乱，失去相互之间的救援和呼应，阵势的威力就不会强大。

【品读】

本段孙膑以宝剑比喻军阵，说明军队要常备不懈，军阵兵力部署要有锋

① 《吴子·图国》。

② 杜汝波：《〈孙膑兵法〉谋略指要》，吴如嵩主编：《大智慧：中国十大兵书谋略指要》，第354页。

有后。宝剑早晚随身佩带，却不一定天天使用，但一旦需要就能发挥作用。用兵亦同此理。军队不一定每天都需要作战，但阵法却需要经常演练，这样一旦临阵才不至于混乱，才能发挥出强大的战斗力。也就是说，军队只有做到严阵以待，常备不懈，才能使敌人不敢轻易发动进攻，即使发动进攻我方也会立于不败之地。《孙子兵法·九变篇》说“故用兵之法，无恃其不来，恃吾有以待也；无恃其不攻，恃吾有所不可攻也”，亦即此意。在此，孙膑还重申了《八阵篇》“用阵三分，每阵有锋，每锋有后，皆待令而动”的布阵原则，指出军阵要像宝剑一样，有锋有后，才能“相信不动，敌人必走”。所谓“有锋”，即要求军阵要有精锐的前锋部队在前方冲锋陷阵。宝剑没有锋刃就无法成为杀人的利器，同理，军阵没有前锋部队也无法有效打击敌人。所谓“有后”，即要求军阵要有充足的后备力量。宝剑没有把柄就无法握剑刺敌，同理，军阵没有后备力量也无法给予前锋以有力支援，从而影响作战的整体效能。孙膑强调，军阵只有有锋有后，才能保持阵势的稳定，发挥军阵整体的作战效能，最终克敌制胜。

9.3　何以知弓弩之为势也？发于肩膺[1]之间，杀人百步之外，不识其所道至[2]。故曰：弓弩势也。

【注释】

[1]肩膺：肩膀和前胸。

[2]不识其所道至：不知道箭是从哪里射来的。道，由、从。

【品读】

本段孙膑以弓弩比喻兵势，说明战争中要用兵迅疾，“攻无备，出不意”。“势”是中国古代兵家非常重视的一个重要范畴。《孙子兵法》中经常强调作战要造势，借助于势。《计篇》曰：“势者，因利而制权也。”《势篇》以“水”“彍弩”喻势：“水之疾，至于漂石者，势也。”“是故善战者，其势险，其节短。势如彍弩，节如发机。”孙膑继承了孙武关于“势”的理论，并十分重视用“势”。《吕氏春秋·不二》在总结孙膑的用兵特点时也说：“孙膑贵势。”《孙膑兵法》中孙膑多次谈到“势”。比如：《威王问篇》曰：“势者，所以令士必斗也。”《选卒篇》曰：“兵之胜在于选卒，其勇在于制，其巧在于势。”《史记·孙子吴起列传》记孙膑之言：“善战者，因其势而利导之。”本篇孙膑也说：“势者，攻无备，出不意。”“何以知弓弩之为势也？发于肩膺之间，杀人百步之外，不识其所道至。”

综合孙膑对“势”的各种论述，可以看出孙膑关于“势”的思想主要包括三层含义：第一，势表现为一种强大的冲击力，这种冲击力如同张弩射箭一样迅猛急速，突如其来，能使敌人不知力量从何处来，不知如何去抵抗。换言之，用兵一定要突然、迅速，才能收到“攻无备，出不意”的效果。第二，势是一种箭在弦上不得不发的作战态势。将帅要有意识地通过“破釜沉舟”“置之死地而后生”等战术创设一种险峻的态势，使处于这种态势下的士卒能拼死冲破险境以取胜，这就是所谓的“令士必斗也”。第三，用势的方法不需刻意追求，而应根据现有条件顺水推舟，正确引导，以此形成对己方有利的态势。在马陵之战中，孙膑正是运用了“因势利导”的方法，利用魏军“素悍勇而轻齐”的心理，采用退兵减灶之计，诱使庞涓率轻骑追击，形成有利于齐军的作战态势，然后在马陵设伏大败魏军，从而创造了我国历史上关于造势任势的典型战例。

9.4 何以[知舟车]之为变也？高则……[1]

【注释】

[1]高则……：此处简文残缺。李京《齐孙子兵法解》据文义将残缺之处补为“高则高，下则下，故曰，舟车，变也。”此句意为：船只运行的规律是因水制行，随波逐流，水涨则船高，水落则船低。战术变化如同船只运行因水变化而随波逐流一样“因地变化”，做到随机应变。①

【品读】

本段孙膑以舟车比喻机变。由于简文残损严重，已无法得知“变”的具体含义，不过，从孙膑所言“禹作舟车，以变象之”来看，“变”可能是指军事活动中部队的机变。关于“禹作舟车”，《史记·夏本纪》记载大禹治水时说“陆行乘车，水行乘船，泥行乘橇，山行乘檋，”意即必须根据地形和环境的不同，采用相应的交通工具。孙膑以舟车喻变，亦同此理，也是强调作战时要机动灵活，就像大禹治水那样，根据战场的实情灵活采用战术，因敌制胜。下文孙膑对“变”还有进一步解释，即“……中之近……也，视之近，中之远”。据文义，“中之近”前应有“视之远”三字。大概是说用兵要善变，看似在远，打起来却近；看似在近，打起来却远。这实际上是强调作战要善于制造各种假象以迷惑敌人，使其作出错误的判断，而我方则可以出其不意、攻其不备地攻打敌人。《孙子兵法·计篇》曰：“兵者，诡道也。……近而示之远，远而示之近。”《淮南子·兵略训》曰：“将欲西，而示之以东。”《百战奇略·近战》曰

① 参见李京：《齐孙子兵法解》，中国书店1990年版，第149～150页。

"凡与敌战,我欲近攻,反示以远,使敌备远,我乃近袭。"说的都是这个意思。由此可见,孙膑所说的"变"不仅是指随机应变,还有变诈示形之意。

9.5 何以知长兵之【为】权也?击非高下非……□卢毁肩[1],故曰,长兵权也。

【注释】

[1]自"击非"至"毁肩":此句简文残缺。意思可能是指长兵器运用十分便利,不用调整身体位置,就能在较远的距离上击毁敌人的头颅、肩膀。卢,通"颅"。

【品读】

本段孙膑以长兵器比喻作战的主动权。关于"权",根据残简"击非高下非……卢毁肩"可以推知,应该是指作战的主动权。为什么长兵器可以用来比喻作战的主动权呢?因为长兵器杆柄长,不等敌人靠近自己的身边,不用改变身体和四肢的高下位置,就能自如地刺伤敌人的头颅和肩膀,达到杀敌的目的,而短兵器虽然方便灵活,但杆柄短,只能在近距离接近敌人时,才能杀伤敌人。因此,长兵主动,短兵被动。战争中作战指挥也应该像长兵器刺敌一样,牢牢把握主动权,才能控制战场,左右战场形势的发展。下文对"权"还有进一步解释,即"权者,昼多旗,夜多鼓,所以送战也"。意思是说,将帅要想指挥军队,控制战场,还需要借助军事指挥工具,如旌旗、战鼓等,将各种作战命令及时下达,确保军队令行禁止,步调一致,这样才能实现夺取战场主动权的目标。

9.6 凡此四……所循以成道[1]也。知其道者,兵有功,主有名。□用而不知其道者,[兵]无功。凡兵之道四:曰阵,曰势,曰变,曰权。察此四者,所以破强敌,取猛将也。……势者,攻无备,出不意,……中之近……也,视之近,中之远。权者,昼多旗,夜多鼓,所以送战[2]也。凡此四者,兵之用也。□皆以为用,而莫彻其道[3]。

【注释】

[1]循以成道:此处简文残缺,具体含义不详,大意是指依循已形成的作战规律。

[2]送战:指挥作战。

[3]莫彻其道:不明白其中的道理。彻,通晓、明白。

【品读】

本段孙膑总结全文,再次强调作战指挥中阵法、兵势、机变、主动权的重要性。孙膑认为，这四点是战争中具有普遍指导意义的作战法则，是克敌制胜的法宝，运用这四项原则指挥作战就能“破强敌，取猛将”，就会成就将帅的功名。如果不能通晓其中的道理和奥秘而盲目运用，作战可能就要失败。其实，这四项作战原则古代兵学家大都进行过论述，并非孙膑独创。但是孙膑将此四者放在一起作为一个整体来论述，强调作战中要综合运用这四者，从而形成对己方有利的完备的“势”，以取得战争的胜利，并且用比喻的手法来说明每项用兵之道的内在原理，则是孙膑的独到之处。这也可以说是孙膑对先秦兵学的重大发展。

※ ※ ※ ※ ※

……□得四者生，失四者死，□□□□……

兵情篇第十

10.1　孙子曰：若欲知兵之情[1]，弩矢其法[2]也。矢，卒也。弩，将也。发者[3]，主[4]也。

【注释】

[1]兵之情：用兵治军的道理。兵，本篇中主要指治军。

[2]弩矢其法：可以用弩矢来做比喻。

[3]发者：射手。

[4]主：国君。

【品读】

自古以来，大凡战争都讲究“天时、地利、人和”，三者之中，“人和”是关键。正如孟子所说：“天时不如地利，地利不如人和。”①“天时、地利”条件都在一定程度上影响着战争的胜负，但要想利用好有利的“天时、地利”条件，或避免不利的“天时、地利”条件，还要靠全军上下团结一致，协调统一。因此，历代兵学家无不将军队内部的团结放在首位。孙膑也是如此。他虽然在《月战篇》中指出“天时、地利、人和，三者不得，虽胜有殃”，但更强调人在战争中的作用，认为“间于天地之间，莫贵于人”。他在《选卒篇》他所论述的决定战争胜负的五个因素中，有三个方面是论述“人和”。本篇孙膑仍然强调“人和”，他借用“弩矢其法”来说明“兵之情”，将箭矢、弩弓、发者分别喻为士卒、将帅、君主，认为君主、将帅和士卒只有合乎客观要求，同心协力，才能赢得战争的胜利。

……………………………………

10.2　矢，金[1]在前，羽[2]在后，故犀而善走[3]。前[重而]后轻，故正而听人[4]。今治卒则后重而前轻[5]，阵之则办[6]，趣之敌则不听人[7]，治卒不法矢也[8]。

---

①　《孟子·公孙丑下》。

【注释】

[1]金:用金属制造的箭头。

[2]羽:用羽毛做的箭尾的翎。

[3]犀而善走:犀,犀利。善走,指箭急速飞行。

[4]正而听人:指由于箭矢结构的合理,箭能够按照射手的意愿准确飞行。正,正确,指箭飞行的路线正确。听,听从、按照。

[5]治卒则后重而前轻:治卒,治军,这里指布阵时的兵力分配。后重而前轻,后方的兵力多而强,前面的兵力少而弱。

[6]阵之则办:布开阵势不动时还可以。办,能、成。

[7]趣之敌则不听人:督促他们与敌人交战,就难以遵从指挥官的意愿了。趣,通“促”,督促。不听,不服从指挥。

[8]治卒不法矢也:这是由于治军没有效法箭的构造原理的缘故。

【品读】

本段孙膑以箭矢比喻士卒,要求部署兵力要“轻重得,前后适”。矢的结构是“金在前,羽在后”,即金属做的箭镞在前,羽毛做的箭翎在后,前后结构合理,轻重适宜得当,所以能够按照射手的意愿射出去击中目标。作战时兵力的部署亦同此理,也应当前重后轻,即将精锐部队部署在前面,而把弱者部署在后面。精兵在前,士卒勇往直前,可以提高部队的士气,带动后面的部队前进。《选卒篇》《八阵篇》中孙膑所讲的“选锋”“诲阵有锋”,都是说的这个道理。相反,如果部署兵力时前轻后重,前锋部队实力较弱,不堪一击,一触即溃,就会影响军队士气,后面的军队也会随之溃散。因此,孙膑强调,如果不效法箭矢结构部署兵力,兵力部署上“后重而前轻”,平时演习还行,如果用于实战,军队就会不听从指挥而怯阵不前,作战必然要失败。

10.3 弩者,将也。弩张[1],柄[2]不正,偏强偏弱而不和[3],其两洋之送矢也不壹[4],矢虽轻重得[5],前后适[6],犹不中[招也][7]……□□□将之用心不和,……得,犹不胜敌也[8]。

【注释】

[1]弩张:拉开弩弓。

[2]柄:弩臂。

[3]偏强偏弱而不和:弩弓两边的力量强弱不均匀。不和,不均匀、不协调。

[4]其两洋之送矢也不壹:洋,疑借为“翔”。两洋,即“两翔”,弩弓的两端。送矢,弹射箭矢。不壹,不一致。此句意谓弩弓的两翼弹射箭矢的力量也不一致。

[5]轻重得:轻重比例得当。

[6]前后适:前后位置合适。

[7]犹不中[招也]:仍然不能射中箭靶。招,箭靶。

[8]此句简文残缺,据上下文意推断,意思大概是即便兵力部署得当,如果将领之间用心不齐,不能协调一致,也不能战胜敌人。

【品读】

本段孙膑以弩比喻将帅,要求将帅必须用心和一。用弩射箭时,弩臂必须平正,两端的拉力必须一致,才能将箭准确射出并射中目标。否则,弩臂不平正,弩弓两端拉力不协调,一边拉力强,一边拉力弱,箭矢射出去就会倾斜,飞行速度就会受影响,不能射中目标。同理,将帅只有同心协力,团结和睦,才能达到作战指挥上的协调一致,才能克敌制胜。如果将帅之间互不团结,各自为战,互相掣肘,即便兵力部署得当,也非打败仗不可。《选卒篇》中"恒胜有五"中提到"左右和,胜""乖将不胜",与本篇意思相同。

10.4 矢轻重得,前[后]适,而弩张正,其送矢壹,发者非也[1],犹不中招也。卒轻重得,前后适,而将唯于……兵……犹不胜敌也[2]。

【注释】

[1]发者非也:射手不善于发射。

[2]自"卒轻重得"至"胜敌也":此句简文残缺,据上下文意推断,意思大概是指兵力部署得当,将帅之间协调统一,但如果君主决策失误,指挥无方,也不能战胜敌人。

【品读】

本段孙膑将君主比喻成发者,要求君主要善于发射,即作出正确的决策,处理好君将关系。孙膑认为,即便是箭好弩良,而射手不善于发射,也无法射中目标。与此同理,即便兵力部署得当,将帅团结一心,而君主不善于发射,也不能取胜。根据《孙膑兵法》的思想,所谓"发者,非也",应包含两层含义:一是君主的战略决策要正确。战国时期,君主作为国家的最高统治者,虽然一般不会亲自带兵出征,但其对外战略的抉择直接影响着战争的胜负。以战国末期的邯郸之战为例,长平之战结束后,秦军主将白起分兵两路进攻赵都邯郸,赵国岌岌可危。此时秦昭王却听信应侯范雎之言,准许赵国割六城求和而退兵。结果赵国不但没有如约割地给秦,反而与齐、楚、燕、韩、魏结成同盟,合纵抗秦。昭王大怒,不顾白起等人的反对,派兵攻赵,先后三次增兵换将,但因六国联军力量强大,秦军伤亡惨重,最终以失败而告终。此次秦国的失败,主要原因在于"发者,非也"。如果最初秦王拒绝赵国的求和,趁长平之战后秦军的士气正盛,一鼓作气攻下赵国,是轻而易举的事。而等赵国与其他五国结成同盟后，就不容易攻打了。所以说，是秦王决策的失误造成了秦军的大败。二是处理好君将关系。《选卒篇》中，孙膑指出“得主专制，胜”“御将不胜”，即君主要确保将帅有独立指挥、临机决断之权，这样将帅才能在战场上根据敌情灵活指挥。如果君主不信任将帅，从中掣肘，就会导致“乱军引胜”的后果。

10.5 故曰，弩之中彀合于四[1]，兵有功……将也，卒也，□也。故曰，兵胜敌也，不异于弩之中招也。此兵之道也。

【注释】

[1]弩之中彀(gòu)合于四：发弩要射中靶子必须符合四个条件，即前面所论述的矢“轻重得，前后适”“弩张正”“送矢壹”“发者是”。彀，箭靶。

【品读】

本段孙膑总结全文，再次指出只有箭矢结构合理、弩臂平正、两翼对矢的推动力均协、射手操作正确这四个因素同时具备，方能射中箭靶。军队战胜敌人和弩弓射箭射中目标是同一个道理。只有兵力部署得当，将帅团结，齐心御敌，君主决策正确，能正确规定打击方向，君将之间互相信任，这四个方面同心协力，密切配合，才能取得战争的胜利。缺少任何一方面的协作，都必将会失败。了解了这些，就是了解了“兵之道”。“道”是孙膑兵学思想中的重要范畴，其内容十分丰富，这里孙膑将君主、将帅、士卒三者之间的高度统一也列入“知道”的内容，进一步丰富了“道”的内涵。

行选[1]篇第十一

11.1　孙子曰："用兵移民[2]之道，权衡[3]也。权衡，所以选贤取良也。阴阳[4]，所以聚众合敌[5]也。正衡再累既忠[6]，是谓不穷[7]。称乡悬衡，虽其宜也[8]。私公之财壹也[9]。

【注释】

[1]行选：施行选拔人才之策。行，施行。选，选择。

[2]用兵移民：治理军队，使士兵和民众归附。移，归附。民，士兵和民众。

[3]权衡：用秤衡量轻重。权，秤锤、砝码。衡，秤杆。

[4]阴阳：中国古代哲学上的一对范畴，既有对立统一的思想，也有一些迷信的观念。古代兵家也常以阴阳五行论兵。《汉书·艺文志》中将"兵阴阳家"作为兵家的一个重要类别，其特点是"阴阳者，顺时而发，推刑德，随斗击，因五胜，假鬼神而为助者也。"

[5]聚众合敌：聚众，聚集民众、组织兵力。合敌，与敌人交战。

[6]正衡再累既忠：这句话中"累"字是一三四号简最后一字，"既"字是一三五号简开头一字，因竹简整理小组未能判定此二简是否相连，所以原文在"累"和"既"之间加上了"……"。但竹简整理小组注释中又指出，"此简与上一简也可能紧接，'正衡再累既忠'当作一句读。"其他学者亦多持这种看法。从文意看，此六字当为一句。正，校正、调整。累，秤锤、砝码。再累，是指一再增减砝码，使称量准确。忠，通"中"，不偏不倚、适中。此句意谓不断调整天平，使砝码与所称之物达到平衡。这里比喻选取人才要像天平称物一样，反复斟酌，至公至平。

[7]不穷：指人才层出不穷。

[8]称乡悬衡，虽其宜也：称，称量。乡，通"飨"，本义是用酒食款待人，引申为犒赏。悬衡，挂起秤，指衡量轻重利弊。虽，通"唯"。意思是量功行赏，也要反复权衡，公正无私，唯其所宜。

[9]私公之财壹也：不论地位高低、身份贵贱，只要是贤良人才，均一视同仁。私，大夫以下的私属，指地位较低的人。公，侯、王以上的大官，即地位高的人。财，借为"材"，人才。

【品读】

本篇孙膑主要谈论如何选拔人才。战国时期，随着贵族世袭政治制度的日渐瓦解，职官制度逐渐确立，从社会各阶层中选拔贤能之人参与国家的治理，成为各诸侯国的迫切需求。于是"尚贤"成为当时思想家们的一致主张。墨子提出"尚贤使能为政也"①。孔子曰："文、武之政，布在方策。其人存则政举，其人亡则政息。"②《六韬·文韬》中的《上贤》《举贤》篇也谈论了选拔贤人的问题。但是"尚贤"不一定能得贤，当时"君务举贤而不获其功""有举贤之名，而无用贤之实"③的情况较为普遍。因此，如何选拔到真正的贤士是各国统治者关注的问题。

本段孙膑用秤衡量物品的轻重来说明"用兵移民""选贤取良"之道。用秤称量物品的轻重时，需要反复增加砝码，调整天平，使之平衡适中，才能准确称量出物品的轻重。选拔人才也是如此，也要有一个客观公正的标准，围绕标准对所要选用的人才反复斟酌，认真权衡，做到公正合理，不偏不倚。不论人地位的高低、身份的贵贱，均一视同仁，量才使用；论功行赏，也要反复权衡，公正无私，唯其所宜，这样人才的涌出才会无穷无尽。不过，在此孙膑没有谈具体的选贤标准，大概是《选卒篇》《八阵篇》等提到的"忠""信""敢""智""勇""得众""知道"等品质和能力。

11.2 夫民有不足于寿而有余于货者[1]，有不足于货而有余于寿者[2]，唯明王、圣人知之，故能留之[3]。死者不毒[4]，夺者不愠[5]。此无穷……民皆尽力，近者弗则，远者无能[6]。

【注释】

[1]夫民有不足于寿而有余于货者：指富有而贪生的人。不足，不满于。寿，寿命。货，物资财富。

[2]有不足于货而有余于寿者：指因贫穷而不怕死的人。

[3]留之：用之。这句话是说，唯有英明的君主和圣哲能了解并利用民众贪生和求生的特点，使他们各尽其能，为我所用。

[4]死者不毒：战死的人没有怨恨。毒，痛恨。

[5]夺者不愠：被剥夺财物的人没有抱怨。愠，气愤、抱怨。

[6]近者弗则，远者无能：亲近之人不敢犯上作乱，疏远之人也不敢消极怠慢。则，通"贼"，犯上作乱。能，借为"怠"，懈怠。

【品读】

本段孙膑认为选拔人才，要根据人不同的性格、心理特点，因人而异，用

① 《墨子·尚贤》。

② 《礼记·中庸》。

③ 《六韬·文韬·举贤》。

其所长。孙膑将民众分为两类：一类是“有不足于寿而有余于货者”，即贪生而不贪财者；一类是“有不足于货而有余于寿者”，即贪财而不贪生者。统治者要利用他们心理特点及各自需求的不同，投其所好，因势利导。对于前者，可以令其纳税输财，对于后者可以使之当兵打仗。贪生之人为了保住生命，丧失了财物也不会抱怨；贪财之人为了得到财物奖赏，丧失了生命也在所不惜。这样，人们各尽其能，各得所欲，都可以为统治者效命而没有怨言。银雀山汉墓竹简兵法佚文《奇正篇》所言“用民得其性，则令行如流”，说的就是这个意思。

11.3　货多则辨，辨则民不德其上[1]。货少则□，□则天下以为尊[2]。然则为民赇也，吾所以为赇也[3]，此兵之久也，用兵之国之宝也[4]。……

【注释】

[1]货多则辨，辨则民不德其上：奖赏的财物多而普遍，则失去奖赏的意义，人们对君主就不会感恩戴德。货多，奖赏的财物多。辨，通“遍”，普遍之意。一说，辨，通“辩”，申辩，此指怨声载道。意思是征收的财物过多，就会损害民众的利益，民众就会怨声载道，从而不会对君主感恩戴德。

[2]货少则□，□则天下以为尊：奖赏的财物少而适当，人们反而以此为珍贵，会感恩君主。一说，征收的财物少，民众就会尊重国君，与君主同心同德。

[3]然则为民赇(qiú)也，吾所以为赇也：上级用物资奖赏来酬谢下级，下级也会用勇敢善战来酬谢上级。赇，酬谢。一说，赇，积聚财富，意谓为百姓积聚财富，也就是为自己积聚财富。一说，不过多征收财物，这是民众的要求，也是我们所希望的。

[4]此兵之久也，用兵之国之宝也：这是使军队稳固长久的方法，也是国家用兵打仗的法宝。

【品读】

本篇孙膑谈论奖赏一定要适当。诚如《黄石公三略·上略》引《军谶》所说：“香饵之下，必有悬鱼；重赏之下，必有死夫。”奖赏在一定程度上的确能起到激励斗志、激发士气，提高军队战斗力的作用，但奖赏也不能滥用，只有运用得恰到好处才能行之有效。如果奖赏财物多而普遍，就无法突出赏的意义，而且民众财物多了，就变成“不足于寿而有余于货者”了，就不会轻易为统治者效命；如果奖赏少而适当，民众就会感到“赏”的珍贵，就会乐于被统治者驱使。因此，要善于运用“赏”这个激励杠杆，来调动民众作战的积极性，这样军队才会保持持久的战斗力，作战才会取胜，才能确保国家的安全。

杀士[1]篇第十二

孙子曰：明爵禄[2]而……

……士死。明赏罚□……

……士死。立□……

……必审而行之，士死……

……死。挢而下之，士死[3]。……

……之，士死。□而传……

……勉之欢，或死州□[4]……

……之亲，或死坟墓[5]……

……之鸿，或死饮食……

……□处之安，或死疾疢之问[6]，或死……

【注释】

[1]杀士：杀，杀戮、牺牲。本篇是谈为上者如何去做才能使士兵奋勇杀敌，不怕牺牲。

[2]明爵禄：明确规定因功封爵授禄的标准。

[3]挢而下之，士死：大意是为上者能够屈己礼士，士卒就会甘心为之效命。挢，同“矫”，屈。

[4]勉之欢，或死州□：此简两端残损，具体文意不明。邵斌、宋开霞《孙武孙膑兵法试说》认为，勉，鼓励、勉励。欢，古乐府诗中相爱男女的互称，乐府诗《莫愁乐》云：“闻欢下扬州，相送楚山头。”州，州县乡里。意谓鼓励士卒家乡的恋人和亲属，使其让从役的亲人热爱家乡，愿为保卫州县乡里而坚守死战。①

[5]死坟墓：具体含义不详，大概是指士卒为保护亲族坟墓而死战。

[6]疾疢(chèn)之问：大概是指士卒因为长官关心疾病心存感恩而战死沙场。疢，泛指疾病。

【品读】

本篇简文残缺严重，无法了解其具体内容，但从本篇篇题和现存文字来

① 参见邵斌、宋开霞：《孙武孙膑兵法试说》，齐鲁书社1996年版，第262页。

看，主要论述的是将帅采用什么方法可以使士卒为之效命的问题。自古兵家认为，善于用兵的将帅要能使士卒勇敢杀敌，不怕牺牲。《尉缭子·兵令下》曰："臣闻古之善用兵者，能杀卒之半，其次杀其十三，其下杀其十一。能杀其半者，威加海内。杀十三者，力加诸侯。杀十一者，令行士卒。"与本篇主旨相近。《孙子兵法·谋攻篇》也出现过"杀士"一词："将不胜其忿而蚁附之，杀士三分之一，而城不拔者，此攻之灾也。"这里的"杀"虽然也有牺牲之意，但与本篇表达的思想并不一致。《谋攻篇》的"杀士"是讲因攻城而造成的士卒伤亡，本篇则是谈将帅激励士卒为之效命。

本篇孙膑从多个方面谈论了"杀士"的方法。他首先提到，统治者和将帅一定要"明爵禄""明赏罚"。"明爵禄"，即明确规定封官授禄的标准、条件，也是"赏"的一种形式。信赏明罚是战争中较为常用且非常有效的激励士卒为之效命的方法，也是孙膑一贯的治军主张。《威王问篇》曰："赏罚，可以益胜。"《选卒篇》曰："不信于赏，百姓弗德。"在孙膑看来，只有明确规定赏罚的标准、条件，而且赏罚必信，士卒才对赏罚信而不疑，才会为了得"赏"而奋勇作战，因为怕"罚"而不敢违反军规军纪。这里孙膑还强调，虽然赏罚能极大地提高军队的战斗力，但也不能滥用，也要有度，必须"审而行之"。正如唐代大将李靖所说："赏罚不在重，在必行；不在数，在必当。"[①]"赏罚不当而众多怨言者败"[②]，赏罚只有切合实际，恰到好处，才能行之有效。《孙子兵法·行军篇》中也指出，"数赏者，窘也；数罚者，困也"，不适当的赏罚其实是军队陷入困境、将领无计可施的一种表现。

其次，"挢而下之"也是激励士卒为之效命的一种方式。"挢而下之"，即屈己礼士、关爱士卒。与赏罚相比，将帅对士卒的尊重关爱往往更能得到士卒发自内心的信赖和服从，能够起到单纯的赏罚所起不到的作用。戚继光《纪效新书》言："是心者内气也，气者外心也。故出诸心者为真气，则出于气音为真勇矣。"意思是说，思想意志是内在的气质，气质是表现于外的思想意志，能从内心发出的是真正的气质，能从真正气质发出的是真正的勇敢。士卒具备"真勇"，军队就会攻无不克，战无不胜。战国名将吴起以爱护士卒著称，他与士卒同甘共苦，甚至为受伤的士卒吮吸脓血。士卒都发自内心地拥戴、服从他，甘愿为他效命，打仗时都拼死作战，奋勇杀敌。因此，他统率的军队战斗力强，屡战屡胜。

除了上述两种方式之外，孙膑还提出了激励士卒的一种特殊手段，即利用宗族乡党之情，利用孝道思想，使士卒勇于牺牲。《管子·九变》中记述

① （唐）李靖著，（清）汪宗沂辑：《卫公兵法辑本》卷上《将务兵谋》，商务印书馆1937年版，第9页。

② （唐）李靖著，（清）汪宗沂辑：《卫公兵法辑本》卷上《将务兵谋》，第2页。

道："凡民之所以守战至死而不德其上者，有数以至焉。曰：大者亲戚坟墓之所在也，田宅富厚足居也。不然，则州县乡党与宗族足怀乐也。"管子认为，人们之所以守战至死而不对君主自居有德，最重要的原因是可能是父母的坟墓在这个地方，而且土地房屋充足可以使人们安居乐业。若不是这个原因，就是由于州县乡里与宗族的情谊可令人感怀亲慕。文中的"勉之欢，或死州□""或死坟墓"说的就是这个意思。春秋战国时期，乡里村社一般是由一个或多个宗族组成，它既是一个血缘共同体，也是一个地缘共同体，村社成员之间的关系较为紧密，存在较大的互助性。有时候人们可能不会为了奖赏而拼命，却可以为了宗族乡党之情而奋不顾身。春秋时期，管仲在组建齐国军队的时候就遵循了"作内政以及军令"的原则，将地方行政组织与战时的军队组织一体化，居则为闾里，战则为军旅，这样士兵因世代居处在一起，祸福与共，所以"守则同固，战则同强"①，军队的战斗力大大提高。孙膑也注意到了这一点，《官一篇》中提出的"制卒以州闾，授正以乡曲"，就是对管仲这一建军思想的延续。

受孝道思想的影响，古代人们在亲属死后，不仅予以厚葬，大肆营造坟墓，而且还经常在墓前祭拜，祈求祖先保佑，展示孝子之情。人们对祖先的坟墓极为重视，会尽全力去保护，使之不受破坏。战国时期，田单指挥的即墨之战就是士兵"或死坟墓"的一个典型例证。公元前284年，燕将乐毅率五国联军破齐，连克70余城，随即集中兵力围攻仅存的莒和即墨两城，即墨军民在即墨大夫战死后，共推田单为将，坚守抗燕。田单利用新立的燕惠王与乐毅不和这一矛盾，行反间计，使燕惠王派骑劫取代乐毅为将。为了激起齐军对敌人的愤怒，田单派人到燕军中去散布说，即墨城里人的祖坟都在城外，他们成天提心吊胆，害怕城外祖坟被掘，那样魂灵无依，做子孙的就会屈膝投降。骑劫听说后，立即派人挖坟、焚尸，即墨城中的齐国人见此情景无不痛心疾首，誓与燕军决一死战，为祖先报仇雪耻。齐国军民的斗志终于被激发了起来。齐军很快进行反攻，并打败了燕国军队，收复了失地。这次战役中，田单就充分利用了士卒可能会为了保护宗族坟墓而死战这一心理，设计激发起士卒对敌军的愤怒，最终打败了燕国军队。

① 《国语·齐语》。

延气篇第十三

孙子曰：合军聚众[1]，[务在激气[2]]。复徙[3]合军，务在治兵利气[4]。临境近敌，务在厉气[5]。战日有期[6]，务在断气[7]。今日将战，务在延气[8]。……以威三军之士，所以激气也[9]。将军令……其令，所以利气也[10]。将军乃……短衣絜裘[11]，以劝士志[12]，所以厉气也。将军令，令军人人为三日粮，国人家为……望，国使勿来，军使勿往[13]，所以断气也。将军召将卫人者[14]而告之曰：饮食毋……[所]以延气……也[15]。

※　※　※　※　※

……营也。以易营之众而贵武敌，必败。气不利则拙，拙则不及，不及则失利，失利……

……气不厉则慑，慑则众□，众……

……气不断则迥，迥则不柦易散，临难易散必败。……

……□□气不□则惰，惰则难使，难使则不可以合旨……

……□□则不知为己之节，不知为己之节则事……

……□而弗救，身死家残。将军召使而勉之，击……

【注释】

[1]合军聚众：集合民众，组建军队。

[2]务在激气：一定要激发士气。务，务必、一定。

[3]复徙：连续行军。徙，拔营迁移。

[4]治兵利气：整顿军队，提高军队的战斗士气。

[5]厉气：即“励气”，鼓励士卒的斗志。

[6]战日有期：作战的日期已经确定。期，约期。

[7]断气：使士卒有拼死一斗的勇气。《淮南子·兵略训》曰：“战日有期，视死若归。”

[8]延气：保持高昂的士气。

[9]此句简文残缺，当讲如何“激气”。霍印章《浅说》认为，大意可能是说要讲明作战的原因、目的、意义，并申明军纪，以此来激发士气。

[10]此句简文残缺，当讲如何“利气”，具体文意不明。

[11]短衣絜裘：絜裘，疑即“褐裘”，指粗布衣服，是士卒的着装。意思是说，将军也穿

上士卒穿的粗衣，与士卒同甘共苦。

[12]以劝士志：以勉励士卒的斗志。

[13]国使勿来，军使勿往：朝廷不要派使臣前来军营，军营也不派遣使臣前往朝廷。主要是为了避免军队的士气受其他因素的干扰。

[14]将卫人者：率领卫兵的军官。将，率领。卫人者，可能指警卫、勤杂人员等。

[15]此处简文残缺，意思大概是说，饮食供应要充足，后勤供应要齐全，以保证士卒始终保持高昂的士气。

【品读】

士气是构成部队战斗力的重要精神因素，其高低锐惰直接影响战争的胜负。士气高涨，军队的战斗力就强，作战就容易取胜；士气低落，军队的战斗力就弱，作战就容易失败。因此，历代兵家无不重视通过鼓舞士气来提高军队的战斗力。《尉缭子·十二陵》曰："战在于治气。"《尉缭子·战威》曰："民之所以战者气也，气实则斗，气夺则走。"《吕氏春秋·仲秋纪·决胜》曰："民无常勇，亦无常怯。有气则实，实则勇；无气则虚，虚则怯。"《淮南子·兵略训》曰："故善战者不在少，善守者不在小，胜在得威，败在失气。"《孙子兵法·军争篇》还总结了士气变化的规律，认为"朝气锐，昼气惰，暮气归"，并提出了"避其锐气，击其惰归"的"治气之法"。孙膑也十分重视士气问题，在本篇中，他按照战争进程的阶段顺序叙述了在战争不同时期鼓舞士气的方法。

在"合军聚众"阶段，要着重于"激气"。当决定要进行战争时，国家首先要做的是聚集民众，编制军队，准备开赴战场。这时，士卒刚刚从老百姓的身份转变为军人，刚从和平环境转入军旅和战争，作战热情不高。而且，在古代，多数士卒是被强征入伍的，他们与统治者没有共同的利益，没有参战的积极性，甚至可能会出现《尉缭子·兵令下》中所说"聚卒为军，有空名而无实"的现象，即国家调集士兵编成军队时，不少士兵的名字虽著于军籍，而本人却在家中，没有入伍。这样就不足以抵抗敌人，保卫国家。因此，这一阶段要搞好战争动员，激发民众对敌人的怒气，增强民众的参战热情，十分重要。对于如何"激气"，因简文残缺，已无法详知。从残存的文字"以威三军之士"来看，孙膑大概是主张通过严明军纪、信赏明罚的方式来达到激励士气的目的。纵观古今中外的优秀将领，在出征前无不想方设法调动士兵参战的积极性。拿破仑就是一个善于激励士气的军事家。每次出征之前，他都会对士兵进行宣传教育，发表动员演说，鼓舞士气。在1796年3月拿破仑被任命为意大利军团总司令去迎战反法同盟军时，他手下的士兵士气低落，纪律涣散，兵员也不足。于是在出征前，他发表了极富煽动性的动员演说。他说："士兵们，你们缺吃少穿，共和国亏欠你们很多，但是国家还没有力量还债。我是来带领你们打进天下最富庶的平原去的。丰饶的省区、富裕的城镇，全都任凭你们处置。士兵们，你们面临这样的前景，能不鼓起勇气坚持下去吗？"士气低沉的士兵们听了拿破仑的一番演说后，无不精神振奋，对战争满怀希望和信心。

在"复徙合军"阶段，要着重于"利气"。在编制好军队后，部队要长途行军，开赴战场。连续行军导致人马必将疲惫不堪，士兵思想上容易松懈大意，斗志涣散。因此，这个阶段要注意提高警惕，加强戒备，同时要及时整饬军队，养精蓄锐，以保持部队勇往直前的锐气。否则，军队"气不利则拙，拙则不及，不及则失利"。也就是说，军队如果没有了锐气，就会行军迟缓，行军迟缓就不能先于敌人赶到战场，在战争中就会处于被动，作战可能就要失败。从残缺的简文来看，利气的方式大概是将帅要及时下达命令，以鼓舞士卒，振奋精神。春秋时期齐国名相管仲很善于利用歌曲来"利气"。有一次，管仲跟随齐桓公应燕国请求出兵攻打山戎，当部队进入孤竹国境内时，坡陡路险，甚是难走。齐桓公只好派兵凿山开路，以行兵车。由于征战已久，士卒疲惫不堪，又见关山难越，士气越发低落。管仲见状，当场编写了《上山歌》和《下山歌》鼓舞士气。军士们唱起这两首歌后，顿时精神百倍，你唱我和，轮转如飞，大大加快了施工速度和行军速度。最终齐军克服了困难，顺利地凿开了一条通途，从而为战略部署的实施赢得了宝贵时间。

在"临境近敌"之时，要着重于"厉气"。经过跋涉行军，接近战场时，士卒容易产生恐惧、怯战心理，这时最重要的问题是消除士卒的畏敌心理，调动士卒杀敌的勇气，避免士兵临敌而惧。否则，"气不厉则慑"，还未交战，士卒已先胆怯，作战必然失败。对于如何"厉气"，孙膑认为关键在于将帅的表率作用。将帅要"短衣絜裘"，身先操劳，与士卒同甘共苦，以此劝勉士卒，坚定其杀敌的决心。《尉缭子·战威》曰："夫勤劳之师，将必先己，暑不张盖，寒不重衣，险必下步，军井成而后饮，军食熟而后饭，军垒成而后舍，劳佚必以身同之。如此，则师虽久，而不老不弊。"《诸葛亮集·将苑·出师》曰："士未坐，勿坐；士未食，勿食。同寒暑，等劳逸，齐甘苦，均危患。如此，则士必尽死，敌必可亡。"说的是同一个道理。战国时期的吴起就是善于"厉气"的将领。吴起为将时，关心士卒，与士卒同衣食，共甘苦，卧不设席，行不骑乘，还亲自为士卒吮吸疮毒。据记载，生疮的士卒的母亲听说此事竟然哭了，她说："……往年吴公吮其父，其父战不旋踵，遂死于敌。吴公今又吮其子，妾不知其死所矣。"由此可见，吴起善于激励士气，并取得了良好的效果。

在"战日有期"之后，要着重于"断气"。在作战日期已经确定，决战即将开始之时，士卒不免会悲痛伤感，产生退而求生的欲望。《孙子兵法·九地篇》所言“令发之日，士卒坐者涕沾襟，偃卧者涕交颐”，就是对决战前夕士卒状态的生动描述。在这种情况下，将帅要设法断绝士卒后退的念头，使其产生死战到底的决心，否则，“临难易散，必败”。“断气”的方法是：军中将士每人只带三天口粮，以示无有还心；断绝使者往来，以避免各种因素对军队士气的影响，坚定士卒死战的决心。秦朝末年，在巨鹿之战中项羽就是以此方式打败了秦将章邯率领的秦军的。公元前208年，秦将章邯率军围攻赵都巨鹿，项羽率军救赵，渡过漳水后，项羽下令全军将士砸破釜甑，沉掉船只，烧毁营舍，每人只带三天干粮，以此向士卒表示一定要决死战斗，毫无退还之心。楚军上下面临绝境，又见主帅项羽英勇慷慨，士气大振，“无不以一当十，楚兵呼声动天”，终于取得了巨鹿之战的胜利。

在“今日将战”时，要着重于“延气”。两军交战时，要想持久的保持军队高昂的士气，确保战斗的顺利进行，就要“延气”。《孙子兵法·军争篇》有“击其惰归”之说，就是提倡在敌人精神松弛、士气低落时再与之决战。因此，己方一定要避免因军队士气的低落而给敌人以可乘之机，从而导致自己的失败。不过，因简文阙如，对于孙膑具体“延气”的方法已经无从得知了。对于“延气”，我们仍以拿破仑为例，他不仅善于“激气”，也很善于“延气”。1796年4月，拿破仑率部征服了凯拉斯科之后，部队已疲惫不堪，再难出击。但此时的形势却需要将士一鼓作气，乘胜进军。为此，拿破仑面对筋疲力尽的战士，再次发表了震撼人心的演说。他说道：“士兵们，你们在十五天内取得了六次胜利，缴获了二十一面军旗和五十五门大炮，攻克了许多坚强的阵地……你们做了许多事情……可是，这是不是说你们再没有什么事可做了呢？……人们在谈到我们时会不会说，我们善于取得胜利，却不善于利用胜利呢？后代会不会责备我们，说我们在伦巴第碰上了卡普亚呢？……总而言之，让我们前进吧！目前我们还需要急行军，我们必须战胜残敌，我们要给自己戴上桂冠，对敌人给我们的侮辱必须给以报复！”拿破仑的演说激发了士兵们的尊严和荣誉感，调动了士兵的斗志，士兵无不精神振奋。5月20日，拿破仑在米兰对沉浸在胜利之中的法国士兵又发表了鼓舞人心的“米兰演说”。拿破仑就是通过一系列富有号召力和感染力的演讲，激励了士气，领导士卒取得了一次又一次的胜利。

官一[1]篇第十四

孙子曰：凡处卒利阵体甲兵者[2]，立官则以身宜[3]，贱令以采章[4]，乘削以伦物[5]，序行以[□]□，制卒以州闾[6]，授正以乡曲[7]，辨疑以旌舆[8]，申令以金鼓[9]，齐兵以从迹[10]，庵结以人雄[11]，邋军以索阵[12]，茭肆以囚逆[13]，陈师以危□[14]，射战以云阵[15]，御裹以羸渭[16]，取喙以阖燧[17]，即败以包□[18]，奔救以皮傅[19]，燥战以错行[20]。用□以正□，用轻以正散[21]，攻兼用行城[22]……□地□□用方，迎陵而阵用封[23]，险□□□用圜，交易武退用兵[24]，□□陈临用方……翼[25]，氾战接厝用喙逢[26]，囚险解谷以□远[27]，草驵沙荼以阳削[28]，战胜而阵以奋国[29]，而……为畏以山胠[30]，秦怫以逶迤[31]，便罢以雁行[32]，险厄以杂管[33]，还退以蓬错[34]，绕山林以曲次[35]，袭国邑以水则[36]，辨夜退以明简[37]，夜警以传节[38]，厝入内寇以棺士[39]，遇短兵以必舆[40]，火输积以车[41]，阵刃以锥行[42]，阵少卒以合杂[43]。合杂，所以御裹也。修行连削，所以结阵也[44]。云折重杂，所权趮也[45]。猋凡振陈，所以乘疑也[46]。隐匿谋诈，所以钓战也[47]。龙隋陈伏[48]，所以山斗也。□□乖举，所以厌津也[49]。□□□卒，所以□□也。不意侍卒，所以昧战也[50]。遏沟□陈，所以合少也[51]。疏削明旗，所以疑敌也[52]。剽阵辖车，所以从遗也[53]。椎下移师，所以备强也[54]。浮沮而翼，所以燧斗也[55]。禅祐虆避，所以莠桑也[56]。简练剽便，所以逆喙也[57]。坚阵敦□，所以攻槥也[58]。揆断藩薄，所以眩疑也[59]。伪遗小亡，所以饵敌也[60]。重害，所以茭[□]也[61]。顺明到声[62]，所以夜军也。佰奉离积[63]，所以利胜也。刚者，所以御劫也[64]。更者，所以过□也。□者，所以御□也。□[者，所以]□□[也。序]者，所以厌门也。胡退[65]□入，所以解困也。

※　※　※　※　※

……□令以金……

……云阵，御裹[以羸渭，取喙]以阖……

……荼以阳削，战……

……畏以山胠，秦怫以逶迤，便罢以雁……

……夜退以明简，夜警……

……舆，火输积以车，阵……

……龙隋陈……

……也。疏削明……

……也。简练□便，所以逆喙也……

……断藩薄，所以眩[疑也。伪遗小亡]，所以饵敌也。重害，所……

……奉离积，所以利……

……所以御□[也。□者，所以□□]也。序者，所以厌……

【注释】

[1]官一：本篇篇题。竹简整理小组注："本篇篇首有'立官则以身宜'之语，故即以'官'字为篇题。篇后所附残简，文字均与本篇重复，可见此篇原有两本。篇题'官'后加'一'字，可能表示此为两本中之第一种本子。篇后所附残篇之篇题，疑当为'官二'，因残缺过甚，故附于《官一》篇后……"官，官能。一，统一。意思是军队的官能应该统一。本篇具体谈论了军队在不同情况下的统一组织、统一指挥以及布阵、作战的措施和方法。

[2]凡处卒利阵体甲兵者：此句大意是说，凡是安排部署军队、排列有利的阵势、指挥统帅军队的人。卒，古以百人为卒，这里泛指军队。处卒，部署军队。利阵，排列有利的阵势。体，掌管、控制。

[3]立官则以身宜：任命官吏要选拔称职的人。身宜，本身适宜某项官职。

[4]贱令以采章：执行命令要使用不同色彩的徽章标志。贱，通"践"。贱令，执行命令。采章，彩色的旗帜、徽章、车服等。古时为区别官兵所属和级别高低，要将不同色彩的徽章佩戴在官兵身上不同部位，以识别和约束部队，使得各队官兵不敢失职违令，保障命令能够顺利地贯彻执行。《尉缭子·经卒令》对此有详细的论说："卒有五章：前一行苍章，次二行赤章，次三行黄章，次四行白章，次五行黑章。次以经卒，亡章者有诛。前一五行置章于首，次二五行置章于项，次三五行置章于胸，次四五行置章于腹，次五五行置章于腰。如此，卒无非其吏，吏无非其卒……"可相互参照理解。

[5]乘削以伦物：用不同的旗帜插在兵车上以区别车乘的种类和等级。削，通"旓"(shāo)，旗帜上飘带之类的装饰物。乘削，在兵车上插载的旌旗。伦，分类、分等。物，事物，这里指不同的兵车。

[6]制卒以州闾：按地方行政区划来编制军队。州闾，古代的民户编制，二十五家为闾，一百家为一族，五百家为一党，二千五百家为一州。

[7]授正以乡曲：授任军官要用地方行政官员。正，古官名，乡正或乡大夫。乡曲，古代居民组织的基层单位。

[8]辨疑以旌舆：士卒通过各色军旗以辨别行动方向。旌，古代用羽毛装饰的旗帜。舆，借为"旟"(yú)，古代绘有鸟纹的旗。这里旌旟泛指军旗。

[9]申令以金鼓：用金、鼓来下达命令。金，指镎、铙、铎等。鼓，战鼓。古代常用金、鼓来指挥军事行动。《尉缭子·勒卒令》云："鼓之则进，重鼓则击。金之则止，重金则退。"

［10］齐兵以从迹：通过整齐军队的步伐来使军队行动整齐划一。齐兵，整齐军队。从迹，即踪迹，引申为步伐。

［11］庵结以人雄：用勇猛过人的士卒担任掩护任务。庵结，掩护。人雄，士卒中勇猛过人者。

［12］邋军以索阵：歼灭敌人要用索阵。邋，即"躐（liè）"，践踏、踩，引申为歼灭。索阵，军阵名，大概是一种类似绳索之形的阵。

［13］茭（jiāo）肄（yì）以囚逆：反复骚扰敌人以使敌人疲惫要用囚逆阵。茭，有交易，阴阳代兴之意，这里指反复、交替。肄，劳苦。囚逆，阵名。

［14］陈师以危□：严阵以待要用危□阵。

［15］射战以云阵：用弓弩与敌军互射交战要用云阵。竹简兵法佚文《十阵篇》中有"雁行之阵者，所以接射也"之语，据此推测，"云阵"可能是"雁行之阵"的别称。

［16］御裹以羸（léi）渭：抵御敌人的包围要用羸渭阵。御，抵御。裹，包围。羸，缠绕。羸渭，大概是一种连绵不断的环形阵势。

［17］取喙（huì）以阖燧：歼灭敌人的前锋要用阖燧阵。喙，鸟兽的嘴，这里喻指军队的前锋。阖燧，大概是一种封锁道路、要隘的阵形。

［18］即败以包□：追击败退的敌人要用包□阵。即，就、靠近，引申为追击。败，败退的敌人。

［19］奔救以皮傅：急驰救援要用皮傅阵。皮傅，可能是一种军阵名，阵形不详。

［20］燥战以错行：鼓噪而战时要用错行阵。燥，疑借为"噪"，鼓噪。古代作战常擂鼓呐喊，以张声势。错行，队列交错穿插的阵形。

［21］用轻以正散：用轻装部队去攻击散乱之敌。正，借为"征"，征伐、攻击。

［22］攻兼用行城：攻击高处之敌要用行城。兼，当为"隒"，高峻的山崖，引申为高处。行城，据《墨子·备梯》，行城是一种守城的工具，主要是对付架云梯来攻城的敌人。这里则是指一种攻击高处之敌的进攻性工具。

［23］迎陵而阵用刲（kuī）：面对山陵作战要用刲阵。刲，一说是一种切断敌军粮道水源的阵法，一说是一种猛烈进攻的阵形。具体阵形不详。

［24］交易武退用兵：交，与敌交战。易，平地。武，攻伐。退，退走之敌。兵，精良的武器。意思是在平地与敌交战，攻击退走之敌，要用精良的武器。

［25］□□陈临用方……翼：敌人占据高处，宜从侧翼去攻击它。此句残损二字，第一字据字残笔应是"势"字，第二字张震泽《校理》认为可能是"高"字。方，音傍。"翼"字与上句间可能也无缺简。如此，全句应为"势高陈临用方翼"。方翼，可能是正面钳制侧翼攻击之意。

［26］氾战接厝（cuò）用喙逢：一般的战斗在短兵相接时要发挥前锋部队的作用。氾，即"泛"，通"凡"。厝，借为"错"，交错。接厝，敌我相接交错而战斗。逢，借为"锋"。喙逢，前锋部队。

［27］囚险解谷以□远：制敌于山险之中，要放开谷口，引敌人出谷再加以歼灭。囚险，把敌人限制在山险之中。解谷，放开山谷的通道，意在引敌出谷。"远"上缺文，一说为"挑"，一说为"制"。

[28]草驵沙荼以阳削：在茅草荆棘丛生之地，要诈设旗帜以迷惑敌人。草驵沙荼，当读为"草苴莎荼"。草苴，野草丰厚。莎荼，泛指茅草之类。阳，借为"佯"。阳削，即佯设旌旗，迷惑敌人。

[29]战胜而阵以奋国：战胜敌人之后要严整军容，以振奋国威。

[30]为畏以山胠(qū)：在山岭弯曲处要布设山胠阵。畏，借为"隈"(wēi)，山的拐弯处。胠通"阹"，打猎时依山谷形势围住野兽曰"阹"。山胠，疑为阵名，大概是一种环山而列的阵势。

[31]秦怫以逶迤：在杂草丛生的地带，要蜿蜒曲折前进。秦怫，借为"蓁茀"，杂草丛生的地带。

[32]便罢以雁行：在便于布列阵势的开阔地带，可以摆雁行阵。便，便于、适宜。罢，音摆，摆开。

[33]险厄以杂管：在险要之处要用杂管阵。杂管，杂配多种不同乐器，这里疑为阵名，大概是一种将各种兵器杂配在一起的阵势。

[34]还退以蓬错：撤退时要用蓬错阵作掩护。蓬错，疑为阵名。一说是隐蔽交错之意。

[35]曲次：各部按先后次序曲折相从。也可能是一种阵名。

[36]袭国邑以水则：攻击敌人的国都与城邑要用水则阵。水则，疑为一种效法水波梯次前进的军阵。

[37]辨夜退以明简：夜间撤退时要用简书传达命令。辨，通"办"，办理、筹办。

[38]传节：符传、符节之类的通行凭证。

[39]厝入内寇以棺士：攻入敌阵内部要靠武艺高强的勇士。厝，疑借为"斮"，斩、击。棺士，指汉代材官一类的武艺高强之士。

[40]遇短兵以必舆：与敌人短兵相接时要密列战车以抵御。必，借为"佖"，铺满，即依次排列。

[41]火输积以车：火，动词，放火烧。输，辎重。积，粮草等物资。意思是火烧敌军辎重、粮草，要以战车接应于外。《孙子兵法·火攻》中提到火攻有五种方式，"二曰火积，三曰火辎"，即谓此。

[42]阵刃以锥形：要想使阵势锋利，就用锥形阵。

[43]阵少卒以合杂：兵员不足时布阵要集中兵力。

[44]修行连削，所以结阵也：整顿军队，排好行列，使旗帜相连，是为了布好阵势。修，整治。行，行列。削，借为"旓"。

[45]云折重杂，所权趮(zào)也：阵势如阴云翻滚，是要主动进攻敌人。云折重杂，阴云翻滚，覆盖满天。权，权衡，这里有主动之意。趮，同"躁"。权趮，主动攻击。

[46]猋凡振陈，所以乘疑也：在狂风震撼军阵的时候，可以乘敌人疑惑不定之际采取行动。振，通"震"。陈即古"阵"字。猋凡振陈，当读为飙风震阵。

[47]隐匿谋诈，所以钓战也：隐瞒企图，施用计谋，是为了诱敌出战。钓战，诱敌上钩。

[48]龙隋陈伏：佯为披靡不振之状，暗设伏兵以待敌。龙，取老态龙钟之义。龙隋，张震泽氏说是"双声联绵词，当是形容军队披靡不振作之状"，今从之。

[49]□□乖举，所以厌津也：此处简文残损二字，具体文意不详，大概是说故意举动错谬，以便诱敌渡河，待其半渡时而击之。厌，即压。津，渡水。压津，乘敌渡河之机发动进攻。

[50]不意侍卒，所以昧战也：出敌不意，突然袭击的战术用于偷袭。侍，即"待"。卒，借为"猝"。昧战，偷袭、不宣而战。

[51]遏沟□陈，所以合少也：凭沟布阵，是为了以少胜多。遏沟，凭借沟池阻挡敌人的有利地形。

[52]疏削明旗，所以疑敌也：旗帜布列疏朗鲜明，是为了迷惑敌人。削，通"旓"。竹简兵法佚文《十阵》中提到"疏阵"大概就是这种方法，具体做法是加大部队之间的距离，多布旌旗，表示部下众多，使敌人疑怯，是一种以少击多的战法。

[53]剽阵辂车，所以从遗也：用飘风之阵和行驶迅速的战车，是为了追击逃敌。剽阵，同"飘阵"，即《威王问》中的飘风之阵。车，驰车，一种轻便行驶迅速的兵车。从遗，追击败逃的敌人。

[54]椎下移师，所以备强也：遭受敌军打击而转移军队是为了防备强大的敌人。椎，疑为"摧"。移师，转移部队。一说，挫败敌人之后，要迅速转移，以防备其他强敌。

[55]浮沮而翼，所以燧斗也：用浮沮阵猛击敌军，是在隧道中战斗的方法。浮沮，阵名，具体战法不详。燧，借为"隧"。

[56]禅祮蘩避，所以莠桑也：不穿甲戴盔，行动不整齐，是为了引诱敌人追击。禅，即禅括，单衣光头，这里指军队不穿甲戴盔。蘩避，读为盘辟，回旋往复之意，这里指行动不整齐。莠桑，借为"诱躡"，引诱敌人追击。

[57]简练剽便，所以逆喙也：精选骁勇敏捷的士卒，是为了迎击敌军的前锋。简练，精选训练。剽便，骁勇敏捷之士卒。

[58]坚阵敦□，所以攻槥也：坚实战阵，整顿军队，是为了攻击敌方的主力。邓宗泽《孙膑兵法注译》认为，□，疑为"旅"字，泛指军队。槥，敌军主力。

[59]揆断藩薄，所以眩疑也：故意拆毁藩篱屏障，是为了迷惑敌人。揆断，故意拆断。藩，屏障。薄，草木。眩疑，迷惑敌人。

[60]伪遗小亡，所以饵敌也：故意丢掉一些小的东西，是为了引诱敌人。饵，诱饵，此指引诱。

[61]重害，所以茭[□]也：反复陷敌于不利，是为了疲惫敌人。茭[□]，可能即前面所说的"茭肄"。

[62]顺明到声：顺着光亮，随着声响。一说当为"巡明致声"，意思是夜间宿营，当巡逻到天明，打更喊号发声。可参考。

[63]佰奉离积：张震泽《校理》认为，佰奉，当为"井蜂"，通"甹夆"，掣曳之意。此言攻入敌境，掣曳其粮草之积，就地取给，有利于胜也。

[64]刚者，所以御劫也：刚强的部队，是用来抵御敌人的袭击。

[65]胡退：远距离撤退。

【品读】

本篇内容庞杂混乱，文字古奥生僻，语言晦涩难通，不易阅读和理解。

综观全篇内容，大致论述了以下三个方面的问题：

第一，军队的组织方法和指挥手段问题。孙膑开篇就指出，凡安排部署军队、排列军阵、指挥军队作战，一定要“立官以身宜”，即要选择称职之人来担任指挥官。在《行选篇》中，孙膑也提到选拔人才要“正衡再累既忠”“私公之财壹也”，即要反复斟酌，认真权衡，不论人身份的高低贵贱，唯其所宜。这些充分体现了孙膑选贤任能的人才选拔思想。

在军队的组织方面，孙膑认为要遵循“制卒以州闾，授正以乡曲”的原则，即军队的编制要以居民的组织为基础，授任军官要用地方行政官员。这也是春秋以前的一项普遍性制度。古代兵民不分，征兵于民，平时为民，战时为兵；官员也是平时为行政官员，战时即为军官。春秋时期，齐相管仲在组建齐国军队时就把居民组织作为军队编制的依据，将行政组织和军事组织结合起来，即“以为军令：是故五家为轨，五人为伍，轨长率之；十轨为里，故五十人为小戎，里有司率之；四里为连，故二百人为卒，连长率之；十连为乡，故二千人为旅，乡良人率之；五乡一帅，故万人为一军，五乡之帅率之”，这样的好处是官兵之间、兵兵之间互相知根知底，可以人尽其才，有效发挥互帮互助、互相监督的作用。管仲认为：“君有此士也三万人，以方行于天下，以诛无道，以屏周室，天下大国之君莫之能御。”战国以后的许多诸侯国虽然在此基础上进行了一些改革，比如大量建立常备军，军、民逐渐分开，“将”逐渐职业化等等，但这种兵民合一的制度由于其固有的优点在中国历史上仍然存在并发挥着重要的作用。孙膑在此提出“制卒以州闾，授正以乡曲”并不过时。

另外，孙膑还总结了一些古代常见的军事指挥手段，比如，官兵要将不同色彩的徽章佩戴在身体的不同部位，以区别所属及级别高低；用不同的旗帜插在兵车上以区别车乘的种类和等级；通过旗帜辨别行军方向；用金锣战鼓等器具来传达命令，统一指挥；等等。

第二，作战时的兵力部署及阵法问题。在兵力部署方面，孙膑十分重视前锋的作用，认为必须要有精锐部队在前面冲锋陷阵，《威王问篇》《势备篇》等对此均有论述。本篇孙膑再次论及这一问题，提出“氾战接厝用喙逢”，即凡战斗在短兵相接时要发挥前锋部队的作用，又说“简练剽便，所以逆喙也”，即要精选骁勇敏捷的士卒来迎击敌军的前锋。

重视阵法是孙膑军事思想的重要特点，也是本篇的重要内容。本篇中孙膑提到的阵法总数至少有十几种，比如索、囚逆、云、羸渭、阖燧、皮傅、错行、封、山胠、雁行、杂管、蓬错、锥形、浮沮、剽等。其他的如委迤、曲次、修行连削等描述队伍形态的文字，也可能与阵法有关。不过由于资料的缺乏以及本篇文字记载的简略，我们已难以对这些阵法作出具体的解释，不过可以确定的是，这些阵法是适应战国时期各种不同的作战需求而出现的。战国时期，参与作战的兵种日益多样化，由车兵为主转变为步兵为主，车、弩、骑协同作战，战争场所也突破了平原的限制而日益复杂化。因此，布阵方式也需要更加机动灵活。

孙膑指出，在不同的地形条件下作战要采取不同的阵法，如面对山陵作战要用封阵；在山岭弯曲处要布设山胠阵；在险要之处要用杂管阵；在隧道中战斗要用浮沮阵猛击敌军。指挥不同的兵种作战要采用不同的阵法，如用弓弩与敌军互射交战要用云阵，反复骚扰敌人以使敌人疲惫要用囚逆阵，歼灭敌人的前锋要用阖燧阵，抵御敌人的包围要用羸渭阵，追击败退的敌人要用包□阵，急驰救援要用皮傅阵，撤退时要用蓬错阵作掩护。总之，孙膑的作战指导思想是，灵活用兵，灵活布阵，因地制宜，因敌制胜。

第三，诡诈用兵指导原则的问题。孙武在《孙子兵法·计篇》中明确指出，战争的实质是一种诡诈行为，作战时要运用各种方式欺骗迷惑敌人，隐蔽自己的真实意图，造成敌人的错觉，乘其不意时发动进攻。孙膑继承了孙武的诡道用兵思想，作战时也讲求用诡诈之法，以计谋取胜。本篇对此多有论述，比如"囚险解谷以□远"，即制敌于山险之中，要放开谷口，引诱敌人出谷再加以歼灭，这实际上是对孙武"围师必阙"[①]战法的运用；"隐匿谋诈，所以钓战也"，即隐瞒企图，施用计谋，以诱敌出战；"削明旗，所以疑敌也"，即旗帜布列疏朗鲜明，以迷惑敌人；"揆断藩薄，所以眩疑也"，即故意拆毁藩篱屏障，以迷惑敌人；"伪遗小亡，所以饵敌也"，即故意丢掉一些小的东西，以引诱敌人；"龙隋陈伏"，即佯为披靡不振之状，暗设伏兵以待敌；"禅縶避，所以莠桑也"，即不穿甲戴盔，行动不整齐，以引诱敌人追击；"重害，所以茭[□]也"，即反复陷敌于不利，以疲惫敌人；等等。上述战术或示短骄敌，或以利诱敌，或疲敌劳敌，虚虚实实，真假难辨，无不是用计谋巧战制胜。这也是《汉书·艺文志》中将《孙膑兵法》列为"兵权谋家"的原因。

① 《孙子兵法·军争篇》。

五教法篇第十五

[孙]子曰：善教者于本[1]，不临军而变[2]，故曰五教：处国之教[3]一，行行之教[4]一，处军之[教[5]一，处阵之教[6]一，隐而]不相见利战之教[7]一。

处国之教奚如[8]？曰……孝弟[9]良五德者，士无壹乎，虽能射不登车[10]。是故善射为左，善御为御，毕无为右[11]。然则三人安车[12]，五人安伍[13]，十人为列，百人为卒，千人有鼓，万人为戎，而众大可用也。处国之教如此。

行行之教奚如？废车疲马[14]，将军之人必任焉[15]，所以率……险幼将自立[16]焉，所以敬□……□足矣。行行之教如此。

处军之教[奚如?]……也。处军之教如[此]。

[处阵]之教奚如？兵革车甲[17]，阵之器也。……以兴善。然而阵既利而阵实蘩[18]。处阵之教如此。

隐而不相见利战之教[奚如?]……

※　※　※　※　※

……垒途道，使三军之士皆见死而不见生，所[以]……

……锡所以教耳也。……

……[所]以教足也。五教既至，目益明……

【注释】

[1]善教者于本：善教者，善于管理、教育军队的人。本，根本、原则，这里指对部队进行管理教育的根本性原则。

[2]不临军而变：不在面临战争时忙乱多变。军，战争。

[3]处国之教：在国内的教戒。

[4]行行之教：行军时的教戒。

[5]处军之[教：驻扎宿营时的教戒。

[6]处阵之教：布列军阵时的教戒。

[7]隐而]不相见利战之教：隐蔽不让敌人发现以利于作战时的教戒。

[8]奚如：如何、怎样。

[9]孝弟：即“孝悌”。孝，善事父母。悌，敬爱兄长。

[10]虽能射不登车:(缺乏五德)即使善射也不能让他登上战车。

[11]毕无为右:既不善射又不善御者为车右。古代战车上一般是御者居中,左边甲士一人持弓,右边甲士一人持矛。毕,全、都。

[12]三人安车:三个人编组为一辆战车。安,安排。

[13]伍:与下文中的"列""卒""戎"均为古代军队的编制单位。

[14]废车疲马:战车损坏,战马疲惫。

[15]将军之人必任焉:将,带领。任,使用。意思是领兵之人必须及时修理和调养"废车疲马",使之重新投入使用。

[16]险幼将自立:此句简文残缺,文意不明。竹简整理小组注曰:"幼,疑当读为'要'。"险要,险阻之地。意思大概是指身处险阻之地要能够自主处理。

[17]兵革车甲:兵,兵器。革,用革制成的甲胄。车,战车。甲,铠甲。

[18]阵既利而阵实蘩:阵势既锋利又复杂多变。蘩,借为"繁",多、杂之意。

【品读】

本篇孙膑论述了军队的教育、训练问题。"五教"之说在古代典籍中皆有所见,但含义有所不同。《尚书·舜典》曰:"汝作司徒,敬敷五教,在宽。"《左氏·文公十八年》曰:"舜臣尧……举八元,使布五教于四方:父义、母慈、兄友、弟恭、子孝,内平外成。"《国语·郑语》曰:"契能和合五教,以保于百姓者也。"上述文献中提到的"五教"均是指父、母、兄、弟、子之间的伦理关系准则。《管子·幼官》也提到"五教":"善习五教,谨修三官。"这里的"五教"指对士卒的目、身、足、手、心进行五种训练。本篇孙膑也提出了"五教",分别是"处国之教""行行之教""处军之教""处阵之教""隐而不相见利战之教"。也就是提倡在平时要对军队实施教育、训练,不要临战才仓促教戒和训练部队。下面我们分别述之。

首先是"处国之教",即和平时期在国内对军队的政治教育和军事训练。在《选卒篇》中,孙膑曾指出"德行者,兵之厚积也",强调士卒良好的品德是军队建设的深厚基础。而士卒良好品德的养成缘于平时的政治教育。在这里孙膑指出,平时要对士卒进行"孝、悌、良"等五德的灌输,使其恪守礼仪规范,自觉按照五德的要求规范约束自己。孙膑之所以重视士卒的"孝、悌、良"等品德,主要因为古代兵家受儒家伦理道德的影响,认为军队中君主、将帅与士卒的关系犹如父子关系,君主、将帅要像对子女一样对待士卒,士卒也要像顺从父兄一样忠于君主和将帅,所谓的"孝、悌、良"实际上暗含着效忠、顺从的关系。孙膑认为,士卒的品德教育十分重要,不具备五德的士兵,即使精于射箭,也不能让其登车做甲士,只能充当步卒。对于战车甲士的编组分工,要根据士卒的专长来确定。善于射箭的士卒,在战车左侧充当"车左",负责持弓射箭;善于驾车的士卒,在战车中间充当御手,负责驾驭战车;

既不善射又不善御但作战勇敢的士卒，在战车右侧充当“车右”，负责用戈、矛等长柄兵器对敌击刺。由此可见，古代对车兵的要求是非常严格的，既要有良好的道德品质，还要具备一定的作战技能。这样，三人编组成一乘战车，五人编为一伍，十人编为一列，百人编为一卒，千人设置战鼓，万人则组成一支强大的军队，由下而上，层层编练，就可以组成一支素质精良、战斗力强的军队，一旦有战事发生，“众大可用也”。

其次是“行行之教”，即军队行军时的教戒。由于简文残损严重，具体文意不明，大概是说，对于一些破损的战车和疲劳的战马，将帅必须及时派人修理和调养，使之可以继续投入使用。文字残缺处可能是讲，行军路上要注意行军速度，对士卒饮食的供给等要确保军队保持充分的体力。《吴子·治兵》有这样一段话：“凡行军之道，无犯进止之节，无失饮食之适，无绝人马之力。此三者，所以任其上令。任其上令，则治之所由生也。若进止不度，饮食不适，马疲人倦而不解舍，所以不任其上令，上令既废，以居则乱，以战则败。”认为军队前进和停止必须有一定的节奏；饮食要适时供给，人马疲惫了能及时得到休息，这样作战才能取胜。这段话可与本句话相互参照理解。

关于“处军之教”和“隐而不相见利战之教”，由于简文残缺，我们已经无法得知孙膑的有关见解。

对于“处阵之教”，是指布列军阵时对士卒的教戒。前面我们已经提到，“阵法”在春秋战国时期十分流行，孙膑十分注重其在战争中的使用。从残余简文可以看出，孙膑认为，布列军阵时，一定要使士卒熟知“兵革车甲”等各种重要战具的使用，并且教会士卒在金铎、铙鼓等发出的号令下行动一致，这样军阵才会既有锋利之势，又可以随机应敌，从而取得作战的胜利。

综观孙膑的“五教法”，其内容十分丰富。在他看来，在战事没有发生的时候就要对军队进行教战，即要教而后战。这也是古代兵家的一致主张。如《吴子·治兵》曰：“用兵之法，教戒为先。”《司马法·天子之义》曰：“虽有明君，士不先教，不可用也。”教战随时随地皆可进行，在和平时期，在行军时，在驻扎宿营时，在布列军阵时，在作战时，无时不应训教。交战的内容方面，既有军事技能方面的训练，也有道德素质方面的培养。孙膑的教战之法，内容充实、全面，大大丰富发展了古代的“教战”思想。

强兵篇第十六

……威王问孙子曰："□□□……□齐士[1]教寡人强兵者，皆不同道[2]。……[有]教寡人以政教[3]者，有教寡人以[□]敛[4]者，有教寡人以散粮[5]者，有教寡人以静[6]者……"

[孙子曰]："……皆非强兵之急者也。"

威[王]……□□。

孙子曰："富国。"

威王曰："富国。"

……□厚，威王、宣王以胜诸侯[7]，至于……

※　※　※　※　※

……将胜之，此齐之所以大败燕……

……众乃知之，此齐之所以大败楚人反……

……知之，此齐之[所以]大败赵……

……□人于啮桑而擒范皋也。

……擒唐□也。

……擒□瞏……

【注释】

[1]齐士：大概是齐国稷下学宫的各派学士。

[2]皆不同道：主张各不相同。道，主张、方法。

[3]政教：可能是儒家的主张，即仁政、德教。

[4][□]敛：残缺处可能是"节"或"薄"，即通过减轻赋税，减轻人民的负担而使国家强大起来。这是当时诸家带有普遍性的主张。

[5]散粮：可能是发放粮食，接济百姓，以争取民心。可能是墨家的主张，墨家倡导"兼爱""非攻"，因而建议用"散粮"的办法取得民众的支持，达到强兵的目的。

[6]静：可能是道家的主张，即清静无为。

[7]威王、宣王以胜诸侯：指齐威王、宣王时任用孙膑、田忌等人推行富国强兵之道，使齐国强大，打败魏、赵、燕、楚等国，使各诸侯都东来朝见诸侯。

【品读】

本篇为威王与孙膑关于富国强兵的问答。战国时期，各诸侯国之间的兼并战争日益激烈残酷，如何加强自己的军事力量以便在诸侯争战中立于不败之地，成为各诸侯国关注的头等问题。齐国在齐桓公去世之后，势力一度衰落。后来齐威王即位后，励精图治，任用邹忌为相进行改革，以期壮大自己的力量，重新夺取中原统治霸权。在齐威王的父亲齐桓公田午时期，为了招揽人才，在都城临淄稷门附近设置学宫。齐威王即位后，为了选贤任能和革新政治，扩大了学宫的建设，各国各学派的学者络绎不绝聚集于此，互相辩论，自由发表自己的学术见解。稷下学宫成为战国时期政治咨询和学术文化交流的中心。齐威王渴望得到"强兵"之术，向各派学者寻求计策，他们向威王提出了许多建议：有的主张"以政教"，即通过仁政教化而使军队强大，这大概是儒家一派的主张；有的主张"以散粮"，即发放粮食，接济百姓，以争取民心，进而使国家强大，这大概是墨家一派的主张；有的主张"以静"，即清静无为，不烦扰百姓，这大概是道家一派的主张；也有的主张通过减轻赋税，减轻人民的负担而使国家强大起来。孙膑对上述主张都不赞成，认为他们所说"皆非强兵之急者也"。

那么，什么是"强兵之急"呢？孙膑认为是"富国"。因为战争不仅是政治和军事的角逐，更是经济的竞赛，正如孙膑在《见威王篇》所说"城小而守固者，有委也"。只有国家富强，经济发达了，才有充足的财力、物力来供应战争的需要，进攻才有威力，防守才能牢固。春秋战国时期许多思想家认识到了"富国"与"强兵"之间的关系，春秋末年的孙武对战争的消耗进行了计算，指出："凡兴师十万，出征千里，百姓之费，公家之奉，日费千金，内外骚动，怠于道路，不得操事者，七十万家"[①]，主张要谨慎使用战争手段，尽量减轻战争对国家经济的损耗；战国初期的李悝在魏国实行"尽地力之教"，发展农业生产，使魏国因此而富强；吴起在楚国变法，奖励耕战之士，使楚国很快强大起来；与孙膑同时的商鞅，在秦国推行"农战"政策，使秦国"民以殷盛，国以富强"[②]。总之，战国时代各诸侯国的变法，无不是将"富国"与"强兵"紧密联系在一起。孙膑也同其他优秀的兵学家、改革家一样，看到了"富国"的重要性，强调只有"富国"才能"强兵"，只有"强兵"才能"战胜而强立"。

对于孙膑"富国"的具体办法，由于竹简的断烂，我们已经无从得知。不过，从《孙膑兵法》的全文来看，大概如《选卒篇》中所说"其富在于亟归，其强

---

① 《孙子兵法·用间篇》。

② 《史记·李斯列传》。

在于休民”。作战结束后要让士兵迅速回乡从事生产；不要滥用民力，要让民众得以休养生息，有余力从事生产，这样物资就会丰盛，国家就会富强。从历史的记载来看，孙膑提出的富国主张在齐国具体得到了施行，并且收到了良好的效果，在孙膑之后的一段时间内，齐国国势日益强盛，在对外战争中屡屡获胜。故本篇所附残简云：“此齐之所以大败燕”“此齐之所以大败楚人”“此齐之[所以]大败赵”“擒范皋”“擒唐□”“擒□瞏”。司马迁也说：“当是之时……齐威王、宣王用孙子、田忌之徒，而诸侯东面朝齐。”[①]齐国之所以能够在战国中期的许多战争中获胜，取得中原霸权地位，与孙膑“富国”主张在齐国得到实施，是有很大关系的。

① 《史记·孟子荀卿列传》。

主要参考文献

(春秋)司马穰苴撰,(清)钱熙祚辑:《司马法》,中华书局1991年版。

杨伯峻:《论语译注》,中华书局1980年版。

杨伯峻:《孟子译注》,中华书局1960年版。

王先谦:《荀子集解》,《新编诸子集成》本,中华书局1988年版。

张震泽撰:《孙膑兵法校理》,《新编诸子集成》本,中华书局1984年版。

霍印章:《孙膑兵法浅说》,解放军出版社1986年版。

刘心健:《孙膑兵法新编注译》,河南大学出版社1989年版。

李京:《齐孙子兵法解》,中国书店1990年版。

陈宇:《孙膑兵法破解》,解放军出版社2002年版。

李兴斌、邵斌注译:《孙膑兵法新译》,齐鲁书社2002年版。

骈宇骞等译著:《孙子兵法·孙膑兵法》,中华书局2006年版。

杨玲:《〈孙膑兵法〉解读》,军事科学出版社2002年版。

(汉)司马迁:《史记》,中华书局1982年版。

(三国)诸葛亮著,段熙仲、闻旭初编校:《诸葛亮集》,中华书局2012年版。

(唐)李靖著,(清)汪宗沂辑:《卫公兵法辑本》,商务印书馆1937年版。

曾振注译:《唐太宗李卫公问对今注今译》,(台北)商务印书馆1975年版。

(明)戚继光撰,邱心田校释:《练兵实纪》,中华书局2001年版。

银雀山汉墓竹简整理小组编:《银雀山汉墓竹简》(壹),文物出版社1985年版。

邵斌、宋开霞编著:《孙武孙膑兵法试说》,齐鲁书社1996年版。

徐勇主编:《先秦兵书通解》,天津人民出版社2002年版。

钱穆:《先秦诸子系年》,商务印书馆2005年版。

张文儒:《中华兵学的魅力——中国兵学文化引论》,北京大学出版社2008年版。

黄朴民:《先秦两汉兵学文化研究》,中国人民大学出版社 2010 年版。

谢德、谢祥皓主编:《山东军事史》,山东人民出版社 2011 年版。

中共中央文献出版社、中央档案馆编:《建党以来重要文献选编(一九二一——一九四九)》第 15 册,中央文献出版社 2011 年版。